Gerhard Wisnewski

2009

Das kritische Jahrbuch

verheimlicht
vertuscht
vergessen

Was 2008 nicht
in der Zeitung stand

KNAUR TASCHENBUCH VERLAG

www.wisnewski.de

Besuchen Sie uns im Internet:
www.knaur.de

Originalausgabe Februar 2009

Ein Unternehmen der Droemerschen Verlagsanstalt
Th. Knaur Nachf. GmbH & Co. KG, München

Redaktion: Thomas Bertram
Bildredaktion: Markus Röleke
Umschlaggestaltung: ZERO Werbeagentur, München
Satz: Adobe InDesign im Verlag
Druck und Bindung: CPI – Clausen & Bosse, Leck
Printed in Germany
ISBN 978-3-426-78185-2

2 4 5 3 1

Inhalt

Vorwort 7

Einleitung:
Die Nachrichten-Inflation 9

Januar 2008:
Finanzwelt am Abgrund 11

Februar 2008:
Festnahme von Klaus Zumwinkel 27

März 2008:
Aufstände in Tibet 55

April 2008:
EU-Reformvertrag 81

Mai 2008:
Brzezinski: der Hintermann von Barack Obama 99

Juni 2008:
Aus für die Glühbirne 123

Juli 2008:
Gender Mainstreaming: Weg mit dem Mann 139

August 2008:
Überfall auf Südossetien 163

September 2008:
Burn, Wallstreet, burn! 193

Oktober 2008:
Der plötzliche Tod des Jörg H. 231

November 2008:
Die Massen für Obama 277

Trends 2008 287

Nachwort 295

Bildnachweis 296

Register 297

Vorwort

Wer steckt wirklich hinter Barack Obama? Wie geheim ist der EU-Vertrag? Wie starb der österreichische Politiker Jörg Haider? Warum wurde Klaus Zumwinkel verhaftet? Wer kämpft gegen das männliche Geschlecht – und warum? Was steckt hinter der Finanzkrise? Warum ist Sterbehilfe verboten? Gibt es tatsächlich einen »Linksruck«?

Alles spannende Fragen, die das Jahr 2008 aufwarf. Und alles Fragen, auf die es natürlich auch Antworten gab. Ja, jeden Tag und jede Woche werden wir sogar mit einem regelrechten Supermarkt von Antworten konfrontiert, die falsch sein können oder auch richtig. Wie in jedem Supermarkt gibt es saubere und frische Ware direkt neben verfaultem und schimmeligem Obst. Wer will das in der Eile schon auseinanderhalten? Bei jedem neuen Ereignis bleibt die mediale Roulettekugel plötzlich felsenfest auf einer bestimmten Antwort liegen, die sich in null Komma nichts zu geschichtlicher Wahrheit verfestigt. *Rien ne va plus,* schallt es dann aus den Medien – und wehe dem, der nun noch versucht, an der offiziellen Wahrheit zu rütteln: »Schwindel« und »Verschwörungstheorie« sind dann noch die harmloseren Alarmschreie jener, die um ihren illegalen Gewinn fürchten. Immer mehr verändert sich unsere Medienlandschaft zu einer Meinungsmonokultur, in der Recherchen nur stören und Fragen unerwünscht sind. Von Jahr zu Jahr mehr wird die demokratische zu einer autokratischen Meinungskultur, in der nur noch bestimmte Medien den Ton angeben.

Aber je öfter die Kugel auf immer denselben Zahlen landet, umso mehr riecht es nach Schiebung. Ob die Roulettekugel wirklich immer wieder von selbst da zu liegen kommt oder ob jemand unter dem Tisch mit einem Magneten nachhilft, interessiert deshalb immer mehr Menschen. Je monotoner die Meinungskultur, umso

mehr wächst in den Menschen die Gewissheit, dass hier falsch gespielt wird und dass die wirklichen Antworten ganz anders aussehen könnten.
Für diese Menschen wurde dieses Buch geschrieben.
Ich wünsche Ihnen eine spannende Lektüre.

München, im November 2008

Gerhard Wisnewski

Einleitung: Die Nachrichten-Inflation

Schon wieder ist ein Jahr vorbei. Zwölf Monate, in denen sich die Ereignisse und Nachrichten überschlugen. Ja, der Mensch wird von den Nachrichten inzwischen derart überfahren, dass ihm kaum noch Zeit zum Atmen bleibt. Aber je weniger Zeit uns bleibt, umso eher kann man uns einen Bären aufbinden. Je weniger Zeit wir haben, desto wehrloser werden wir gegen die Ränke und Machenschaften der Mächtigen – denn die machen den einen Skandal schon mit dem nächsten vergessen. Während der Medienkonsument zunehmend apathisch wird, schlagen sich Skandale, Katastrophen und Enthüllungen gegenseitig tot.

Alle redeten im Jahr 2008 über Inflation und Geldentwertung – niemand sprach aber über die Inflation von Nachrichten. Wie jede Inflation bringt auch diese eine Entwertung mit sich. So wurde man in diesem Jahr mit Nachrichten konfrontiert, die man sich zuvor niemals hätten vorstellen können – und die doch schon bald in der allgemeinen Nachrichten-Kakophonie untergingen. Die Finanzkrise zum Beispiel: Milliarden und Billionen flogen einem in derart kurzer Zeit um die Ohren, dass man im Nu abstumpfte, wo eigentlich (sehr viel mehr) Köpfe hätten rollen und Regierungen stürzen müssen. Stattdessen schrumpften gewaltige Beträge in der allgemeinen Inflation von Hiobsbotschaften zu derartigen Petitessen, dass man am Ende gar nichts mehr dabei fand, die verantwortungslosen Banken und Spekulanten mit Billionenbeträgen zu unterstützen.

Dieser qualitativen und quantitativen Inflation von Ereignissen will dieses Buch entgegenwirken. Es will einige Themen beim Schopfe packen und aus dem Nachrichtenschlamm herausziehen, um sie einmal näher zu betrachten. Und es will versuchen, wichtige rote Fäden in diesem Jahr zu identifizieren: Was hatte das Jahr 2008 für ein Profil, und wo wird es hinführen?

Das Buch ist der Versuch, einen rasenden Zug anzuhalten und für einen Moment in die Speichen des Rades der Zeitgeschichte zu greifen. Natürlich nicht, um sie zu verändern, sondern um einzelne der flimmernden Speichen einen Moment lang etwas näher zu betrachten und um andere überhaupt erst zu entdecken. Blicken wir also einmal etwas genauer in das rasende Räderwerk von Politik und Gesellschaft und versuchen wir herauszufinden, wie es 2008 wirklich tickte. Ich kann Ihnen versprechen: Es wird ein wirklich spannendes Unternehmen.

Januar 2008

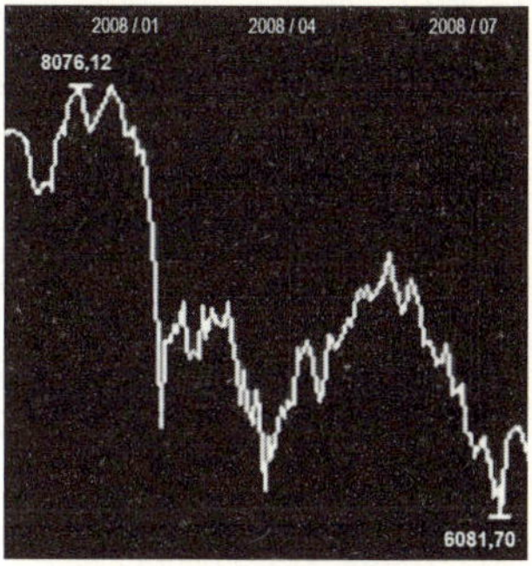

Thema des Monats:
Finanzwelt am Abgrund

1.1. Die Vorratsdatenspeicherung tritt in Kraft **3.1.** Beginn der US-Vorwahlen im US-Bundesstaat Iowa **4.1.** Der Bundesgerichtshof erklärt eine Razzia gegen G8-Gegner 2007 für rechtswidrig ***7. 1.* Der Spiegel *startet einen Generalangriff auf die Männer 8. 1. Der hessische Ministerpräsident Roland Koch polarisiert mit seinen Thesen zur Jugendkriminalität und macht die bevorstehende Landtagswahl zum Gesprächsthema der Republik*** **11.1.** Bundeskanzlerin Angela Merkel bekommt das Bundesverdienstkreuz ***21. 1. An den Börsen schmieren die Kurse ab*** **24.1.** Ein einzelner Händler der Großbank Société Générale soll fünf Milliarden Euro verzockt haben ***27. 1. Bei der Landtagswahl in Hessen sind Wahlbeobachter unerwünscht***/Bei der Landtagswahl in Niedersachsen wird Ministerpräsident Christian Wulff im Amt bestätigt

7. Januar Teufel Testosteron

Endlich spricht es mal einer aus, dachte ich mir: Am 7. Januar 2008 geißelt *Der Spiegel* in einer Titelgeschichte »die gefährlichste Spezies der Welt«. Davon abgesehen, dass ein Geschlecht keine Spezies ist, hatten es die Frauen in letzter Zeit ja tatsächlich ziemlich »bunt« getrieben. Die Weihnachtstage und der Jahresausklang 2007 wurden überschattet von immer neuen Meldungen über weibliche Gewalt:

- Am 30. November 2007 verurteilte das Landgericht Erfurt eine Mutter zu zwölf Jahren Haft, nachdem ihr 15-jähriger Sohn im April 2007 überraschend auf zwei Geschwister gestoßen war – in der Tiefkühltruhe.
- Am 5. Dezember 2007 fand die Polizei in dem 450-Seelen-Dorf Darry im Kreis Plön die fünf toten Kinder einer 31-jährigen, die daraufhin umgehend in psychiatrische Behandlung kam.
- Am 5. Dezember 2007 fand die Polizei das letzte von drei toten Babys einer 28-Jährigen in Plauen.
- Am 6. Dezember 2007 fanden Notarzt und Polizei in Nordhausen/Thüringen den unterkühlten und leblosen Säugling einer 27-Jährigen. Jede Hilfe kam zu spät.
- Am 25. Dezember 2007 tat eine 37-Jährige aus dem oberpfälzischen Beratzhausen ihren beiden kleinen Söhnen – wie sie meinte – »etwas Gutes« und beförderte sie vom Leben zum Tode.
- Am 26. Dezember 2007 rief eine Arbeitslose aus dem sächsischen Kirchberg bei Zwickau den Notarzt zu ihrem zweijährigen Sohn. Zu spät – das Kind war verhungert und verdurstet.

»Wie kann es sein, dass ein Geschlecht die Gewalt so nachhaltig gepachtet hat?«, fragte denn auch schockiert *Der Spiegel* in seiner

Titelstory. Wer den Bericht las, kam tatsächlich aus dem Staunen nicht heraus. Denn Gegenstand des Artikels war gar nicht die Ende 2007 aufgedeckte gefühlskalte Mord- und Totschlagserie von Frauen an ihren Kindern, sondern »nur« eine Schlägerei, und zwar von Männern. Eine brutale Schlägerei zwar, aber eben nur eine Schlägerei, bei der das Opfer nicht getötet wurde. Die Rede ist von der Prügelorgie, die einige ausländische Jugendliche am 20. Dezember 2007 in einem Münchener U-Bahnhof veranstalteten, bei der ein Mann schwer verletzt wurde.

Schlimm genug, aber eben kein Vergleich zu den weiblichen Serienmorden an Kindern, die Ende 2007 ans Licht gekommen waren. Erstaunlicherweise wurden nicht sie zum beherrschenden Medienereignis des beginnenden Jahres 2008, sondern besagte »männliche« Schlägerei. In allen Einzelheiten wurde sie von den Medien breitgetreten. Fast war es, als wollte man die weibliche Mordserie unbedingt vergessen machen. Ein Überwachungsvideo von der Tat sorgte dafür, dass sich das Geschehen im Gedächtnis einbrannte. Auch in der Politik wurde die Schlägerei zum beherrschenden Thema aufgeschäumt, wochenlang feilten die Politiker an immer neuen Modellen, wie die grausamen (in diesem Fall ausländischen) Männer im Zaum zu halten seien.

Als hätte es die meist äußerst qualvollen Tode der Kinder gar nicht gegeben, huldigten Politik und Medien dem Götzen »männlich, jung, brutal«. Gewalt von Frauen wird entweder totgeschwiegen oder, wenn das nicht geht, zumindest nicht Gegenstand einer größeren »Debatte« (mehr zu diesem Wort im Kapitel über Tibet). *Der Spiegel* erwähnte die Opfer gefühlskalter Mütter in seinem Gewaltartikel vom 7. Januar 2008 mit keinem Wort, sondern drosch stattdessen in erster Linie auf Männer allgemein ein, in zweiter Linie auf Männer in ihrer ausländischen Variante. Der Ende 2007 aufgedeckte multiple »weibliche« Mord- und Totschlag wurde wundersamerweise aus dem Bewusstsein der Öffentlichkeit verdrängt und durch »männliche« Körperverletzung ersetzt.

Gefordert wurden nicht etwa Erziehungslager für Mütter, die ihre Häuser in Horrorkabinette verwandeln und ihre toten Kinder in Kübeln, Koffern und Kühltruhen verstecken, sondern für Männer, deren Gewaltausbrüche von unkontrollierten Emotionen zeugen. Sogar zum beherrschenden Thema der hessischen Landtagswahl brachte es die Prügelei von München. Mordende Mütter? War da was?

Nicht doch: Aus dem Rohstoff »Gewalt männlicher jugendlicher Ausländer« drechselten die Medien einen Frontalangriff gegen den Mann an sich. Wer zum Beispiel die Berichterstattung des *Spiegel* las, rieb sich verwundert die Augen. Denn um die ethnische oder soziale Problematik der Täter ging es plötzlich gar nicht mehr, stattdessen nur noch um plumpe Hetze gegen den Mann an sich:

- »Junge Männer, besonders wenn sie nichts Gescheites zu tun haben, haben sich schon immer als die gefährlichste Gruppe der Spezies Mensch erwiesen.«
- »Wo immer in der Geschichte es einen Überschuss unterbeschäftigter junger Männer gegeben hat, so erklären Wissenschaftler, sei die Gesellschaft in Eroberungskriege, Terror und Verbrechen verwickelt worden. So ist das britische Weltreich entstanden – und die Weltmacht al-Qaida.«
- »Junge Männer randalieren als Hooligans in deutschen Fußballstadien, als Neonazis auf den Straßen. Junge Männer verbreiten Terror in den Städten Afrikas, etwa in Liberia, sie werfen Steine und Molotow-Cocktails, etwa in Palästina. Junge Männer erwiesen sich oft als besonders sadistische Schergen des Nazi-Regimes.«
- »Die Gefährlichkeit der jungen Männer, dafür sprechen die Zahlen, könnte so etwas wie ein Naturgesetz sein.«

Täusche ich mich da, oder grenzen diese Tiraden gefährlich nahe an Volksverhetzung: Wer »zum Hass gegen Teile der Bevölkerung aufstachelt oder zu Gewalt- oder Willkürmaßnahmen gegen sie auffordert oder die Menschenwürde anderer dadurch angreift, dass er Teile der Bevölkerung beschimpft, böswillig verächtlich macht oder verleumdet, wird mit Freiheitsstrafe von drei Monaten bis zu fünf Jahren bestraft«. So steht es in Paragraph 130 des Strafgesetzbuches. Freilich fehlt noch eine Zutat, denn diese Straftat wird erst verfolgt, wenn sie geeignet ist, den »öffentlichen Frieden« zu stören. Wenn also die Gefahr besteht, dass es zu Unruhen, gewalttätigen Übergriffen und Ähnlichem gegen die geschmähte Gruppe kommt. Das freilich ist nicht zu befürchten, denn die Übergriffe auf das männliche Geschlecht finden eher im Stillen statt, zum Beispiel in Form der zunehmenden Benachteiligung und Chancenschmälerung in Schule, Ausbildung und Karriere. Den öffentlichen Frieden hat *Der Spiegel* also nicht gestört.

Um ehrlich zu sein: Das geht auch gar nicht. Denn anders als in den Achtzigerjahren des letzten Jahrhunderts, als noch Hunderttausende zu großen Friedensdemonstrationen zusammenkamen, nimmt der Deutsche von heute alles hin: Sozialabbau, Hartz IV, Beschnüffelung, verfassungswidrige Auslandseinsätze (Afghanistan) und Gesetze, Kindermorde und Hetze gegen beliebige Bevölkerungsteile.

Der Kern des »Männer-Problems«, so kann man dem *Spiegel*-Artikel entnehmen, sind nicht etwa die Entwurzelung, Perspektiv- und Hoffnungslosigkeit, Entfremdung, Identitätskrise, auch nicht Alkohol, Drogen oder Arbeitslosigkeit – nein, Schuld ist praktisch ein männlicher Geburtsfehler, quasi eine Art Behinderung, nämlich das männliche Hormon Testosteron, laut *Spiegel* »der Stoff, der Kriegsherren, Top-Manager oder Killer macht«. Wenn dieses Teufelszeug in das werdende Gehirn ausgeschüttet werde, so eine weitverbreitete feministische Auffassung, sei dieses Hirn praktisch für den Rest des Lebens versaut, sein Träger zu einem Dasein als prügelnder und meuchelnder Zombie verurteilt. Das weibliche Hormon »Östrogen bedeutet Friedlichkeit, Fruchtbarkeit, Frohsinn. Testosteron dagegen bedeutet Teufel, Terror und Tyrannei«, kritisierte die Journalistin Bettina Röhl diese hanebüchene Logik.

In Wirklichkeit entscheidet das Testosteron nämlich – wenn überhaupt – weniger über das Ob, sondern mehr über das Wie der Gewalt. Während Männer eher hauen und stechen, benutzen Frauen lieber subtilere Methoden (was sogar *Der Spiegel* einräumt) wie beispielsweise Gift oder ein Kissen. Trotz der immer wieder spektakulären Entdeckungen von Kinderleichen ist die Dunkelziffer weiblicher Gewalt – besonders gegen Kinder – hoch, da die Taten erstens mit dem Tabu der »guten Mutter« belegt und zweitens viel unauffälliger sind. Während Papi Fäuste oder Messer schwingt, greift Mutti gerne mal zu Kissen oder Plastiktüte. Brutale Videofilme, die man überall in der Republik senden könnte, entstehen so natürlich nicht, dafür umso mehr »heimliche Mordopfer«, so die Überschrift des folgenden Artikels:

> »Die junge Mutter machte einen verzweifelten Eindruck. Mit dem Auto war sie in die Klinik gefahren, ihr fünf Monate alter Säugling neben ihr. Als sie in der Klinik ankam, war das Kind tot. Die Ärzte tippten auf plötzlichen Kindstod – eine natürliche Todesursache. So trugen sie es auch in den Totenschein ein. Zufällig landete der Leichnam beim Forschungsprojekt plötzlicher Kindstod auf dem Seziertisch. Bei einer wissenschaftlichen Sektion entdeckten die Mediziner Erstickungsbefunde. Als die Frau mit dem Untersuchungsergebnis konfrontiert wurde, gestand sie. Sie habe ihr Kind in einem Plastiksack erstickt.« (*RP Online:* Krefelds heimliche Mordopfer, 11.2.2008)

Nun soll hier nicht etwa gegen Frauen gehetzt werden. Vielmehr waren wir – bevor die Medien sich anschickten, uns gedanklich zurück ins Mittelalter zu katapultieren – in der Analyse der Gewalt schon mal weiter. Während die Medien das männliche Hormon Testosteron zur Ursache der Gewalt erklären, gehörte es im untergehenden Zeitalter der Aufklärung noch zum Allgemeinwissen, dass Gewalttätigkeit eher etwas mit der Sozialisation, also mit Kindheit und Jugend, zu tun hat. In Wirklichkeit dreht sich die Spirale der Gewalt zwischen den Geschlechtern. Wer wen misshandelt, entscheidet darüber, wer später wen erschlägt. Oder vergiftet. Schon Hunde beißen später den, der ihrem Peiniger am meisten ähnelt. Denn wäre das Testosteron schuld, wären sehr viel mehr Männer Schläger oder Mörder. In Wirklichkeit aber läuft die große Mehrzahl der Männer wie friedliche Lämmer durchs Leben und tut keiner Fliege was Ernstes zuleide, genauso wie die große Mehrzahl der Frauen.

Was aber soll dann die krude Testosteron-Theorie? Ganz einfach: Vom Standpunkt männerfeindlicher Propaganda aus hat der testosterongesteuerte Mann den unschlagbaren Vorteil, nicht »therapierbar« zu sein. Vielmehr lasse sich das »Testosteron-Problem« nur dadurch lösen, dass der Mann verschwindet. Und damit sind wir bei einer Horrorstrategie angelangt, auf die ich anlässlich des 50-jährigen Jubiläums der »Emanzipation« am 1. Juli 2008 zurückkommen werde, dem sogenannten *Gender Mainstreaming,* der Vorstellung nämlich, dass die natürlichen Geschlechter zugunsten eines Einheitsgeschlechts zu verschwinden hätten. Und dafür muss an allererster Stelle das starke Geschlecht weg, also der Mann. Mit diesem *Gender Mainstreaming* werde ein pseudowissenschaftlicher »Rassismus« und »letztlich auch Sexismus zwischen den Geschlechtern initiiert«, an »dessen Ende eine männerlose Welt stehen könnte«, warnt die Journalistin Röhl.

»Rassismus« und »Sexismus« waren genau die Wörter, nach denen ich angesichts des *Spiegel*-Artikels gesucht hatte. Schönen Dank auch. Wir sprechen uns am 1. Juli in der Sache wieder.

8. Januar Ihr Wählerlein kommet

Ein Mann läuft buchstäblich Amok. Nach der Schlägerei in der Münchner U-Bahn im Dezember 2007 fordert der hessische Erziehungsberater, quatsch: Ministerpräsident, Roland Koch Erziehungslager für straffällige Jugendliche, ein schärferes Jugendstrafrecht und Knast für Kinder. Aus der männlichen Schlägerei war eine regelrechte Wolke von Bestrafungsphantasien gegen Männer geworden; von den Muttermorden redete kein Mensch mehr. Und nun schaffte es die »Männergewalt« auch noch zum beherrschenden Thema der Landtagswahl. Der hessische Urnengang machte nur den Anfang; das Jahr 2008 sollte insgesamt ein Jahr der Landtagswahlen werden:

- am 27. Januar in Hessen
- am 27. Januar in Niedersachsen
- am 24. Februar in Hamburg
- am 28. September in Bayern

Und sogleich weckten die Parteien die Bürger unsanft aus der Weihnachtsruhe und zeigten, was sie so drauf haben. Rolands Rosskuren gegen Jugendgewalt waren ein Fressen für die Opposition: »Schmutzige Kampagne«, »verwerflich«, »Populismus«, schimpfte die SPD-Spitzenkandidatin bei der hessischen Landtagswahl, Andrea Ypsilanti. Im Nu hatte Koch alle politisch Korrekten gegen sich. Die Umfragewerte für die hessische CDU sanken. Was, so fragte sich die Republik, hatte den Mann geritten? Fährt er mit diesen Forderungen die Landtagswahl am 27. Januar 2008 nicht vor die Wand – zumindest für seine Partei, frei nach dem Motto: Mitunter reicht schon ein Koch, um den Brei zu verderben?
Keineswegs. Roland Koch rührte genau den richtigen Brei an – den richtigen Emotionsbrei. Für seine Partei möglicherweise etwas zu scharf gewürzt, aber seine Hauruck-Modelle waren einer der größ-

ten PR-Erfolge, seit es Landtagswahlen gibt. Vielleicht nicht für die CDU, aber für das Parteiensystem. Denn wer interessiert sich in diesen Zeiten wachsender sozialer Not, grassierender Auflösungserscheinungen und galoppierender Glaubwürdigkeitsverluste der Politik schon noch für Landtagswahlen? Kein Mensch. Oder zumindest immer weniger Menschen. Die Angst der Parteien vor dem eigenen Bedeutungsverlust wird immer wieder gern vergessen: Die Wahlbeteiligung stürzt seit Jahren ab, Bund und Ländern drohen laufend Legitimations- und den Parteien Geldverluste. Nicht umsonst war es ein hessischer FDP-Politiker, der aus Sorge um die Wahlbeteiligung bereits die Einführung einer Wahlpflicht wie weiland in der DDR gefordert hatte. In Hessen fiel die Wahlbeteiligung bei Landtagswahlen von fast 90 Prozent im Jahr 1978 auf 80 Prozent 1987, 70 Prozent 1991 und 66 Prozent 1995. Bei den Politikern herrscht doppelte Panik: zum einen, was die Stimmenanteile der eigenen Partei betrifft, zum anderen aber auch, was die absoluten Stimmenzahlen und die Zustimmung zur Parteiendemokratie insgesamt betrifft. Denn während die relativen Zahlen über die politische Macht entscheiden, entscheiden die absoluten Zahlen auch über die finanzielle Zukunft und die absolute Bedeutung der Parteien. Jede Wählerstimme wird dem »Stimmenkonto« einer Partei gutgeschrieben und mit bis zu 85 Cent vergütet. Die Frage lautete also: Wie bringt man heute noch eine Landtagswahl an den Mann und ins Zentrum der politischen Debatte? Keine Frage, da braucht man einen groben Keil.

So wirkte, während sich alle Welt über das Für und Wider der Kochschen Forderungen die Köpfe heißredete, hinter dieser vordergründigen Ebene noch ein verborgener Mechanismus, der genauso funktionierte wie bei der RTL-Outcasting-Show *Deutschland sucht den Super-Star* (siehe Jahresrückblick 2007): Mit einer geordnet ablaufenden Show lockt man niemanden hinter dem Ofen vor. Nur wenn die Show total in Unordnung zu sein scheint, fühlen sich die Leute aufgerufen, die Sache wieder in Ordnung zu bringen, für den Sieg der Gerechtigkeit zu kämpfen und zum Telefonhörer zu greifen. Oder auch wählen zu gehen. Das Rezept: einfach mehr krakeelen! Und siehe: Was bei RTL regelmäßig klappt, klappte auch bei der hessischen Landtagswahl: Hilfe, die Welt ist aus den Fugen, der schwarze Riese Roland arbeitet am Untergang des Abendlandes, nur noch die Fee Andrea kann uns retten! Ihr Wählerlein kommet!

Und die kamen denn auch, und zwar nicht nur für die CDU. Ob Roland Koch das beabsichtigt hatte, mag man bezweifeln. Aber man wird doch fragen dürfen, warum er – statt die komfortable einfache CDU-Mehrheit von 48,8 Prozent behutsam zu verwalten – alles auf eine Karte setzte und einen Riesenwirbel verursachte. De facto hielt er dabei den Kopf für das Parteiensystem hin und schaffte es, einen jahrzehntelangen Trend zu stoppen, nämlich die weitere Erosion der Wahlbeteiligung in Hessen. Während der Stimmenanteil seiner Partei gegenüber 2003 von 48,8 auf ganze 36,8 Prozent abschmierte und die SPD von 29,1 Prozent auf 36,7 Prozent zulegte, stabilisierte sich wundersamerweise die Wahlbeteiligung. Und zwar fast exakt auf dem Niveau von 2003, nämlich bei 64,3 Prozent (gegenüber 64,6 Prozent 2003).

Nun gibt es ja einen idealen Vergleichsfall, um zu sehen, was passiert, wenn man einen ruhigen und unaufgeregten Wahlkampf führt: die am selben Tag durchgeführte Landtagswahl in Niedersachsen. »Es soll ja noch immer Menschen in Deutschland geben, die nicht wissen, dass am Sonntag nicht nur in Hessen, sondern auch in Niedersachsen gewählt wird«, war am 24. Januar 2008 auf der Website der *Süddeutschen Zeitung* zu lesen: »Wohl noch nie zuvor in der deutschen Landtagswahlgeschichte ist die Diskrepanz in der öffentlichen Wahrnehmung so groß gewesen wie zwischen diesen beiden Wahlen.

Während Roland Koch in Hessen einen Krawall-Wahlkampf fuhr, der wochenlang die innenpolitischen Schlagzeilen bestimmte, gab es im größeren Niedersachsen so viel Aufregung um die

Wahl, wie ein Beamter beim Abheften von Akten empfindet. Ein Wahlkampf mit streitenden Protagonisten war beim besten Willen nicht auszumachen.«

Zwar gelang seinem niedersächsischen Kollegen Christian Wulff genau das, was Koch nicht schaffte, nämlich seine prozentualen Verluste zu begrenzen und geruhsam weiterzuregieren, aber das war ein Pyrrhussieg. Denn in Wirklichkeit rieselte dem Mann der Treibsand unter den Füßen weg. Die Wahlbeteiligung in Niedersachsen fiel um sage und schreibe 9,9 Prozentpunkte auf einen neuen historischen Tiefststand: von 67 Prozent im Jahr 2003 auf 57,1 Prozent im Jahr 2008. Während der Zweitstimmenanteil der CDU in Niedersachsen um 5,8 Prozentpunkte abnahm, schrumpfte die CDU-Wählerschaft in absoluten Zahlen um fast eine halbe Million und damit um ein Viertel im Vergleich zu 2003! Während die Grünen um 0,4 Prozentpunkte zulegten, verloren sie gegenüber 2003 in Wirklichkeit 30 000 Wähler! Und auch bei der Hamburger Wahl am 24. Februar 2008, wo es ebenfalls keinen Koch-Faktor gab, brach die Wahlbeteiligung ein und erreichte einen neuen Tiefststand: »Wahlbeteiligung bei der Hamburg Wahl 2008 im Keller«, titelte der Internetdienst Hamburg Web. Statt 68,7 Prozent (2004) waren 2008 demnach nur noch 62,2 Prozent der Wahlberechtigten zur Urne gegangen – 6,5 Prozentpunkte weniger. Damit ist Roland Koch offenbar der einzige, der es schaffte, ein Bollwerk gegen den galoppierenden Wählerschwund zu errichten. Ob das allerdings seine Absicht war, muss – wie gesagt – dahingestellt bleiben; ein interessantes Ergebnis der Landtagswahlen Anfang 2008 bleibt es allemal: Der Krawallwahlkampf rettet letztlich alle Parteien.

21. Januar Finanzwelt am Abgrund

»Die Aktienmärkte machten den Eindruck eines Schwerkranken, der nach jedem Schuss Morphium zwar wieder fröhlich durchs Zimmer springt, bald darauf aber wieder schlapp macht«, schrieb ich im Jahresrückblick 2007. Und 2008 werden die Spritzen im-

mer größer, die Sprünge immer höher und die Abstürze immer tiefer. Inzwischen gleichen die Aktienmärkte einem völlig ausgelaugten Rennpferd, das nach jeder Spritze nicht mehr fröhlich durch den Stall springt, sondern sich verzweifelt aufbäumt. Kaum hat das Jahr 2008 begonnen, macht der Gaul schon wieder schlapp: »Panik an der Börse – Dax rutscht unter 7000 Punkte«, kreischen die Medien am 21. Januar 2008 und konstatieren »nackte Panik« und »massiven Ausverkauf«. An der Börse regiere der Ausnahmezustand: »Binnen vier Stunden brach der Dax um mehr als sieben Prozent ein. Es war der größte Tagesverlust seit den Anschlägen vom 11. September 2001.«
Dies- und jenseits des Atlantiks erwischte es besonders schlimm die Finanztitel, also Aktien jener Banken, die aufgrund der Kreditkrise immer neue Abschreibungen bekannt geben mussten.
Unter anderem wurden Anfang 2008 folgende Abschreibungen im dritten und vierten Quartal 2007 bekannt:

- Citigroup 24,6 Milliarden Dollar
- Merrill Lynch 23,6 Milliarden Dollar
- Schweizer UBS 14,4 Milliarden Dollar
- Morgan Stanley 9,4 Milliarden Dollar
- Bank of America 5,3 Milliarden Dollar

Doch kaum lag das Pferd (sprich: die Finanzbranche und der Aktienmarkt) wie tot am Boden, holten die Veterinäre die ganz dicken Spritzen heraus: US-Präsident George W. Bush versprach das größte Konjunkturprogramm aller Zeiten. Waren bis zum Ausbruch der Finanzkrise Zinsänderungen um 25 Punkte normal gewesen, dann um 50 Punkte (2007), senkte der Chef der US-Notenbank Federal Reserve, Ben Shalom Bernanke, den Leitzins am 22. Januar um satte 75 Basispunkte. Das ist so, als würden Sie in Ihrem Auto an einem steilen Abhang in wilder Panik die Bremse bis zum Bodenblech durchtreten.

Aber wie das mit Drogen eben so ist: Schon nach kurzer Zeit braucht man immer mehr. Und außerdem ist es für aufmerksame Beobachter wohl kaum beruhigend, wenn der Tierarzt mit immer größeren Spritzen im Stall auftaucht. So war die Bilanz der Rosskur denn auch zweischneidig: Während sich die Börsen in Asien schnell erholten, brach der deutsche Dax weiter ein und erreichte am 23. Januar mit 6386 Punkten in etwa den Stand vom Dezember 2006. Dazu kamen immer neue Horrormeldungen: Die ewig unfähige nordrhein-westfälische Landesbank WestLB benötigte weitere zwei Milliarden Euro. Am 22. Januar wurde bekannt, dass die Bank of China vermutlich Milliarden abschreiben müsse; der Handel mit der Aktie wurde ausgesetzt. Bei der französischen Société Générale sollte ein einzelner Händler fünf Milliarden Euro in den Sand gesetzt haben, ein Vorgang, der die Weltpresse etwa eine Woche lang beschäftigte, bevor das Thema in der Versenkung verschwand. Am 27. Januar wurde der Risikobetrag bei der WestLB, für den »eine Lösung gesucht werde« *(Süddeutsche Zeitung)* mit 20 Milliarden Euro beziffert. Aber nicht nur die WestLB, auch die Bayerische und die Baden-Württembergische Landesbank mussten immer neue Negativzahlen präsentieren.
Was die meisten zu Beginn des Jahres 2008 noch nicht wussten: Das war nur der Anfang. Schon bald würde die Situation im Januar als die gute alte Zeit erscheinen …

27. Januar **Wahlbeobachter? Nein, danke …**

Es ist schlimm. Erst zwei Monate ist es her, dass es die Dunkeldemokratie Russland abgelehnt hat, Wahlbeobachter zuzulassen. »Wahlbeobachter resigniert – keine Kontrollen in Russland«, berichtete am 16. November 2007 ein Online-Magazin: »Die OSZE verzichtet auf ihre Pläne – weil Moskau sich beharrlich weigert, Visa auszustellen.« Aber nicht nur dort, auch in vielen anderen Ländern der Welt sind Wahlbeobachter unerwünscht. Zum Beispiel in Weißrussland, Kuba, Mozambique, Ägypten,

Thailand und natürlich bei der Landtagswahl am 27. Januar 2008 in Hessen.
Die Wahlbeobachtung ist in Hessen besonders wichtig, weil dort mit umstrittenen und manipulationsanfälligen Wahlcomputern abgestimmt wird (siehe Jahresrückblick 2007). Neben ihrer Manipulationsanfälligkeit haben die Geräte den Nachteil, dass niemand die Auszählung der Stimmen beobachten kann und eine Nachwahl unmöglich ist, weil eine Papierquittung fehlt – ein Beleg also, wie der Wähler abgestimmt hat. Der Chaos Computer Club (CCC) hat bereits mehrere kritische Expertisen über die Wahlcomputer angefertigt und ist deshalb prädestiniert, die Wahl in Hessen unter die Lupe zu nehmen. Das Recht dazu hat jeder, denn »Wahlhandlung und Ermittlung des Wahlergebnisses sind öffentlich«, heißt es Paragraph 29 des hessischen Landtagswahlgesetzes. Nur »Personen, die die Ruhe und Ordnung stören«, kann der Wahlvorstand »aus dem Wahlraum verweisen«. Das heißt: Bis auf Ruhestörer kann sich jeder, der möchte, im Wahllokal aufhalten und den Wahlvorgang, ja sogar die Auszählung beobachten. In Obertshausen beispielsweise, einer nach eigenen Angaben »liebenswerten Kleinstadt«, stießen die Wahlbeobachter des CCC jedoch auf wenig Gegenliebe, und verblüfft mussten die sich manierlich aufführenden CCCler erfahren, dass Kenia neuerdings mitten in Hessen liegt: »In Obertshausen wurde interessierten Bürgern das Betreten des Wahllokals durch einen Mitarbeiter des Ordnungsamts verweigert«, heißt es in einem Bericht des CCC. Und nicht nur das: Der kenianische bzw. hessische Wahlvorstand drohte den unliebsamen Zuschauern sogar mit Festnahme.
Medienberichte über diese massive Verletzung elementarer Grundrechte gab es so gut wie keine, über Unregelmäßigkeiten beim Einsatz der Wahlcomputer wurde nur vereinzelt berichtet. In mehreren Wahllokalen ließ man die Wahlbeobachter des CCC längere Zeit mit den Geräten alleine, sodass die Maschinen ohne weiteres hätten manipuliert werden können. Die Beobachter stellten

ferner fest, »dass ein großer Teil der älteren Wähler entgegen den Behauptungen im Vorfeld der Wahl Probleme hatte, die Stimme an den Computern abzugeben. Viele waren so überfordert, dass Wahlhelfer ihnen bei der Stimmabgabe Hilfestellung geben mussten.«
Ade, du schönes Wahlgeheimnis. Doch das war noch nicht alles: »In mindestens einer Gemeinde wurden die Computer über Nacht in den Privatwohnungen von Parteimitgliedern gelagert«, so der CCC. »Dies sei ›gängige Praxis‹, bestätigten Mitarbeiter des Ordnungsamtes den Wahlbeobachtern.« In Niedernhausen wurden laut CCC sogar alle neun Wahlcomputer der Gemeinde vor der Wahl »privat gelagert«. »So etwas haben selbst wir uns nicht vorstellen können«, sagte CCC-Sprecher Dirk Engling: »Die Lagerung der Wahlcomputer über Nacht zu Hause bei Lokalpolitikern ist das Albtraum-Szenario für eine Innentäter-Manipulation, auch nach der Logik des hessischen Innenministeriums.« Den Vogel schoss eine Gemeinde ab, in welcher der Wahlcomputer vor der Wahl in der Wohnung eines Kandidaten aufbewahrt wurde.
Doch es gab auch gute Nachrichten. Denn die Wahrheit ist: Während einige Gemeinden noch immer Geld in die offensichtlich verfassungswidrigen Apparate investieren, sind andere Kommunen auf dem Rückzug. Auf den Müllhaufen der Geschichte wurden die undurchsichtigen Geräte zum Beispiel in Weiterstadt und in Erzhausen geworfen. In beiden Gemeinden wurde wieder auf Papier gewählt: »Wir waren unter den ersten, die Wahlcomputer eingesetzt haben. Nach der ersten Wahl hatten wir jedoch das Gefühl, dass der Aufwand im Vorfeld zu groß war«, zitierte der CCC-Bericht Gerald Eberlein, Wahlleiter in Weiterstadt. »Ich hatte einfach nur ein unsicheres Gefühl dabei.« »Wir hatten die Computer wegen des Kumulierens und Panaschierens gemietet, die versprochene Zeitersparnis war aber nicht eingetreten, es ist einzig teurer geworden. Deswegen haben wir wieder zu Papier gewechselt«, sagte Dieter Karl, Bürgermeister von Erzhausen, laut CCC.

Ende November 2008 teilte das Hessische Innenministerium mit, dass der Einsatz von Wahlcomputern bis zu einer Entscheidung des Bundesverfassungsgerichts überhaupt nicht mehr genehmigt werde. Nach der Auflösung des hessischen Landtags werden die Landtagswahlen am 18. Januar 2009 nun ganz ohne die dubiosen Maschinen durchgeführt.

Thema des Monats: *Festnahme von Klaus Zumwinkel*

3.2. Bei einem Wohnhausbrand in Ludwigshafen sterben neun Menschen ***5.2. Beim Super-Wahl-Dienstag in den USA gibt es Kandidaten, über die niemand spricht 7.2. Der deutsche Astronaut Hans Schlegel leidet im All unter geheim gehaltenen Malaisen*** **8.–10.2.** Einsatz im Innern – Bundeswehr schützt Münchner Sicherheitskonferenz ***14.2. Der deutsche Vorzeige-Manager Klaus Zumwinkel wird wegen angeblicher Steuerhinterziehung festgenommen*** **17.2.** Das Kosovo erklärt sich zum unabhängigen Staat ***24.2. Bei den Wahlen in Hamburg wird ein von den Bürgern verabschiedetes Wahlrecht ignoriert 27.2. Der Linksruck, der ein Rechtsruck war*** / Das Bundesverfassungsgericht stutzt das Gesetz über die Online-Durchsuchung zurecht

5. Februar Super Tuesday: Die vergessenen Kandidaten

Wer bislang noch Zweifel hatte, dass Deutschland der 51. Bundesstaat der USA ist, der wird Anfang des Jahres eines Besseren belehrt. Zwar wurden für diese Behauptung schon alle möglichen mehr oder weniger guten Argumente angeführt, doch wenn plötzlich wochenlang das Wahlspektakel eines fremden Staates aus dem Radio scheppert, sollte man wissen, was die Stunde geschlagen hat. Anfang 2008 halten die US-Vorwahlen Einzug in die bundesdeutschen Wohnzimmer. Und am 5. Februar ist *Super Tuesday*. In fast der Hälfte (24 von 50) der US-Bundesstaaten werden an diesem Tag Vorwahlen abgehalten: Wahlen *king size* und *extra large*. Wild wedeln bunte Fähnchen auf den Mattscheiben, hysterisch kreischen die Fans aus den Lautsprechern. Fast erwartet man, eine Bodenspalte werde sich auftun und der neue Volkstribun mit einem Knall dem Erdreich entsteigen. Nach dem Motto: Es kreißte der Berg und gebar einen Präsidenten bzw. einen Kandidaten. Denn der tiefere Sinn aller US-Vorwahlen ist ja, dass zunächst die beiden führenden Parteien, Republikaner und Demokraten, entscheiden, wen sie überhaupt am 4. November 2008 in das Rennen um die Präsidentschaft schicken wollen.
Nun dröhnten uns die Medien zwar bereits seit Anfang Januar mit immer neuen Vorwahlen voll, zählten Prozentpunkte, zeigten uns eine weinende Hillary Clinton, einen vergreisenden Bill Clinton, einen haifischgrinsenden John McCain und einen jubelnden Barack Obama, aber worum es bei alldem wirklich ging, erklärten sie uns nicht.
Das wäre aber nötig gewesen, denn obschon es sich um die Wahlen in einem anderen Staat handelte, ist dieser Staat uns so fremd nicht. Schließlich sitzen wir mit ihm in einem Boot bzw. in einem Imperium, und während wir uns im Heck befinden, steht sein Präsident am Steuer. Und da die USA inzwischen den ganzen Erdball

aufmischen, kann uns nicht egal sein, wer ihr nächster Präsident wird.

Kurz: Es ging um nicht mehr und nicht weniger als um den Chef oder die Chefin des Globus oder zumindest um jemanden, der sich penetrant dafür halten würde. Und solche Pseudo-Chefs sind bekanntlich noch viel gefährlicher als wirkliche Chefs. So war es nicht ganz unwichtig, sich darauf vorzubereiten, wer demnächst in Washington den starken Mann oder die starke Frau markieren würde. Dabei ging es um nicht mehr und nicht weniger als das weitere Schicksal des Globus und fast jedes einzelnen Menschen darauf: Wie würde sich das Imperium einen neuen Führer geben? Käme es erneut zu Wahlfälschung wie im Falle von George W. Bush, oder erhielten die USA diesmal einen legal gewählten Präsidenten? Würde dieser Präsident zum vergleichsweise harmlosen Kurs eines Bill Clinton zurückkehren oder den militärischen und demokratischen Albtraum des gegenwärtigen Amtsinhabers fortsetzen? Und überhaupt: Wer waren diese strahlenden, lächelnden und winkenden Leute, die partout US-Präsident werden wollten?

Dies waren die wirklichen Fragen, die man hartnäckig vermied.

Nun sind wir ja in Sachen Wahlen in diesem Jahresrückblick keine Anfänger mehr. Notgedrungen dominieren diese Inszenierungen, mit denen sich Machtgruppen die Legitimation holen, Nicht-Machtgruppen zu regieren, den Anfang dieses Buches. Und das ist denn auch die eigentliche Funktion der US-Vorwahlen: die Leute im Rahmen einer monatelangen lärmenden Tournee mit ins Boot zu holen und ihnen vor Augen zu führen, dass sie und nur sie diese Kandidaten wollten. Je mehr zappelnde und fähnchenschwenkende Fans, desto so besser. Oder glauben Sie im Ernst, dass man über den Kapitän des großen US-Staatsschiffes, das sich mitten auf strategischer Feindfahrt befindet, Mr. und Mrs. Smith bestimmen lässt?

Natürlich nicht. Denn Mr. und Mrs. Smith wollen keine Strate-

gie, keinen Krieg und auch keine Kreditkrise. Mr. und Mrs. Smith wollten auch keinen Eintritt in den Ersten Weltkrieg, bis man den Passagierdampfer Lusitania vor die Torpedorohre deutscher U-Boote schickte. Mr. und Mrs. Smith wollten auch keinen Eintritt in den Zweiten Weltkrieg, bis die Japaner kamen und Pearl Harbor überfielen – ganz überraschend natürlich. Und Mr. und Mrs. Smith wollten auch keinen Krieg gegen den Islam, bis die Türme des World Trade Center plötzlich in sich zusammensackten – ebenfalls überraschend, versteht sich. So wächst ein Weltreich – durch lauter überraschende Angriffe.
Der derzeitige strategische Feldzug ist ein längerfristiges geopolitisches Projekt, das keine Unterbrechungen durch Mr. und Mrs. Smith gebrauchen kann. Zum Beispiel Unterbrechungen in Gestalt von Bill Clinton, der dummerweise acht Jahre lang zwischen George Bush senior und George Bush junior rutschte. Die sogenannten Neokonservativen schäumten vor Wut ob der Verzögerung der längst geplanten Kriege in Afghanistan und im Irak und versuchten, Clinton schließlich mit Hilfe eines Lockvogels namens Monica Lewinsky aus dem Amt zu entfernen. Ein echter kultureller Fortschritt zwar, denn früher hätte man den Präsidenten einfach erschossen. Aber ein Attentat blieb es trotzdem.
So ist es also nur zu verständlich, dass man sowohl bei den Vorwahlen als auch bei den Präsidentschaftswahlen 2008 nichts dem Zufall überlassen will. Die Auswahl der Kandidaten ist dabei natürlich schon die halbe Miete. Hat man erst einmal einen ausreichend devoten Kreis beisammen, ist es schon beinahe egal, *wer* unter den herrschenden Eliten Präsident wird. Das Mittel, um diesen Kreis zusammenzustellen, ist nur allzu bekannt: Geld. Die Kandidatur bei den Vorwahlen kostet Millionen und die Bewerbung um das Amt des Präsidenten noch einmal Abermillionen. Aber diese Summen trennen die Spreu vom Weizen.
Papperlapapp: Die US-Präsidentschaftswahlen sind eine urdemokratische Veranstaltung. Das beweist schon die Vielfalt der Kan-

didaten. Neben den rechten Demokraten Clinton und Obama gab es schließlich auch noch ausgewiesene Linke.

Beispielsweise den früheren US-Senator und Vizepräsidentschaftskandidaten der Demokraten von 2004, John Edwards. Mit einer Anhebung des Mindestlohnes, einer Stärkung der Gewerkschaften und der Familie, besserer Gesundheitsversorgung, besseren Schulen, dem College für jedermann und Wohngutscheinen wollte er die Armut bekämpfen und arme Familien in Mittelklasse-Wohngegenden ansiedeln getreu dem Motto: »Wenn wir wirklich glauben, dass wir alle gleich sind, sollten wir auch danach leben.« Edwards war gegen die Einführung einer Wehrpflicht und kritisierte die Bush-Regierung für ihre Umsetzung des Sicherheitsgesetzes Patriot Act. Den Einmarsch in den Irak bezeichnete er als Fehler und entschuldigte sich für seine frühere Zustimmung zu dem Feldzug. Zu seinen schärfsten Kritikern zählten das *Wall Street Journal* und die News Corporation des australo-amerikanischen Medien-Tycoons Rupert Murdoch, der in den USA mit dem ultrarechten Propagandasender Fox News eine Art flimmernde *BILD-Zeitung* betreibt. Am 25. Juni 2007 schickte Edwards' Wahlkampfberater Joe Trippi eine verzweifelte E-Mail an alle Unterstützer, »das gesamte Washingtoner Establishment möchte unsere Kampagne weghaben«. Es nützte nichts; am 30. Januar 2008 gab Edwards das Ende seiner Kandidatur bekannt.

Längst vergessen ist auch der demokratische Kandidat Dennis Kucinich. Kucinich stimmte früher gegen die Einleitung eines Amtsenthebungsverfahrens gegen Präsident Clinton und kritisierte die dubiosen Wahlmaschinen des Diebold-Konzerns, der Präsident Bush nahesteht. Kucinich stimmte gegen den Patriot Act und gegen den Military Commissions Act, der den Umgang mit sogenannten »ungesetzlichen Kämpfern« regelt, sowie (als eines von sechs Mitgliedern des Repräsentantenhauses) gegen ein Anti-Terror-Gesetz namens Violent Radicalization and Homegrown Terrorism Prevention Act. Kucinich war gegen die Invasion im Irak ebenso wie gegen die zunehmende Feindseligkeit gegenüber dem Iran und erklärte sich solidarisch mit dem venezolanischen Präsidenten und Bush-Kontrahenten Hugo Chavez. Kucinich machte sich nicht nur für eine neue Untersuchung der Anschläge vom 11. September 2001 stark, sondern auch für eine Amtsenthebung von Vizepräsident Dick Cheney, den Kritiker für den wichtigsten Kriegs- und Hegemonialstrategen der USA und auch für den eigentlichen Drahtzieher der Attentate vom 11. September 2001 halten. Denn als Legitimation für neue Kriege waren die Attentate glänzend geeignet. Am 24. April 2007 startete Kucinich eine entsprechende politische Initiative gegen Cheney (House Resolution 333). Gegenstand waren die Lügen in Sachen Massenvernichtungswaffen im Irak und Zusammenarbeit von Al-Qaida mit dem Irak sowie die Gewaltdrohungen gegen den Iran. Bei den US-Vorwahlen fiel Kucinich bereits am 25. Januar 2008 durch, also lange vor dem Super Tuesday. Er zog seine Kandidatur zugunsten seiner Wiederwahl ins Repräsentantenhaus zurück. Hierzulande gab es so gut wie keine Berichte über Kucinich. Erst nachdem er seine Kandidatur zurückgezogen hatte, verabreichten ihm die Medien ein paar nachträgliche Tritte. Nach dem Motto: Endlich ist er weg, der Spinner.

Auch auf republikanischer Seite fielen weit sympathischere Kandidaten als der dauergrinsende ultrarechte McCain dem Vergessen anheim. Wenn es bei den Republikanern so etwas wie einen Repräsentanten für eine neue Politik gegeben hat, dann war das nicht McCain, sondern ein gewisser Ron Paul, eine Art Hoffnungsträger der »konservativen Liberalen« oder »konservativen Linken«, wenn es so etwas gibt. Neben konservativen Positionen konnte er auf eine eindrucksvolle Geschichte liberaler Initiativen verweisen, wie etwa seine Ablehnung des Irakkrieges, des Patriot Act, eines Personalausweises sowie der Folter und Bespitzelung amerikanischer Bürger im Inland. In den meisten Regierungsbehörden sah Paul nichts weiter als »unnötige Büro-

kratien«, in NATO und UN Institutionen, welche die nationale Souveränität beschränken.
Entscheidend für den zeitweiligen Aufstieg, aber auch Untergang von Paul war jedoch das Missverständnis, er werde für eine neue, unabhängige Untersuchung der Anschläge vom 11. September 2001 eintreten. Denn was hierzulande ebenfalls verschwiegen wird: Die Menschen, die nicht an die offizielle Version dieser Attentate glauben, gehen in den USA inzwischen in die Millionen, und sie sind zu einer wichtigen politischen Kraft geworden, die man durch verzweifeltes Totschweigen ihres Einflusses berauben will. Dass Paul die amerikanische Außenpolitik für die Terroranschläge des 11. September mit verantwortlich machte, brachte ihm die Unterstützung dieser Gruppe ein. Flugs organisierte die Internetgemeinde mehrere *money bombs* für Paul, die mit ungeahnter Wucht in seinen Wahlkampfkassen einschlugen. Am 16. Dezember 2007 gingen allein sechs Millionen Dollar auf Pauls Wahlkampfkonten ein, laut Associated Press das größte Spendenaufkommen für einen Kandidaten an einem Tag in der Geschichte der USA. Die Unterstützung durch die »9/11 Truthers« war so offensichtlich, dass sie auch vom Mainstream der öffentlichen Meinung wahrgenommen wurde, allerdings nur, um Paul zum Abschwören zu zwingen: »Viele Ihrer Unterstützer nennen sich selbst ›9/11 Truthers‹«, so ein Moderator im Fernsehen anlässlich der Live-Übertragung einer nationalen Kandidaten-Debatte: »Sie glauben, dass die US-Regierung auf irgendeine Weise in die Attentate des 11.9. verwickelt war oder es vertuschte. Sind Sie heute Abend bereit, diese Rhetorik entweder zu begrüßen oder Ihre Unterstützer aufzufordern, sie zu unterlassen, oder sich von Ihrer Kandidatur zu trennen?«
Pauls Kandidatur stand am Scheideweg. Würde er die Auseinandersetzung, die Millionen Amerikaner seit Jahren herbeisehnten, auf sich nehmen oder nicht? Und: Würde es weitere *money bombs* geben oder nicht?

Seine Antwort: »Ich habe solche Standpunkte aufgegeben, ich glaube das nicht. Ich unterstütze nichts, was sie sagen.« Das war's dann wohl. Die nächste *money bomb* war nur noch ein Bömbchen und »zeigte einen substanziellen Verlust an Unterstützung«, schrieb ein regierungskritischer Internetdienst. Dieser Verlust sei »zum größten Teil das Ergebnis seiner vollkommenen öffentlichen Distanzierung von der gesamten 9/11-Wahrheitsbewegung während der nationalen Kandidatendebatte vor einigen Wochen«.
Es drängt sich die Frage auf, ob diese Kandidaten wirklich die Guten im Spiel waren, wie Millionen Wähler glaubten – ausgebootet von den Interessengruppen rechter Demokraten und Republikaner wie Hillary Clinton, Barack Obama und John McCain. Zumindest im Fall von Kucinich und Edwards darf das mit Fug und Recht bezweifelt werden. Denn in Wirklichkeit leisteten diese Bewerber nur mühsame Kärrnerarbeit für die längst favorisierten Hauptbewerber. Da diese aufgrund ihrer bestenfalls rechtsliberalen Vorstellungen keine Anhänger linker Positionen für sich gewinnen konnten, brauchte man Kandidaten, die ihnen die Linken zuführten. Und diese Arbeit machten die »tollen« Edwards, Kucinichs und wie sie alle hießen. Anders lässt sich kaum erklären, dass die gemäßigten und radikalen Linken Edwards und Kucinich ihre Anhänger aufriefen, den Mainstream-Mann Obama zu wählen. So empfahl Kucinich bei den Vorwahlen in Iowa seinen Anhängern, im Falle des eigenen Scheiterns Obama zu wählen. »Ich habe großen Respekt vor dem Kongressabgeordneten Kucinich, und ich fühle mich geehrt, dass er dies getan hat, weil wir beide fest an die Notwendigkeit eines fundamentalen Wandels glauben«, bedankte sich Obama. »Er und ich haben für eine ganze Reihe gemeinsamer Prioritäten gekämpft – einschließlich der Beendigung des Krieges im Irak, den wir von Anfang an abgelehnt haben, der Reform von Washington und der Schaffung eines besseren Lebens für Amerikas arbeitende Familien.« Auch Edwards legte Obama seine Stimmen nach Aufgabe der eigenen Kandidatur zu Füßen:

»Es gibt einen Mann, der weiß und versteht, dass es Zeit ist für eine starke Führung«, schwärmte er: »Es gibt einen Mann, der weiß, wie der Wandel zu gestalten ist, der dauerhafte Wandel, der von Grund auf begonnen werden muss. Es gibt einen Mann, der in seinem Herzen weiß, dass es Zeit ist, ein Amerika zu schaffen, nicht zwei … und dieser Mann ist Barack Obama!«

7. Februar Malaisen im All

»Ich lag da, auf dem Rücken, die Beine angewinkelt nach oben, und wusste, dass dies der Zeitpunkt war, auf den ich jahrelang hingearbeitet hatte«, beschrieb der deutsche Astronaut Ulrich Walter seinen Start mit einem Space-Shuttle. Doch dann »passierte genau das, was jeder Astronaut befürchtet und wovon kaum jemand weiß. Man hat einen enormen Druck auf der Blase. Noch nie in meinem Leben musste ich so dringend.« Dumm eigentlich. Da sitzt man als einer von sieben Heldinnen und Helden an Bord des Shuttle, bereit, »das Weltall zu erobern«, und muss mal. Dabei war der Mann ja noch nicht einmal im All. Vielmehr stand der Shuttle noch auf der Startrampe, und Walter lag vorerst nur stundenlang mit hochgelegten Beinen in seinem Astronautensitz. Dadurch aber wandert Blut aus den Beinen in den Oberkörper. Dort meldet ein Sensor das Zuviel an Flüssigkeit und aktiviert die Nieren – die auch prompt zu arbeiten beginnen. Mit den erwähnten Folgen. Nur leider stehen dem Pinkeln an Bord eines Shuttle verschiedene Hindernisse im Wege. Einfach mal austreten geht natürlich nicht. Und einfach mal laufen lassen ist auch leichter gesagt als getan. Denn in die spezielle NASA-Windel zu pinkeln kostet schon einige Überwindung. Und selbst danach ist es nicht so einfach, sich im Liegen mit hochgelegten Beinen zu erleichtern.
Warum ich das erzähle? Erstens, weil sich am 7. Februar 2008 schon wieder eine Shuttle-Besatzung anschickt, das »Weltall zu erobern«. Und zweitens, weil dabei ein Astronaut von geheim-

nisvollen Malaisen geplagt wird, so geheimnisvoll, dass man sie der Öffentlichkeit lieber nicht mitteilen will. Ausgerechnet der deutsche Astronaut Hans Schlegel, der das europäische Stationsmodul Columbus in einem Außeneinsatz an seinen Platz an der Internationalen Raumstation bugsieren soll, macht aus irgendwelchen Gründen schlapp. Die US-Raumfahrtbehörde habe »keine Einzelheiten über Schlegels Zustand« genannt, so die *Kölnische Rundschau,* so dass Schlegel vor aller Welt als Versager dasteht.

Aber ist das auch berechtigt? Sind sonst etwa alle Raumfahrer fit wie der berühmte Turnschuh? Zur Ehrenrettung Schlegels muss gesagt werden: Davon kann überhaupt keine Rede sein. Vielmehr wird leicht vergessen und auch gern vertuscht, dass die Raumfahrer im All keineswegs auf Wolke sieben schweben, sondern alsbald mit allen möglichen Leiden zu kämpfen haben. 1997 enthüllte eine Untersuchung, dass von den 279 NASA-Raumfliegern zwischen 1988 und 1995 nicht weniger als 276 während ihres Trips von irgendwelchen Beschwerden geplagt wurden. Also praktisch jeder (98,9 Prozent). Die Wahrheit ist: Raumfahrt gehört zu den ungesündesten Betätigungen, die wir überhaupt kennen. Besonders für 56-Jährige wie Hans Schlegel. Das Durchschnittsalter der übrigen Besatzung betrug 44 Jahre. Was also plagt Raumfahrer, vor allem ältere, an Bord ihrer Schiffe?

Begeben wir uns zurück in den einen startenden Shuttle. Sechs Sekunden vor dem Abheben zünden die drei großen Heckmotoren. Das Raumschiff beginnt zu rütteln und zu schwanken; steht es wieder gerade, zünden die beiden seitlichen Feststoffraketen. Das Abheben selbst bekommt man nicht unbedingt mit, dafür aber das gewaltige Vibrieren, sobald der Shuttle in Fahrt kommt. Nach wenigen Minuten spüren die Astronauten den Andruck durch die Beschleunigung. Sie werden mit ihrem dreifachen Körpergewicht in die Sitze gepresst. Natürlich wiegt dann auch die Blase das Dreifache.

»In ten seconds we have MECO«, schallt es nach etwa neun

Minuten in den Kopfhörern (MECO: *Main Engine Cut Off*, Brennschluss der Triebwerke in der Umlaufbahn). Und dann ist alles »in diesem vollkommen unerwarteten und vorher nicht zu trainierenden Zustand der Schwerelosigkeit«, so der Astronaut Ulrich Walter: »So leicht, dass ich nicht einmal mehr meine Blase spürte.«

Na, bitte. Den ganzen Rest spüren die Raumfahrer dafür aber umso mehr. Der deutsche Astronaut Thomas Reiter zum Beispiel ließ sich 1995 an Bord der russischen Raumstation MIR zwar beim fröhlichen Ständchen mit der Gitarre ablichten, doch seinem aufgedunsenen Gesicht und den dunklen Augenringen konnte man ansehen, dass es auch noch eine andere Wahrheit gab.

Das schwammige Gesicht entsteht schon kurz nach der Ankunft im Orbit durch den sogenannten *fluid shift:* Statt sich, wie auf der Erde, in den Beinen zu sammeln, steigt den Astronauten in der Schwerelosigkeit das Blut zu Kopfe. Dadurch leiden sie unter einem Druckgefühl im Kopf, dem berühmten *puffy face,* und den *spider legs* – einem aufgedunsenen Gesicht und dünnen Spinnenbeinen. Aus den Adern sickert zusätzlich Blutflüssigkeit in das Gewebe. Das Blutvolumen schrumpft, am Ende des ersten Tages haben die Astronauten bis zu zehn Prozent weniger in den Adern. Bei einem Erwachsenen ist das ein guter halber Liter. Bei der Rückkehr zur Erde kann der Blutmangel Schwäche und Schwindelanfälle verursachen.

Wer den Flüssigkeitsverlust durch Kaffee oder frischen Fruchtsaft bekämpfen will, wird zumindest vom Geschmack enttäuscht sein. Durch den *fluid shift* sind in kürzester Zeit auch die Mund-, Rachen- und Nasenschleimhäute angeschwollen. Ähnlich wie bei einem Schnupfen vermindert sich dadurch das Geruchs- und Geschmacksempfinden – besonders Kaffee soll im Orbit nach gar nichts schmecken.

Nicht nur dadurch vergeht vielen Astronauten der Appetit, sondern auch, weil der Körper weniger Energie verbraucht. Die meisten nehmen deutlich ab, weil sie weniger Hunger und Durst haben. Oder weil sie sowieso nichts bei sich behalten können. Bis zu zwei Drittel der Astronauten leiden schon nach kurzer Zeit unter Schwindel, Schweißausbrüchen, Übelkeit und Erbrechen. Grund ist das Versagen des körpereigenen Orientierungssystems. Sein wichtigster Teil ist das Innenohr. Dort liegen (in einer mit Flüssigkeit gefüllten Höhle namens Utrikulus) auf winzigen Härchen winzige Kristallkörnchen (Otolithen). Sobald sich der Körper auf der Erde bewegt, verbiegen sich die Härchen durch das Gewicht der Kristalle und melden die räumliche Lage des Körpers an das Gehirn. Weil die Kristalle im All schwerelos sind, dreht der Gleichgewichts- und Orientierungssinn durch, ähnlich wie bei einem Vollrausch, nach drei Stunden Achterbahn nonstop oder auf hoher See.

Schon während des ersten Flugtages ist der Körper der Astronauten also vollkommen mit sich selbst beschäftigt. Weiteres Beispiel: die Wirbelsäule. Ohne Schwerkraft beginnen sich die elastischen Bandscheiben auszudehnen und mit ihnen das ganze Rückgrat: »Misst man die Körperlänge von Astronauten kurz vor dem Start und wieder am Ende des ersten Flugtages, dann sind Astronauten alleine durch die Entspannung der Wirbelsäule bis zu sieben Zentimeter ›gewachsen‹«, stellte der Raumfahrtmediziner Professor Rupert Gerzer fest. So einfach steckt die Wirbelsäule das nicht weg. Folge: Rückenschmerzen. Erst nach der Rückkehr zur Erde schrumpfen die Raumfahrer wieder auf ihre ursprüngliche Körpergröße.

In der Schwerelosigkeit produziert der Körper weniger rote Blutkörperchen als auf der Erde. Dadurch kann der Kreislauf weniger Sauerstoff transportieren. Die Fähigkeit der Raumfahrer zu anstrengenden Dauerleistungen nimmt ab. Damit hängt möglicherweise auch die Schwächung des Immunsystems zusammen, die auf mittelfristigen Raumflügen zu beobachten ist. Auch die weißen Abwehrzellen (Lymphozyten) sind von der Schwerelosigkeit betroffen. Ihre Fähigkeit, auf Krankheitskeime mit einer erhöhten

Teilungsrate zu reagieren, nimmt im Weltraum ab. Möglicherweise sind aber auch die ständig geschwollenen Schleimhäute der Astronauten ein Grund für die erhöhte Krankheitsanfälligkeit. Man muss also kein »Weichei« sein, um an Bord eines Raumschiffes krank zu werden. Nur werden die Malaisen der Astronauten in ihrem ganzen Umfang normalerweise vor der Öffentlichkeit fein säuberlich verborgen. Schließlich soll die nicht weiter nachdenken. Zum Beispiel darüber, wie Astronauten, die bereits in der Umlaufbahn schlapp machen, eigentlich zum Mond oder Mars (ge)kommen (sein) sollen. In der eingangs erwähnten Untersuchung zählte die NASA nicht weniger als 175 »biomedizinische Risiken« der (Umlaufbahn-)Raumfahrt auf, einige davon so schwer, dass sie zum Abbruch der Mission führen können.

14. Februar Zumwinkel: Und du bist raus

Köln-Marienburg, fünf Uhr morgens. Es ist kalt und dunkel. Ein Stadtteil wie dieser um fünf Uhr in der Frühe ist ähnlich ereignisreich wie das Sonnensystem jenseits der Pluto-Bahn. Und die Chance, dass jemand vorbeikommt oder dass etwas passiert, ist ähnlich hoch. Trotzdem bezieht vor einer weißgetünchten Villa mit grünen Fensterläden in der Mehlemer Straße ein Kamerateam Stellung. Mit seherischer Gewissheit und Geduld weichen die Fernsehleute nicht von der Stelle. Des Rätsels Lösung: Sie wissen um ein Geheimnis, um das sie nicht wissen dürften. Nämlich um ein Dienstgeheimnis: Um sieben Uhr morgens werden Polizei und Staatsanwaltschaft an der Hausnummer 22 klingeln, um Einlass bitten, die Villa durchsuchen und den Hausherrn festnehmen. Und das TV-Team reichlich entschädigen für dessen kalte Füße. Denn der Beschuldigte ist kein Geringerer als Deutschlands mächtigster Manager, der Vorstandsvorsitzende der Deutschen Post AG, Aufsichtsratsvorsitzender der Deutschen Telekom, der Deutschen Postbank und Mitglied im Aufsichtsrat der Deutschen Lufthansa. Sein Name: Klaus Zumwinkel.

Die Bilder von seiner Verhaftung gehen um die Welt. »Unter strengster Geheimhaltung« sei die Aktion abgelaufen, schwafelt noch am selben Tag das ZDF-*Mittagsmagazin*. »Unter großer Geheimhaltung«, echot die ZDF-*Drehscheibe*. Von wegen. An Geheimhaltung war in Wirklichkeit niemand interessiert. Denn Klaus Zumwinkel war zu Höherem ausersehen – zu noch Höherem als zu seinen Vorstands- und Aufsichtsratsmandaten. Nämlich zu einem ganz großen Auftritt als Sündenbock und Opferlamm eines moralisch und finanziell bankrotten Staates. Dieser Auftritt sollte der wahre Höhepunkt seiner Karriere werden. Eine Woche lang senden die Medien immer und immer wieder den Film von Zumwinkels Verhaftung.

Zumwinkel, so der Vorwurf, habe Millionen in dubiosen Liechtensteiner Stiftungen geparkt und so am deutschen Fiskus vorbeigeschleust. Enthalten seien diese Informationen auf Datenträgern, die ein Unbekannter einer Liechtensteiner Bank entwendet und dem BND verkauft habe. Allerdings waren die Daten schon alt. Glaubt man der betroffenen Liechtensteiner Bank, so spielte sich der Datenklau bereits 2002, also vor sechs Jahren, ab. Die in den Medien genannte Zahl von 4527 Datensätzen entspreche genau der Anzahl der Begünstigten aller Stiftungen, die sich auf dem 2002 gestohlenen Datenmaterial befunden hätten, heißt es in einer Presseerklärung der Liechtenstein Global Trust (LGT).

Aber so gut wie niemand wunderte sich:

- wie und warum das Kamerateam von Zumwinkels Verhaftung wusste,
- welche Amtsperson das Dienstgeheimnis verraten hatte und somit einen ohne Verurteilung als unschuldig zu Geltenden den Medien zum Fraß vorwarf,
- was diese Aktion ausgerechnet zu diesem Zeitpunkt sollte,
- warum es ausgerechnet Klaus Zumwinkel traf,
- warum Zumwinkel so blitzartig gestand und seinen Job verlor

- und warum sonst niemand mehr vor irgendwelche Kameras gezerrt wurde.

»Ein Mann dieser Güteklasse muss wissen, was eine eingestandene Steuerhinterziehung in der Wahrnehmung der Bürger bedeutet«, schimpfte Finanzminister Peer Steinbrück laut *Tagesspiegel*. »Es sind die Eliten, die das System zum Einsturz bringen.« Genau, und zwar auch Eliten vom Schlage Peer Steinbrücks. Denn während der Bundesfinanzminister Zumwinkel an den Pranger stellte, standen er und seine Länderkollegen mit dem Rücken zu einem gähnenden Milliardenabgrund. Oder auch schon mittendrin: Aus einer klaffenden Gruft von mitverschuldeten Milliardendefiziten zeigte Steinbrück mit dem Finger auf Zumwinkel. Steinbrück und seine Länderkollegen hatten über Bundes- und Landesbanken in der Kreditkrise Milliarden versenkt oder versenken lassen, und sie brauchten immer mehr. Doch woher nehmen und nicht stehlen? Die Lösung heißt bekanntlich Steuern eintreiben. Zumal sie den Vorteil hat, völlig legal zu sein. (Und zur Not erfindet man eben neue Steuern.) Die Behörden winkten denn auch kräftig mit dem Zaunpfahl:

1. Auf den aus Liechtenstein stammenden Datenträgern seien außer dem Namen Zumwinkels noch die Namen vieler anderer enthalten (siehe oben),
2. Betroffene müssten mit Hausdurchsuchungen rechnen,
3. Steuersünder könnten einer Strafverfolgung aber vielleicht entgehen, wenn sie hurtig Selbstanzeige erstatteten – und natürlich ebenso hurtig die hinterzogenen Steuern nachzahlten.

Operation geglückt, Patient Z. tot: Zwar wurde kein einziger der angeblich vielen hundert Steuersünder mehr vor die Kameras gezerrt, aber glaubt man den Behörden, so purzelten die Selbstanzeigen – und natürlich die Millionen für den Fiskus. Bis Mitte Juli

2008 soll die Staatsanwaltschaft Bochum nach einem Bericht der *Westdeutschen Allgemeinen Zeitung* bereits 110 Millionen Euro an Nachzahlungen eingetrieben haben. Am 18. Juli 2008 wurde der erste Liechtensteiner Steuersünder zu zwei Jahren Haft auf Bewährung verurteilt. Außerdem wurden die Steuerparadiese psychologisch ausgeräuchert. Wie ein aufgeschreckter Oberförster tänzelte nur wenige Tage nach dem Fall Zumwinkel Liechtensteins Regierungschef Otmar Hasler vor der Bundeskanzlerin herum, um sich wilde Drohungen gegen sein Reservat für scheues Steuerwild anzuhören. Auch anderen Steuerparadiesen wie der Schweiz wurde mit Konsequenzen gedroht. Schließlich lenkte der Rummel um die Steuerparadiese von ganz anderen Paradiesen ab: den sagenhaften Verschwendungsparadiesen von Bundes- und Landesbanken, wo Narrenfreiheit herrscht, Politiker Milliarden und Abermilliarden verzocken und sich auf dem internationalen Kasinoparkett sämtliche Beine brechen.
Nur sechs Tage vor Zumwinkels Verhaftung, am 8. Februar 2008, wurde ein neues Hilfspaket für die IKB (Deutsche Industriebank), das Problem-Institut der ersten Stunde, bei dem 2007 die Kreditkrise in Deutschland zuerst offenbar geworden war, bekannt. Mit im Boot: Finanzminister Steinbrück, und zwar über die Beteiligung der Kreditanstalt für Wiederaufbau (KfW) bei der IKB. Mindestens weitere zwei Milliarden Euro werde das marode Kreditinstitut benötigen, hieß es, womit sich die Zusagen allmählich einer Summe von zehn Milliarden Euro näherten. Nur wenige Tage vor Zumwinkels Verhaftung erwog der Chef der Finanzaufsicht BaFin, Jochen Sanio, laut *Süddeutscher Zeitung* gar, die IKB dichtzumachen. Drei Tage vor Zumwinkels Verhaftung schwenkte der Aktienkurs der IKB wieder nach unten. Und einen Tag vor Zumwinkels Verhaftung traf sich Steuer-Saubermann Steinbrück mit dem Rest des Verwaltungsrates des IKB-Großaktionärs KfW zu einer Krisensitzung, die um die Gretchenfrage kreiste: »Muss Insolvenz beantragt werden, ja oder nein?« (so Grünen-Finanz-

expertin Christine Scheel). Und wenn nicht, wo soll noch mehr Kohle herkommen? Hinter den Kulissen entbrannte ein Verteilungskampf:

- zwischen maroden Banken, ihren Mutterkonzernen und dem Finanzminister
- zwischen Steuerwüsten und Steueroasen in der EU
- zwischen den einzelnen Ministern des Bundeskabinetts. (Am 10. April 2008 wurde bekannt, dass der Finanzminister zum ersten Mal in der Geschichte der Bundesrepublik vier Ministern gedroht hatte, ihnen die Etathoheit zu entziehen und stattdessen ein Budget zuzuweisen.)

In dieser Situation kam Zumwinkel wie gerufen. Denn der saß auch noch auf einem wertvollen Schatz. Anders als Steinbrück und seine subalternen Finanz-Versager hütete Zumwinkel ein Juwel der Bankenbranche: die Postbank. An ihr hielt Zumwinkels Deutsche Post AG 50 Prozent und eine Aktie. Allein 2007 gewann das Institut sage und schreibe eine Million neue Kunden dazu und erwirtschaftete eine Milliarde Euro Gewinn. Genau das Gegenteil von dem also, was Steinbrück und seine Finanzministerkollegen der Länder zu bieten hatten. Steinbrücks IKB brauchte an die zehn Milliarden Euro, die SachsenLB eine Liquiditätszusage von 17,3 Milliarden, die Bayerische Landesbank meldete für 2007 (vorerst) 4,5 Milliarden Miese, die WestLB verheizte seit Jahren Milliarde um Milliarde. Die Postbank war demgegenüber die reinste Lichtfirma. Und das Schöne für Finanzjongleur Steinbrück: Über seinen Anteil an der Deutschen Post AG (30,5 Prozent) war er auch an der Postbank beteiligt. Und deshalb musste die Postbank verkauft werden. Der Verkaufserlös sollte an die Post-Aktionäre ausgeschüttet werden, etwa in Form eines Aktienrückkaufs, meinte der Chef der mächtigen Fondsgesellschaft DWS, Klaus Kaldemorgen, laut *Welt* zum Verkauf der Postbank: »Davon hät-

ten sowohl die Staatskasse als auch die privaten Aktionäre des Unternehmens am meisten«, so Kaldemorgen laut *Welt*.
Es gab nur ein winzig kleines Problem, nämlich Postchef und Postbank-Großaktionär Zumwinkel: Der wollte die Postbank partout nicht verkaufen. Zumwinkel habe Gerüchte zurückgewiesen, der Konzern wolle sich angesichts der Auswirkungen der US-Immobilienkrise von der Postbank trennen, hieß es am 15. Oktober 2007 in der Presse: »Dazu eine klare Antwort: Wir werden die Postbank nicht verkaufen. Auch weil sich die Kooperation mit unserem Post-Filialnetz bewährt hat und wir viele Synergien haben konnten«, wurde Zumwinkel zitiert. Die Deutsche Post habe »betont«, dass die Tochter Postbank nicht abgegeben werde, hieß es am 8. November 2007 auf finanzen.net: »›Die Postbank steht nicht zum Verkauf‹, zitierte eine Post-Sprecherin den Vorstandsvorsitzenden Klaus Zumwinkel auf Anfrage von Dow Jones Newswires.« Am 19. November 2007 schrieb das *Handelsblatt*, Zumwinkel wiederhole »gebetsmühlenartig«, dass die Postbank nicht zum Verkauf stehe. Zwar ließ sich Zumwinkel schließlich noch zu der Erklärung breitschlagen, er werde 2008 über einen Verkauf von Postbank-Anteilen »nachdenken«, einen wesentlichen Anteil an der Postbank wolle die Post AG aber in jedem Fall behalten.
Das ersehnte Bekenntnis zum Postbank-Verkauf war das nicht gerade. Nachdenken kann man schließlich über alles Mögliche. Und behalten heißt auch nicht verkaufen. Zwar wurden, versteht man das *Handelsblatt* vom 18. Februar 2008 richtig, bereits seit Monaten intensive Gespräche mit der Commerzbank geführt, allerdings nicht etwa von Post-Chef Zumwinkel, sondern von der Bundesregierung. Die stand aus mehreren Gründen unter Zeitdruck: zum einen wegen möglicherweise erhoffter Einnahmen, zum anderen, weil das ihr bei einem Postbank-Verkauf zugesicherte Vetorecht nur noch im Jahr 2008 galt. Solange Zumwinkel den Verkauf blockierte oder verzögerte, verstrich dieses Jahr un-

genutzt. Denn mit dem Vetorecht konnte man den Verkauf ja nicht voranbringen, sondern nur bestimmte Bewerber ablehnen. Zwar wollte Post-Chef Zumwinkel, was nur selten erwähnt wurde, 2008 von selbstgehen, allerdings erst im November. Dann wäre der Bundesregierung nur noch ein Zeitfenster von einem Monat (Dezember) geblieben, um den Verkauf mit einem kooperativeren Postchef in ihrem Sinne durchzuziehen. Ein Monat aber ist für den Verkauf eines solchen Finanzriesen natürlich viel zu wenig. Und schließlich drängte auch die Kreditkrise. Bisher war es gelungen, die Postbank als weitgehend unbeschadet darzustellen – aber wie lange noch?

Dies waren wohl die wichtigsten Gründe, warum Zumwinkel nicht noch die paar Monate bis zu seinem ohnehin vorgesehenen Ausscheiden aus dem Amt Postchef bleiben durfte. Normalerweise würde man einen so verdienten, quasi staatlichen Konzernmanager ja auch nicht von heute auf morgen öffentlich abschlachten, sondern erst einmal die Ergebnisse des Ermittlungsverfahrens abwarten. Vielleicht hätte man dabei sogar seine Villa durchsucht, aber kein Staatsdiener hätte sich veranlasst gesehen, vorher das Fernsehen zu informieren. Über alldem wären Monate ins Land gegangen, genug Zeit für Zumwinkel, in aller Ruhe und in allen Ehren aus dem Amt zu scheiden. Bei einem Pensionär wäre die Steuersache dann in aller Stille über die Bühne gegangen, wenn überhaupt. Denn Staatsanwälte sind hierzulande weisungsgebunden, auf einen Wink von oben lassen sie sofort den Bleistift fallen – oder eben auch nicht. Zumwinkel hätte eine Strafe gezahlt oder auch nicht. Interessiert hätte das niemanden mehr. So aber erhob die Staatsanwaltschaft Bochum am 7. November 2008 Anklage wegen Steuerhinterziehung gegen den ehemaligen Post-Manager.

Klaus Zumwinkel wurde öffentlich hingerichtet, und die Post AG und damit natürlich auch die Postbank wurden ihm binnen eines Tages abgenommen. Vier Tage nach Zumwinkels Festnahme, am

18. Februar 2008, berichtete das *Handelsblatt* Kanzleramt und Finanzministerium würden die Postbank möglichst noch in diesem Jahr verkaufen wollen. Nach dem Rücktritt Zumwinkels seien die Chancen für diesen Verkauf deutlich gestiegen, hieß es laut *Handelsblatt* in Verhandlungskreisen. »Nach dem Rücktritt von Postchef Klaus Zumwinkel ist das Rennen um die Postbank eröffnet«, meldete der TV-Sender N 24.

Dass der Verkauf trotzdem nur schleppend vorankam, war Pech für den Finanzminister. Die Finanzkrise hatte das deutsche Bankensystem bereits eingeholt. Die Milliarden für die Postbank konnte oder wollte erstens niemand so schnell lockermachen. Zweitens zog sich der Verkauf hin, bis die Postbank selbst Federn lassen musste. Es war wie mit einem Auto, das sein Besitzer noch vor dem nächsten TÜV loswerden will. Vergeblich: Ende Juli 2008 musste die Postbank die ersten Schrammen an ihrer glänzenden Karosserie einräumen. Der Gewinn sackte im ersten Halbjahr um 20,3 Prozent ab, das Ergebnis vor Steuern um 26,1 Prozent. Faule Kreditpapiere im Wert von 120 Millionen Euro habe man abschreiben müssen. Im Vergleich zur Konkurrenz war das immer noch wenig. Die Postbank peilte denn auch unbekümmert ihren schon früher für 2008 anvisierten Vorsteuergewinn von 1,1 bis 1,2 Milliarden Euro an. Der Laie wundert sich, die Fachpresse staunt: »Wagemutig? Oder einfach nur weniger von der Finanzkrise getroffen als die Konkurrenz?«, fragte die *Financial Times Deutschland* und gab auch gleich die Antwort: »Mitnichten. Die Postbank kann vor allem an ihrer Prognose festhalten, weil sie sie mit einer hübschen Klammer umrahmt: ›ohne positive und negative Sondereffekte‹ heißt es da.« Kurz: Mögliche »negative Sondereffekte« durch die Finanzkrise wurden bei dieser Prognose einfach beiseitegelassen. Mutig. Aber »schließlich spricht die Muttergesellschaft Deutsche Post derzeit mit einigen Interessenten. Da will die Tochter möglichst hübsch aussehen«, so die *Financial Times Deutschland* weiter. Ein verzweifeltes Unterfangen. Denn dass ein hochkarätiger Käufer, wie ihn die Postbank braucht, auf solche plumpen Tricks hereinfällt, ist doch mehr als unwahrscheinlich. So hatte wahrscheinlich doch Zumwinkels Nachfolger, Reinhard Appel, recht, als er bereits im Vorfeld meinte, eine Finanzkrise sei möglicherweise nicht gerade das ideale Umfeld für einen Postbank-Verkauf. Gut gebrüllt. Vermutlich wäre das auch die Meinung von Klaus Zumwinkel gewesen.

»Noch vor wenigen Monaten galt es als leichte Übung, den Post-Anteil an der Bank von 50 Prozent und einer Aktie zu versilbern«, hieß es am 24. Juni 2008 bei den *AOL-Nachrichten*. »Die Liste der Bieter im In- und Ausland schien lang. Alle warteten darauf, dass die Post endlich das Startsignal für die Auktion gebe. Doch inzwischen droht die Postbank zum schwer verkäuflichen Objekt zu werden. Vom erwarteten Schlangestehen der Interessenten ist nicht mehr viel zu sehen. Der Kreis möglicher Käufer reicht wohl kaum über das Bieter-Duo Commerzbank und Allianz sowie die Deutsche Bank hinaus.«

So war es. Anfang September 2008 erwarb die Deutsche Bank gerade mal 30 Prozent der Postbank-Aktien, und schon einen Monat später gab es Zweifel an dem Deal, der immer weniger in die finanzielle Landschaft passte: Auf dem Börsenparkett gehe das Gerücht um, die Transaktion könne in Wahrheit geplatzt sein, hieß es auf der Website von *ARD-Börse*. Der Börsenkurs der Postbank schmierte von rund 40 Euro Anfang September auf rund 15 Euro Ende Oktober 2008 ab.

24. Februar Hamburg: Putsch durch die Hintertür

Es ist Wahlabend. Die Medien jagen die Politiker, wo sie sie finden. Lustig dreht sich das Interviewkarussell: erst Bürgermeister Ole von Beust, dann SPD-Spitzenkandidat Michael Naumann, dann mal jemand von der FDP und den Grünen und dann wieder Ole von Beust. Aber nur einer ist der unbestrittene Star des Abends:

der Wähler. Oder auch der Bürger. Er, so machen vor allem die CDU-Leute klar, ist einfach ein pfundiger Kerl! Er hat abgestimmt und seinen Willen kundgetan, und nur danach soll es gehen! »Wir haben den Auftrag zur Regierungsbildung«, konstatiert CDU-Fraktionschef Bernd Reinert. »Die Menschen«, meint CDU-Landesvorsitzender Michael Freytag, »wollen Ole von Beust als Bürgermeister.« Der wiederum sieht einen »Auftrag, in Hamburg eine Regierungsbildung herbeizuführen«, und betont: »Ich mache Politik für Hamburg und fühle mich den Bürgerinnen und Bürgern hier verantwortlich.«

Sehr schön. Aber um den Bürger und seine »Aufträge« kümmert man sich in Hamburg in Wirklichkeit den berühmten feuchten Kehricht – insbesondere bei der CDU. Denn was an diesem 24. Februar niemand erwähnt: Eigentlich sollte an diesem Abend nach einem ganz anderen Wahlrecht abgestimmt werden. Nämlich nach einem Wahlrecht, das sich die vielbeschworenen Hamburger »Bürgerinnen und Bürger« selbst gegeben hatten. Und zwar am 13. Juni 2004. Damals verabschiedeten die Hamburger im Rahmen eines Volksentscheides ein Wahlrecht, das ihnen mehr Einfluss auf die personelle Zusammensetzung der Bürgerschaft geben würde. Statt mit nur einem Kreuz für die jeweilige Partei sollten sie künftig mit jeweils fünf Kreuzen auf einer Wahlkreis- und der Landesliste auch über einzelne Kandidaten abstimmen. Die von den Parteien hinter verschlossenen Türen ausgemachte Kandidatenreihenfolge hätte so erheblich verändert werden können.

»Der Entwurf der Initiative hat – wenn auch knapp – die notwendige Stimmenzahl erreicht«, sagte der Vorsitzende der CDU-Bürgerschaftsfraktion, Bernd Reinert, damals: »Damit hat der Wähler eine Entscheidung getroffen, die wir respektieren werden.« Da war er wieder, der Wähler. Von Respekt konnte jedoch überhaupt keine Rede sein. Denn nach dem neuen Wahlrecht wurde niemals gewählt. Schon im Oktober 2004 setzte die »Bürgerwillen«- und »Auftrags«-CDU eine »geheime Änderungskommission« auf das von den Bürgern verabschiedete Wahlrecht an. Ihr Vorsitzender: der altgediente (und inzwischen verstorbene) Polit-Profi Jürgen Echternach, bei dem es laut einem Nachruf »eigentlich immer um die Frage ging, wer was wird, um Seilschaften zur gegenseitigen Absicherung von Einfluss und Mandaten, um das ›Bearbeiten‹ von Delegierten, deren Stimmen man brauchte, mal für dieses, mal für jenes, um den flinken Umgang mit Satzungsfragen«. Das Ziel der Kommission im Herbst 2004: das neue Wahlrecht durch die Hintertür wieder zu ändern. Am 8. Mai 2006 erfüllte CDU-Fraktionschef Reinert den Wählerauftrag, indem er die Zweifler an der geheimen Kommandosache innerhalb der CDU auf Linie brachte (so die *Morgenpost*). Am 25. September 2006 beschloss die CDU, das geänderte Anti-Bürger-Wahlrecht in die Bürgerschaft einzubringen, wo es am 11. Oktober 2006 verabschiedet wurde.

Zwar wurde ein besonders dreister Teil des Gesetzes, der weiter unten stehende Listenkandidaten besonders benachteiligt hätte, am 27. April 2007 vom Hamburgischen Verfassungsgericht wieder kassiert, aber der Putsch der Bürgerschaft gegen die Bürger wurde auch von der richterlichen Instanz abgesegnet: Die parlamentarischen Diskussions- und Abstimmungsprozesse über das neue Wahlrecht seien doch in der Bürgerschaft durchgeführt worden, führte Gerichtspräsident Wilhelm Rapp in der mündlichen Urteilsbegründung aus. Dabei lägen »hinreichende abwägende Ausführungen« vor, nach denen die Bürgerschaft sich mit dem Bürger-Wahlrecht in der Sache auseinandergesetzt und den Volkswillen berücksichtigt habe.

Berücksichtigen heißt freilich nicht erfüllen.

Ein Urteil so recht nach dem Geschmack der etablierten Bürgerschaftsfraktionen, allen voran die CDU. Könnte das damit zusammenhängen, dass die Richter des Hamburgischen Verfassungsgerichts zum Teil selbst aus den Hamburger Parteien stammen? So war der in diesem Fall federführende Verfassungsrichter Martin Willich von 1974 bis 1997 eines der einflussreichsten Mitglie-

der der CDU-Bürgerschaftsfraktion und fungierte mehrfach als Bürgerschaftspräsident.
Das Hamburger Verfassungsgericht hat nicht zum ersten Mal einen Volksentscheid kassiert. Zum Beispiel hatten sich die Hamburger Bürger auch gegen den Verkauf des Landesbetriebes Krankenhäuser (LBK) in der vom Senat favorisierten Form ausgesprochen. Vergeblich: Der Bürgerentscheid sei für die Bürgerschaft nicht bindend, urteilten die Richter am 15. Dezember 2004 – natürlich »im Namen des Volkes«.
Es ist also schon eine merkwürdige Sache mit diesem Volk. Jeder rühmt sich, es zu kennen, behauptet, irgendwelche Aufträge von ihm erhalten zu haben und diese eilfertigst erfüllen zu wollen. Aber wenn es wirklich mal eine explizite Forderung stellt, wird die sofort kassiert. Damit wurde in Hamburg klar:

1. Die Volksvertreter stehen über dem Volk,
2. die Bürgerschaft ist mächtiger als die Bürger,
3. ein Volksentscheid ist das Papier nicht wert, auf dem er geschrieben steht.

Aber weil die Hamburger sich nun mal besonders ungern von ihren eigenen Angestellten herumschubsen lassen, wurde am 17. Januar 2008 im Rathaus eine neue Volksinitiative für ein neues Wahlrecht angemeldet. Am Tag der nächsten Bundestagswahl, im September 2009, werden die Hamburger voraussichtlich erneut über »ihr« Wahlrecht abstimmen.

27. Februar Der Linksruck, der ein Rechtsruck war

Nach den Hamburg-Wahlen haben die Landtagswahlen die Republik weiter fest im Griff. Nun wachsen sich die Urnengänge zu einem veritablen Politik- und Propagandakrieg aus. Nach dem Motto: Gewonnen wird die Wahl nach der Wahl. Worum ging es? Wie immer: natürlich um den Untergang des Abendlandes.

Glaubt man Medien und etablierten Parteien, dann breitet sich seit einiger Zeit eine Seuche in der Republik aus, die von den neuen Ländern aus in den Westen herüberschwappte und nun auch alte Bundesländer wie Niedersachsen, Hessen und Hamburg befallen hat, nämlich der sogenannte »Linksruck«: »Durch den Linksruck droht der deutschen Wirtschaft ein dramatischer Kostenschock!«, warnt die *BILD-Zeitung* am 27. Februar 2008. Und da ihn alle sehen – die Parteien, die Arbeitgeber, die Journalisten –, muss es ihn wohl tatsächlich geben. Oder etwa nicht?

Natürlich. Der Beweis: Handstreichartig ist die Linke in die Landesparlamente von Hessen, Niedersachsen und Hamburg eingezogen. In den vergangenen Monaten und Jahren hat sie eine in der Geschichte der Republik beispiellose Karriere hingelegt, mit der sich nicht einmal der Aufstieg der Grünen messen kann. Ende Februar 2008 war die Linke in nicht weniger als 10 von 16 Landesparlamenten mit einer eigenen Fraktion vertreten, in zwei weiteren mit Einzelabgeordneten. Schon vor der Hamburg-Wahl, rechnete Linke-Geschäftsführer Dietmar Bartsch vor, »war sie mit 175 Landtagsabgeordneten die drittstärkste Kraft in den Ländern und damit deutlich vor Grünen (129) und FDP (107)«.

Kein Zweifel: Die roten Kolonnen marschierten. Die Republik stand Kopf. Und die Wahrheit auch. Denn die lautet: Es gab und gibt gar keinen Linksruck. Denn natürlich ist auch ein Ruck eine Bewegung. Und wie jede Bewegung ist auch eine politische Bewegung relativ. Wenn sich im Zugfenster ein Zug bewegt, kann das auch daran liegen, dass der eigene Zug fährt, und zwar in die falsche Richtung. Und genau das ist die Situation unserer neoliberalen etablierten Parteien, die das Verharren eines politischen Zuges als Bewegung in die falsche Richtung wahrnehmen – nämlich als »Linksruck«.

In Wirklichkeit gibt es gar keinen Linksruck, sondern einen Rechtsruck. Systemveränderer von Rechts haben die Republik umgekrempelt und die Axt an den Sozialstaat und die Verfassung gelegt. Sie halfen beim Export von Hunderttausenden von Arbeitsplätzen, strichen Sozialleistungen zusammen und logen die Arbeitslosenstatistiken herunter. Sie traten die bundesdeutsche Souveränität hemmungslos an eine nicht legitimierte europäische Bürokratie ab und versuchten, einen ebenso wenig legitimierten europäischen Verfassungsvertrag durchzupauken. Sie schränkten reihenweise individuelle Rechte ein und machten immer neue Spitzel- und Schnüffelgesetze, die mit schöner Regelmäßigkeit vom Bundesverfassungsgericht zurechtgestutzt wurden. Dem Grundgesetz zum Trotz zogen sie in aller Welt in den Krieg, halfen bei der Besetzung fremder Länder und logen sich und anderen über einen nur allzu durchsichtigen »Krieg gegen den Terror« in die Tasche, bei dem es nur allzu offensichtlich um Macht, Einfluss und Rohstoffe geht.

Linksruck? Nicht doch. Von einer »neuen Linken«, wie die Medien sie sichteten, kann gar keine Rede sein. Die »neue Linke« ist vielmehr die alte Linke aus Ex-SPD, SED, PDS und DKP. Und deswegen steht die gesamte Berichterstattung auch auf dem Kopf: »Lafontaine, Gysi & Co. haben das politische System der Bundesrepublik geknackt«, schrieb beispielsweise *Spiegel Online.* »Frustrierte, Studenten, Intellektuelle, Ostalgiker« seien die Wähler der Linken. »Bei ihnen finden viele eine politische Heimat, die sich sonst nirgendwo zu Hause fühlen.« Kein Wunder, denn das Zuhause, die soziale Marktwirtschaft, die Sozialdemokratie und der Sozialismus, hat sich aus dem Staub gemacht. Die einen sind jetzt obdachlos, die anderen (die Parteien aus dem Osten) konnten nicht mal einziehen.

In Wirklichkeit hat die Rechte das politische System geknackt.

Bei der vermeintlich »neuen Linken« handelt es sich lediglich um politische Waggons, die das Eiltempo bei der Abschaffung von Freiheit, Sozialstaat und Verfassung nicht mitmachen wollten. Sie standen zunächst versprengt am Bahnhof der alten Republik herum, bis sie sich zu einem neuen Zug formierten, nämlich der

Partei Die Linke. Doch auch dieser Zug braucht gar nicht loszufahren, da er angesichts der galoppierenden Reaktion ohnehin wie der rasende Fortschritt wirkt. Auch angesichts der SPD, die als letzter Waggon am Zug der Neoliberalen hängt und sich manchmal abzukoppeln droht. Aber kaum schlagen Zugführer und Schaffner Alarm, schließt die alte Tante SPD wieder auf – und die Zusammenarbeit mit der Linken aus.
SPD-Spitzenkandidatin Andrea Ypsilanti zum Beispiel hatte vor der Hessenwahl erklärt, auf keinen Fall mit der Linken zusammenarbeiten oder sich von ihr wählen lassen zu wollen. In dieser Bestimmtheit und Ausweglosigkeit eine Aussage von einmaliger politischer Dummheit. Denn erstens bildet die SPD ja bereits mit der Linken eine Landesregierung, und zwar in Berlin. Und zweitens schränkte diese Aussage den Handlungsspielraum nach der Wahl drastisch ein. Denn betrachtet man die anderen Parteien, dann

- war eine Zusammenarbeit mit dem unzumutbaren CDU-Ministerpräsidenten Roland Koch ebenfalls ausgeschlossen,
- hatte umgekehrt die FDP eine Zusammenarbeit mit der SPD von vornherein ausgeschlossen,
- würde es mit den Grünen allein für die SPD möglicherweise nicht zur Regierungsübernahme reichen.

Das heißt, schon vor der Wahl war die »Gefahr« unübersehbar, dass Ypsilanti die Linke brauchen würde, um sich zur Ministerpräsidentin wählen zu lassen. Und kaum war das Wahlergebnis da, schnappte diese selbst gestellte Falle denn auch zu: CDU und FDP kamen zusammen auf 46,2 Prozent, SPD und Grüne nur auf 44,2 Prozent – zu wenig, um eine Regierung zu bilden. Geklappt hätte das nur mit den 5,1 Prozent der Linken, doch diese dringend notwendige politische Nahrungsergänzung war von der SPD selbst zur verbotenen Frucht erklärt worden. Und die gesamte

Rechte der Republik, einschließlich Politik und Medien, wachte darüber, dass die Hessen-SPD diese Frucht nicht anrührte. Bei dem kleinsten Schritt in dieser Richtung setzte ein beispielloses politisches und mediales Trommelfeuer ein. Als SPD-Chef Kurt Beck zaghaft eine Duldung durch die Linke in Erwägung zog, wurde er von Medien und Unionspolitikern regelrecht demontiert. Die SPD saß im selbst gebuddelten Schützengraben fest und musste nur noch ausgeräuchert werden.

Fazit: Während die Rechten und die Linken ziemlich genau wissen, was sie wollen, nämlich den demokratischen Sozialstaat abschaffen bzw. erhalten, weiß die SPD nicht einmal mehr, wie sie heißt. Sie wird zwischen den Fronten zerrieben und reagiert mit allen Anzeichen von Konfusion und politischer Stümperei. Wer sich vor einer Wahl per Versprechen des einzig vernünftigen Koalitionspartners beraubt, hat es wirklich nicht besser verdient als die hessische SPD-Chefin und ihr Bundesvorsitzender. Sie wurden von Medien und rechten Politikern auf ihrem eigenen Wahlversprechen, nicht mit den Linken zusammenzuarbeiten, festgenagelt – um nicht zu sagen: gekreuzigt. Selbst schuld, kann man da nur sagen. Lieber ein echter Reaktionär als ein falscher Sozialdemokrat.

Im November 2008 scheiterte Ypsilantis Versuch, sich zur Ministerpräsidentin wählen zu lassen, endgültig an vier abtrünnigen Abgeordneten, die von einer Wahl Ypsilantis angeblich »aus Gewissensgründen« Abstand nahmen. Wer's glaubt. Nach dem monatelangen Nervenkrieg um die Regierungsbildung hatte die Rechte ihr Ziel erreicht: Die Hessen-SPD blieb als am Boden zerstörtes Wrack zurück. Die Moral von der Geschicht': »Kooperiere mit der Linken nicht.«

2.3. Dmitri Medwedjew gewinnt die russischen Präsidentschaftswahlen **4.3.** John McCain gewinnt Vorwahlen seiner Partei und gilt damit als Kandidat der Republikaner bei den bevorstehenden US-Präsidentschaftswahlen **9.3.** José Luis Rodríguez Zapatero gewinnt die Parlamentswahlen in Spanien ***10. 3. Aufstand in Tibet 17. 3. Angriff auf das Gold*** **19.3.** Karlsruhe stutzt die Vorratsdatenspeicherung **24.3.** Der olympische Fackellauf beginnt und wird immer wieder von Störungen begleitet ***27. 3. Aus für den Transrapid***/Der *Stern* enthüllt einen Spitzelskandal beim Lebensmitteldiscounter Lidl

Thema des Monats:
Aufstände in Tibet

10. März Tibet: Eine garantiert gerechte Sache

»Beim Fressen beim Fernsehen fällt der Vater dem Kartoffel aus dem Maul«, dichtete einst der Satiriker Eckhard Henscheid. Am 10. März 2008 ist es mal wieder so weit: Plötzlich marschieren Gruppen protestierender, rotgekleideter Mönche über die westlichen TV-Bildschirme und demonstrieren für mehr Freiheit in dem zu China gehörenden Tibet und mehr Einfluss für ihren göttlichen Lehrer, den Dalai Lama. Es ist der 49. Jahrestag der Besetzung Tibets durch China. In den folgenden Tagen eskalieren die Unruhen. Wer zuerst wen geschlagen oder wer auf wen geschossen hat, lässt sich gar nicht mehr so leicht feststellen. Die Unruhen in Tibet mausern sich zur internationalen Affäre, mit dem Dalai Lama und westlichen Regierungen als Anklägern und China als Angeklagtem.
Aber was gab es in den letzten Jahren in Estland, Litauen, Georgien und der Ukraine nicht schon alles für Revolutionen! Und nun auch noch die rote Revolution in Tibet! Irgendwie ist man als Dauerglotzer daher schon etwas revolutionsmüde geworden. Aber erstens geht uns jede Revolution gegen jede Fremdherrschaft auf der Welt etwas an – außer natürlich die Revolution gegen die Fremdherrschaft im eigenen Lande. Und zweitens geht es offenbar um edle Werte: Freiheit, Gerechtigkeit, Selbstbestimmung und Demokratie – wie beispielsweise im Irak und in Afghanistan.
Auf in den Kampf also für eine garantiert gerechte Sache, diesmal in Tibet. Na gut: Dass Tibet ein unabhängiger Staat sein sollte oder könnte, glaubt in Wirklichkeit eigentlich kein Mensch. Niemand anderer als der damalige deutsche Außenminister Joschka Fischer erklärte 1998, Tibet werde als integraler Bestandteil Chinas betrachtet, alle Unabhängigkeitsbestrebungen würden als Separatismus angesehen und nicht unterstützt (laut Tibet Initiative Deutschland, Infoblatt 13). Zweitens war Tibet in seiner ganzen

Geschichte noch nie ein unabhängiger Staat, sondern aufgrund der geringen Bevölkerung sowie wirtschaftlicher und militärischer Schwäche schon immer ein »Protektorat« fremder Mächte, hauptsächlich Chinas. Drittens liegt die tibetische Hauptstadt Lhasa nicht gleich um die Ecke, sondern etwa 7000 Kilometer Luftlinie weiter östlich.

Aber der Hindukusch liegt schließlich auch nicht nebenan. Und trotzdem werden dort Deutschland und die Demokratie verteidigt. Und die Sache mit Tibet ist genauso leicht zu verstehen wie die anderen Kriege und Revolten der vergangenen Jahre. Auch hier gibt es nur zwei Parteien, nämlich Gut und Böse. Der Dalai Lama und Tibet sind gut, China ist böse. Der Dalai Lama ist sozusagen der »Papst« der tibetischen Buddhisten, und der Name bedeutet so viel wie »Meer der Weisheit« oder »unendlich weiser Lehrer«. Ebenso wie der katholische Papst hat auch der Dalai Lama einen bürgerlichen Namen, im Fall des jetzigen (14.) Dalai Lama lautet er Tenzin Gyatso. Und wie die letzten Päpste ist auch der Dalai Lama seit einigen Jahren unheimlich »in«. Besonders im Westen. Spätestens seit seinem Friedensnobelpreis (1989) und dem Kino-Schinken *Sieben Jahre in Tibet* (1997) gilt der Dalai Lama als Heiliger und der Buddhismus als eine Art Mercedes unter den Religionen: friedfertig, sanftmütig und rein.

Während der gehobene Gläubige über Christentum (Kirchenverbrechen!) und Islam (Frauenunterdrückung, Selbstmordattentate!) die Nase rümpft, gilt der Buddhismus als die geistige Heimat der Erleuchteten. War es vor Jahren nur die Avantgarde und intellektuelle Schickeria, die im Flieger das Tibetische Totenbuch wälzte und dabei die Blicke des Sitznachbarn genoss, hängt dem Buddhismus zunehmend auch das breite esoterische und religiöse Proletariat an. Keine Frage: Diese Welt sehnt sich nach dem Wahren, Schönen, Guten, und bis zur Besetzung durch China 1949 soll »das alte Tibet« dessen Heimat gewesen sein: »Während die chinesische Präsenz im heutigen Tibet unterschiedslos als übel, böse

und schlecht verdammt wird, erscheint das ›alte Tibet‹, womit Tibet bis 1950 gemeint ist, als ein Paradies der Friedfertigkeit, des ökologischen Bewusstseins und der spirituellen Reife«, schreibt der Autor Marcus Hammerschmitt: »Der jahrhundertealte Einfluss des Buddhismus, so die westlichen Tibetfreunde, habe Tibet zu einer einzigen Weihestätte der humanen Perfektion geläutert, und wären die Chinesen nicht mit brutaler Gewalt über das derart gebenedeite Völkchen der Tibeter hergefallen, hätte er auch weiterhin seine segensreichen Wirkungen entfalten können.«
Und so könnte mit dem Mythos Tibet alles seine Ordnung haben, wenn, ja wenn da nicht immer wieder einige notorische Querulanten Sand ins Getriebe streuen würden:

1. »Heute wird zu Recht beklagt, dass die tibetische Kultur von den Chinesen unterdrückt wird. Darüber sollte man aber nicht vergessen, dass die tibetische Kultur aus einer Religion hervorgeht, die noch sehr viel brutaler war und die Menschen in Tibet wie in der schlimmsten Diktatur unterdrückte. Deshalb verbietet sich jede unkritische Gefühlsduselei für den Dalai Lama und die tibetischen Mönche.« (Ulrich Wickert)
2. »Tibet war ja ursprünglich ein Mönchs-Staat. Eine Situation, mit der ich übrigens auch nicht glücklich gewesen bin. Die Menschen haben nur gearbeitet, damit die Mönche meditieren können.« (Reinhold Messner)

Mönche wie der Dalai Lama. Selbst die Internet-Enzyklopädie Wikipedia weiß, dass die Menschen unter den Lamas »in einem feudalen System« lebten. Und Feudalismus ist das genaue Gegenteil von gemütlich und eine mittelalterliche Herrschaftsform, in der die große Masse der Bevölkerung von einigen wenigen in einem sklavenartigen Leibeigenenverhältnis gehalten wird. Einer, der sich auskennt, ist der Tibet- und Dalai-Lama-Experte Colin Goldner. Er reiste nicht nur immer wieder durch Tibet, China und

Indien, sondern arbeitete nach Angaben der Zeitschrift *Die Gazette* auch fast zwei Jahre lang als Entwicklungshelfer in Nepal und recherchierte ausführlich am Exilsitz des Dalai Lama im indischen Dharmshala. Im Jahr 1999 veröffentlichte er ein vorübergehend vergessenes Buch mit dem Titel *Dalai Lama – Fall eines Gottkönigs*. Jahrelang vergriffen, erschien es erst nach Redaktionsschluss dieses Kapitels wieder auf dem Markt. Glatt übersehen werde, referiert Marcus Hammerschmitt aus Goldners Buch, »dass die Geschichte des lamaistischen Buddhismus in Tibet keineswegs so friedfertig und einheitsselig verlief, wie die westlichen Tibetfreunde sich das zusammenphantasieren«. In Wirklichkeit triefe der Lama-Buddhismus von Blut. Seine Geschichte sei »eine endlose Abfolge von Grabenkämpfen zwischen Sekten, die einander buchstäblich bis aufs Messer verfeindet waren (und sind!), von Palastrevolten und Thronintrigen, und sie ist vor allem die Geschichte eines namenlos ausgebeuteten und unterdrückten Volkes«.

Demnach war es ausgerechnet die sogenannte Karma-Lehre, welche die Menschen über Jahrhunderte gefügig machte, die Vorstellung also, dass das Schicksal eines Menschen mit seinem Verhalten in einem früheren Leben zusammenhänge und ihm somit schwer zu entrinnen sei. Das Tibetische Totenbuch des angeblich so sanften tibetischen Buddhismus erweist sich als kein bisschen weniger brutal als das Alte Testament:

> »Die Höllen, sechzehn an der Zahl, lägen ›viele Meilen unter der Erde‹; acht davon seien sogenannte ›Heiße Höllen‹, die anderen acht seien ›Kalte Höllen‹. In den ›Heißen Höllen‹ bestehe der Boden aus ›rotglühendem, sengendem Eisen; an den Seiten ist er von versengenden, eisernen Zäunen umgeben (…) und mit vier Toren abgesichert‹. Ohne Pause werde man dort den schrecklichsten Qualen ausgesetzt: ›In der Heißen Hölle wird man wie ein Fisch in riesigen, rotglühenden Eisenkesseln

03

gebraten. Mit einem brennenden, spitzen Pfahl wird man vom Anus her durchstoßen, bis dieser wieder am Scheitel austritt‹, auch werde man ›auf den rotglühenden Boden gelegt und dann mit eisernen Hämmern geschlagen‹.« (Goldner, S. 37)

Dagegen musste der Bevölkerung die Herrschaft der feudalen Lamas wie das reinste Paradies erscheinen. »Der tibetische Buddhismus hat für den Gläubigen, der gesündigt hat, ein nicht enden wollendes Arsenal von Folterungen in petto«, so Hammerschmitt: »Köpfe werden abgerissen, Zungen werden aus dem Mund gezogen und mit Dolchen durchstoßen, die armen Seelen versinken in Seen aus Exkrementen und werden von Insekten, die in diesen Seen leben, zerfressen und zerpickt. Die schlimmste aller Verfehlungen für einen tibetischen Buddhisten ist bezeichnenderweise das Aufbegehren gegen ein Mitglied des lamaistischen Klerus, und das Beste, was er tun kann, ist, allen Mitgliedern dieses Klerus blind zu gehorchen.«
Die Tibet-Hysterie ist nicht etwa neu, sondern eine Wiederkehr der Tibet-Manie der Nazis. Schon die Braunhemden verehrten das alte Tibet und sahen in ihm die geheimnisvolle Fluchtburg der Bewohner des untergegangenen Atlantis und gar den »Ursprung der nordischen Rassenseele« (Goldner): »In den Kinos wurden ständig irgendwelche Tibet-Filme gezeigt, es gab zahllose Ausstellungen und Veröffentlichungen zum ›Dach der Welt‹. Das heutige große Interesse an Tibet hat, wenn auch mit anderen Vorzeichen, seine Wurzeln mithin in der flächendeckenden Tibet-Propaganda der Nazis.« Dass auch der sechzig Jahre später gedrehte Film *Sieben Jahre in Tibet* zu dieser Nazi-Propaganda zählt, soll hier natürlich nicht behauptet werden. Aber dennoch setzte er die damalige Tibet-Verehrung und Beschwörung einer »arisch-tibetischen Allianz« auf irritierende Weise – wahrscheinlich unbeabsichtigt – fort. Er erzählt die Geschichte des österreichischen Alpinisten, Forschungsreisenden und Vorzeige-Abenteurers Heinrich Harrer und

seiner Freundschaft zu dem seinerzeit noch jugendlichen 14. (also dem heutigen) Dalai Lama. Auf dem Filmplakat berühren sich ein semmelblonder »Arier« (Brad Pitt) und der junge Dalai Lama inniglich mit ihren Stirnen. In dem quälend langen Streifen wird die Freundschaft zwischen dem »Arier« (ein Wort, das übrigens aus dem Sanskrit stammt und so viel wie »Edler« bedeutet) Harrer und dem Dalai Lama verklärt und der Hof des Lama verherrlicht. Nicht aber die Chinesen, die das Idyll 1949 brutal beendeten – ein Idyll, das für die gewöhnliche Bevölkerung nie existierte, versteht sich. Der Alltag der gewöhnlichen tibetischen Bevölkerung kommt in dem Film denn auch überhaupt nicht vor.

Auch nach der NS-Zeit pflegte der Dalai Lama laut Goldner weiterhin krude Allianzen, sei es mit dem Vorsitzenden der »Nationalsozialistischen Partei« Chiles, Miguel Serrano, oder dem japanischen Sektenführer und Hitler-Fan Shoko Asahara, dessen Anhänger 1995 einen Giftanschlag auf die Tokioter U-Bahn verübten und dabei zahlreiche Menschen töteten und verletzten. Und auch die CIA zählt zu diesen kruden Allianzen. »Hinter dem ganzen, von der populären und durch Prominente unterstützten ›Rettet Tibet‹-Kampagne geschaffenen Rummel steht die Tatsache, dass die CIA hinter der tibetischen Unabhängigkeitsbewegung steckt. Zahlreichen Berichten zufolge könnte sogar der Dalai Lama selbst ein Langzeit-Aktivposten der CIA sein«, heißt es auf der Seite des renommierten kanadischen »Zentrums für Globalisierungsforschung« (Centre for Research on Globalization).

Papperlapapp – alles Verschwörungstheorie. In Wirklichkeit treibt die Tibeter der edle Drang nach Freiheit, welche die Menschen, so die Hamburger Wochenzeitung *Die Zeit,* »brauchen wie die Luft zum Atmen«. Natürlich nicht die Freiheit von den Lamas, sondern von den Chinesen. Und manchmal muss dieser Freiheitsdrang auch etwas beatmet werden – zum Beispiel durch die CIA. Schon 1951 habe der amerikanische Auslandsgeheimdienst Kontakt zu zwei Brüdern des Dalai Lama gesucht, heißt es auf

den Seiten der »Tibet Initiative Deutschland e.V.«. Doch mangels offiziellerer Kontakte hätten die Amerikaner beschlossen, verdeckte Operationen in Tibet durchzuführen. Auf einem geheimen Stützpunkt in Virginia sowie in Camp Hale, Colorado, seien tibetische Guerillakämpfer ausgebildet worden. Oder – je nach Standpunkt – Terroristen. Unter anderem hätten die Tibeter »Training in Techniken des Guerillakriegs, der Bombenherstellung, Kartographie, des Funkens, Fotografierens oder dem Beschaffen von Geheiminformationen« erhalten. Bei etwa 40 Flügen seien insgesamt 400 Tonnen Waffen abgeworfen worden. Die Amerikaner hätten die Chinesen so lange wie möglich in Schach halten, sie mit unzähligen Konflikten beschäftigen und dadurch das Land erschüttern wollen, so die Tibet-Kenner der Initiative. Nach dem tibetischen Aufstand vom März 1959 habe die CIA die Flucht des Lama nach Indien organisiert. Mitte der Sechzigerjahre des vorigen Jahrhunderts hätten die Amerikaner dann jährlich über 1,7 Millionen US-Dollar in das Tibet-Programm gesteckt und dabei 2100 tibetische Guerillakämpfer in Nepal finanziert.
Dass die US-Subversion in Tibet – wie vielfach berichtet – wirklich Ende der Sechzigerjahre aufgehört hat, mögen viele Beobachter kaum glauben. Zu planvoll und koordiniert erschienen die plötzlichen Aufstände im März 2008: »Die jüngsten Unruhen in der chinesischen Autonomieregion Tibet sind nach Worten des venezolanischen Präsidenten Hugo Chavez Teil eines US-Plans, um einen Boykott der Olympischen Spiele in China herbeizuführen«, hieß es am 26. März auf der Website der russischen Nachrichtenagentur Novosti. »Die Gewalt in Tibet ist Teil eines aggressiven Plans der USA gegen China«, habe Chavez nach Angaben von französischen Medien gesagt: »Kurzfristig zielt dieser Plan auf einen Boykott der Olympischen Spiele ab.«
Während Tibet und der Dalai Lama von der Welt verklärt werden, wird China vom religiösen Oberhaupt der Tibeter diabolisiert. Für die antichinesischen Aufstände von 1959 gibt er beispielsweise die

Zahl von 87 000 Toten als Opfer militärischer Aktionen an. Kritikern zufolge handelte sich bei 75 Prozent der in Wahrheit 65 000 Toten jedoch um Chinesen. Goldner zweifelt auch die Horrorzahl von angeblich 1,2 Millionen Todesopfern der chinesischen Besatzung an. Tatsächlich klingt diese Zahl nach Greuelpropaganda. Im indischen Dharmshala fand Goldner laut der Zeitschrift *Die Gazette* eine 1720 Namen umfassende Liste der politischen Gefangenen in Tibet von 1987 bis 1997; am Ende jenes Jahrzehnts waren noch 330 Personen in Haft. Schlimm genug, aber dennoch stehen diese Zahlen in einem gewissen Widerspruch zu dem Bild der reißenden Bestie, das von China gezeichnet wird. Der Dalai Lama selbst spricht vorsichtigerweise inzwischen auch nicht mehr allgemein von einem Genozid, sondern genauer von einem »kulturellen Genozid« und meint damit die Überfremdung Tibets und die Unterdrückung tibetischer Kultur.

Tatsächlich bedeutete die Ablösung der Lamas durch die Chinesen für Tibet den Übergang vom Mittelalter zur Moderne. Nicht, dass nun ein goldenes demokratisches Zeitalter angebrochen wäre, aber einen Fortschritt gegenüber der vormaligen archaischen und rückständigen Willkürherrschaft bedeutete sie allemal.

Die wirtschaftliche und technische Modernisierung des völlig rückständigen Tibet stand denn auch vorerst im Vordergrund. Das Land begann von modernen Produktionsmethoden und vom chinesischen Wirtschaftswunder zu profitieren. Zwischen 1978 und 2003 vervierfachte sich die Fleischproduktion. Der Tourismus boomt; mit der Lhasa-Bahn, einem der kühnsten Eisenbahnprojekte der Menschheit, sowie Erdwärme- und Wasserkraftwerken leistete China einen wesentlichen Beitrag zum Aufbau einer funktionierenden Infrastruktur für das abgeschiedene Bergland. Im Jahr 2007 stieg die Zahl der Besucher des Autonomen Gebiets Tibet um 60 Prozent. Neben Landwirtschaft und Tourismus soll der Bergbau das dritte wirtschaftliche Standbein Tibets werden. Und damit nähern wir uns auch des Pudels Kern. Denn Tibet verfügt über bedeutende und praktisch brachliegende Lagerstätten von Bor, Blei, Gold, Erdöl, Kupfer, Chrom, Magnesit, Eisen, Lithium, Kaliumchlorid, Aluminium und Zink. Das Land ist also nicht nur als Hebel zur Destabilisierung Chinas wertvoll, sondern auch als Rohstoffreservoir.

Der Dalai Lama wird als Ikone und Schachfigur benutzt, an der die Ereignisse teilweise vorbeilaufen. Während die »Free Tibet«-Bewegung ihren Namen zum Programm macht, will der Dalai Lama weder eine Unabhängigkeit Tibets von China noch gewaltsame Proteste, noch einen Olympiaboykott. Doch während die Situation in Tibet und beim olympischen Fackellauf eskalierte, interessierte die Meinung des Dalai Lama höchstens insofern, als sie sein friedliches Image unterstrich und damit seine propagandistische Durchschlagskraft erhöhte. Die Gewalt besorgten andere; der Dalai Lama erschien als gemäßigter und verantwortungsbewusster Lehrer, der dadurch noch beliebter wurde.

Kritik an diesem »sanften Heiligen« (Bayerischer Rundfunk) wird in Deutschland unsanft zurückgewiesen. Als Anfang April 2008 die Hamburger Bürgerschaftsabgeordnete der Linken Christiane Schneider den Dalai Lama in einem Atemzug mit dem iranischen Revolutionsführer Ajatollah Khomeini erwähnte, war gleich der Teufel los. »Fassungslos«, »nicht in der Demokratie angekommen«, »schlimmer Ausfall«, lauteten die Reaktionen in der Bürgerschaft. Denn schließlich sollte das Ganze »eine einmütige Debatte über den Umgang Chinas mit Tibet werden«, erfuhren wir aus *Spiegel Online*. Aber ist eine »einmütige Debatte« nicht ein Widerspruch in sich? Denn entweder ist etwas eine Debatte (also eine Diskussion), dann kann es nicht einmütig sein. Oder es ist einmütig, dann kann es sich aber nicht um eine Debatte handeln. Vorsicht also, wenn Sie mal zu einer »einmütigen Debatte« eingeladen werden. Am besten warten Sie dann erst mal, woher der Wind weht! Denn China ist heute überall.

17. März Angriff auf das Gold

Am 17. März 2008 tue ich etwas, das ich sonst nur noch sehr selten tue: Ich kaufe mir den *Spiegel*. Warum ich das so selten tue? Nun, es liegt daran, dass *Der Spiegel* wie ein Gehirn funktioniert – und das ist nicht etwa eine gute Nachricht. Vielmehr gibt es zwei Ebenen:

- die niedere journalistische Ebene, auf der ganz normale Berichterstattung stattfindet,
- die höhere politische Ebene, auf der politisch gesteuerter Kampagnenjournalismus stattfindet.

Als Quelle taugt *Der Spiegel* nur noch auf Ebene eins, auf Ebene zwei ist er heftig zu kritisieren. Am Kampagnenjournalismus des *Spiegel* kann man immer sehr deutlich erkennen, was zurzeit erwünscht und was unerwünscht ist. Anfang des Jahres machte das deutsche Leitblatt beispielsweise klar: Männer sind von Geburt an testosterongesteuerte Monster. Welche politische Agenda damit verfolgt wird, darauf gehe ich in dem Kapitel über *Gender Mainstreaming* ein (1. Juli).
Und nun, am 17. März 2008, hat das Magazin ein neues Angriffsziel, nämlich Gold. Der Goldpreis hatte seit etwa sieben Jahren eine in seiner Geschichte beispiellose Karriere hingelegt und war von 280 Dollar im Jahr 2001 auf sage und schreibe 1000 Dollar am 13. März 2008 geklettert. Der Grund ist klar und einleuchtend: Die Krise des Weltfinanzsystems begann nicht erst 2008 und auch nicht 2007, sondern spätestens 2001. Zumindest wurde sie da offenbar.
Besonders scharfe Beobachter sahen schon die Attentate des 11. September 2001 als Krisenzeichen des westlichen Systems und kauften Gold. Je mehr sich die Skepsis gegenüber der Stabilität des westlichen Imperiums ausweitete, desto mehr von dem

gelben Metall kauften die Leute. Die einen, weil sie mit dem Wert über Zertifikate und andere »Gold-Papiere« spekulieren wollten, die anderen, weil sie ganz auf Nummer sicher gehen und sich das Gold »physisch« in den Tresor legen wollten. Das offensichtliche Platzen der Kreditblase 2007 hatte dem Goldpreis noch einmal einen enormen Schub verschafft. Seit Juli 2007 kannte der Goldpreis nur noch eine Richtung, nämlich nach oben, und kletterte von etwa 650 auf zuletzt 1000 US-Dollar.

Dass dies dem Finanzsystem nicht passen konnte, liegt auf der Hand. Denn erstens wird der Goldpreis seit je wie eine Fieberkurve gesehen: Je höher sie steigt, desto schlimmer die Krise und desto geringer das Vertrauen in das Finanzsystem. Und zweitens bedeutet schwindendes Vertrauen schwindende Investitionen in all die virtuellen »Werte« wie Aktien, Fonds, Optionsscheine, Anleihen, Derivate, ja sogar Bargeld. Kurz: Das Zeug wird zum Ladenhüter und die Finanzindustrie klamm. Das Gold ist ein natürlicher Konkurrent aller virtuellen Werte. Denn mag sein Wert auch steigen oder fallen – verschwinden oder Pleite gehen kann jedenfalls physisches Gold niemals, weshalb es auch nach wie vor die letzte Fluchtburg verängstigter Anleger darstellt. Bei einer totalen Pleite aller virtuellen Werte verspricht Gold sogar nicht nur eine Vermögenssicherung, sondern auch sagenhafte Kaufkraft und enormen Reichtum. Gerade in einer Finanzkrise wie dieser soll eine Flucht ins Gold deshalb unbedingt verhindert werden, weil seine Sogwirkung den Zusammenbruch der virtuellen Finanzwelt beschleunigen würde.

Und die 1000-Dollar-Marke vom 13. März 2008 war eindeutig der Punkt, an dem es den Finanzeliten zu bunt wurde. Am 17. März gab der Spiegel wie so oft die Marschrichtung vor. Die Botschaften lauteten:

- Gold kaufen nur gierige Leute, die den Hals nicht voll genug kriegen können,

- beim Abbau wird die Umwelt verpestet und werden Menschen bis aufs Blut ausgebeutet,
- das Metall steckt voller archaischer und abergläubischer Vorstellungen.

Kurz: Gold ist einfach »schmutzig«. Dies war auch der Wortlaut des *Spiegel*-Titels vom 17. März 2008: »Schmutziges Gold«. Auf dem Titelblatt sah man arme Schwarze schwere Schüsseln und Schaufeln schleppen und sich den Rücken krumm buckeln für den »mörderischen Luxus der Reichen«, so der Untertitel des Artikels. Die Kostproben aus dem Artikel erinnern verdächtig an die Anti-Männer-Kampagne vom Jahresbeginn:

- »Für die Gier der Reichen werden Menschenleben und Umwelt aufs Spiel gesetzt.«
- »Rational lässt sich nicht erklären, was da gerade passiert.«
- »Auf dem Gold liegt ein Fluch: Für Gold haben Generäle Kriege geführt und Eroberer Völker vernichtet.«
- »Schon Christoph Columbus ließ Indianer für das Edelmetall umbringen, kaum dass er die Neue Welt entdeckt hatte. Er gierte nach funkelnden Schätzen mehr als nach allem anderen …«
- »Für Gold wird immer noch gestorben.«
- »Das Elend ist eingepreist.«

Das mag zwar zum Teil stimmen, aber trotzdem spürt man die Absicht und ist verstimmt. Gold mag politisch korrekt sein oder auch nicht: Wenn es um die eigene Existenz und das eigene Vermögen geht, ist es legitim, dass einem das eigene Hemd näher ist als das des schwarzen Goldschürfers in Südafrika.

Wer die Kunst der Medienastrologie beherrscht, wusste aber spätestens jetzt: Der Goldpreis musste runter, komme, was da wolle. Denn nicht nur *Der Spiegel* wurde von dieser medialen Goldallergie befallen. Am 14. März schon hatte *faz.net* getitelt: »Opas Goldring verkauft sich nur mit Verlust«. Am 18. März 2008 warnte die *Süddeutsche Zeitung*, der Gold-Hype sei »für Kleinanleger riskant«: »›Von dem jetzigen 'Hype' sollten Kleinanleger sich besser nicht anstecken lassen. Gold ist keineswegs die sichere Geldanlage, als die es oft gepriesen wird‹, sagte Roland Aulitzky von der Stiftung Warentest in Berlin.« »Sklaven des Goldes« seien die Goldschürfer in Mosambik, denunzierte am 19. März wiederum *Spiegel Online* das Gold: »In den Bergen Mosambiks graben Tausende Glücksritter nach Gold – mit bloßen Händen, gegängelt und gequält von ihren Herren. Sie träumen von märchenhaften Schätzen. Doch die meisten erwartet nichts anderes als Sklavenarbeit, Seuchen, Tod.«

Entweder sind diese Blätter selbst in die Finanzmarkt-Agenda eingebunden oder sie sind weit besser, als wir bisher dachten. Denn bei diesen Artikeln handelte es sich um reinste Hellseherei. An demselben 19. März 2008 und zwei Tage nach der *Spiegel*-Titelgeschichte gegen das Gold schmierte der Goldpreis nach neun Monaten ungebremsten Aufstiegs plötzlich rasant ab: »Preise für Öl und Gold im Sturzflug«, titelte das *Handelsblatt*. Innerhalb von zwei Tagen sackte der Goldpreis um über zehn Prozent auf bis zu 880 US-Dollar ab – nicht ohne noch weitere mediale Tritte verpasst zu bekommen: »Ein Ehering«, wurde man am 20. März belehrt, »produziert 20 Tonnen Giftmüll.« Puh – sieht man da die giftigen Schlämme nicht regelrecht von den Händen seiner Liebsten tropfen? Wer möchte so schon eine Ehe anfangen? »Wer bessere Nerven hat, verkauft jetzt seine Goldbarren«, lockte *Spiegel Online*, »und fährt einen dicken Gewinn ein.«

»Was hier passiert: das Goldkartell verteidigt wieder eine 100er Grenze«, vermutete der deutsche Goldexperte Walter K. Eichelburg. So sei es schon bei 700 US-Dollar pro Unze (31,1 Gramm) gewesen, bei 800 US-Dollar und auch bei 900 US-Dollar pro Unze. Die Anti-Gold-Propaganda wurde nach Meinung von Fach-

leuten von massiven Eingriffen in den Markt begleitet. »Das alles stinkt«, hieß es auf der US-Finanzseite DealBreaker. »Finanzminister Paulson hat der Welt gesagt, seine Leute würden alles tun, um die Finanzmärkte zu stützen. Das bedeutete, Gold weit unter 1000 Dollar zu drücken, auf den Rohstoffspekulationen herumzutrampeln und den DOW über 12 000 zu halten.«
Wie könnte der Goldpreis aber konkret gedrückt worden sein? Das deutsche Fachblatt *Smart Investor,* das oft ausgezeichnete Hintergrundanalysen bietet, hatte da so eine Idee: Kurz vor dem Einbruch am Goldmarkt seien die sogenannten »Marginverpflichtungen« erhöht worden. Damit sind finanzielle Sicherheiten gemeint, die die Käufer von Gold-Futures (erst in der Zukunft wirksame Goldkäufe) bereitstellen müssen. Steigen die Kurse, verlangen die Aufsichtsbehörden auch mehr Sicherheiten, um zu gewährleisten, dass die Käufer ihre erst in der Zukunft fälligen Verpflichtungen (den zukünftigen Goldkauf = Gold-Future) erfüllen können. Werden die Marginverpflichtungen drastisch erhöht, zwingt das einige Gold-Futures-Besitzer zum Verkauf. Ergebnis: Die Kurse fallen. »Die Sicherheitsleistungen für Käufer von Gold-Futures wurden von der Börse drastisch angehoben«, so *Smart Investor*: Damit seien einige Marktteilnehmer derartig ausgebremst worden, »dass sie zumindest einen Teil ihrer Positionen liquidieren mussten, um den Erfordernissen gerecht zu werden, und mit ihren Glattstellungen den Goldpreis stark drückten. Das Ganze passierte knapp oberhalb der 1000-Euro-Marke, die nur wenige Tage vorher überwunden wurde.« Das alles habe zumindest ein gewisses »Geschmäckle« *(Smart Investor,* 25.3.08).
Wie wahr. Mit dem Angriff auf das Gold erlebten wir Mitte März 2008 den verzweifelten Versuch, das Ruder herumzureißen, die Finanzindustrie zu entlasten, die Aktienmärkte zu stärken und das Gold auf Talfahrt zu schicken. Die drastische Zinssenkung vom 22. Januar hatte die Aktien nur vorübergehend wieder auf die wackligen Beine gebracht, die zum Klettern zu schwach und

03

zum Fallen zu stark waren. Bis Ende Februar gingen Dax und Dow Jones unsicher seitwärts, bevor sie auf neue Tiefststände abstürzten, der Dax auf 6200 Punkte, der Dow Jones auf unter 12 000. Damit war klar, dass Zinssenkungen und ambulante Finanzspritzen einzelner Notenbanken nicht mehr reichen würden. Der Patient musste auf die Intensivstation.

Während sie seinen ungebetenen Bruder Gold hinauswarfen, kümmerten sich dort gleich mehrere Ärzte um ihn, nicht nur die US-Notenbank Fed, sondern auch die Europäische Zentralbank (EZB), die Bank of England (BoE), die Schweizer Notenbank (SNB) und die Bank of Canada (BoC). Alle zusammen stellten dem Finanzmarkt weit mehr als 200 Milliarden US-Dollar Kredit zur Verfügung, und – das war das Besondere – zwar gestaffelt über mehrere Wochen. Und siehe da: Statt gleich wieder erschöpft ins Bett zu plumpsen, stolzierte der Intensivpatient nicht nur durch die Gegend, sondern krabbelte auch langsam wieder nach oben. Der Trick dabei: Da die Welt die Infusionskur längst vergessen hatte, sah alles nach einer natürlichen Erholung aus. Und aus dieser in Wahrheit künstlichen Erholung könnte ein Selbstläufer werden, so das Kalkül.

Die wochenlang steigenden Kurse würden den Anlegern wieder Vertrauen einflößen, woraufhin letztere wieder in Aktien einsteigen würden. Als Ergebnis würden die Kurse weiter steigen und weitere Anleger anziehen.

Nur: Um diese Rechnung aufgehen zu lassen, musste der Goldkurs unbedingt runter. Erstens als Signal an die Märkte, dass die Krise vorbei war, zweitens, um das lästige Gold (und natürlich andere Rohstoffe und Edelmetalle) als Konkurrenz auszuschalten. Eine zugegebenermaßen clevere Operation – wesentlich besser als die zuvor verabreichten »dummen« Einzelspritzen. Und siehe da: Exakt mit dem plötzlichen Verfall des Goldpreises schleppten sich die Indizes Treppchen für Treppchen nach oben. Am 19. März, dem Tag des Gold-Massakers, konstatierte *Die*

Welt: »Die Entspannung an den Geldmärkten hat die Anleger an die Aktienmärkte gelockt.«
Das Problem war nur, dass man hier versuchte, einen Alkoholiker mit Schnaps zu heilen bzw. eine Krankheit mit ihrem eigenen Erreger – nämlich mit billigem Kredit. Bei all den gestaffelten Milliarden aus dem Zentralbankensystem handelte es sich zunächst mal nur um billige Liquidität. Und wie jeder schon einmal am eigenen Bankkonto bemerkt haben dürfte, sollte man Liquidität nicht mit Vermögen verwechseln. Liquidität bedeutet lediglich teuer erkauften Zeitgewinn, denn

1. die roten Zahlen werden immer »roter«, und
2. die Inflation wird angeheizt, weil mehr Geld im Markt natürlich auch dessen Wertverlust bedeutet.

Mehr Liquidität war deshalb nicht Teil der Lösung, sondern Teil des Problems. In dieser Situation half eigentlich nur noch eines: das Geld gleich zu verschenken. Natürlich sagte das niemand so. Sondern so: »Erstmals akzeptiert die Fed Hypothekenanleihen als Sicherheit und tauscht sie gegen staatliche Bonds – Hypothekenanleihen hatten wegen der Schwierigkeiten auf dem US-Immobilienmarkt massiv an Wert verloren und galten zuletzt als unverkäuflich.« *(Capital)*
Als Sicherheit für die Herausgabe der Bonds (festverzinsliche Wertpapiere) akzeptierte die Fed also unverkäufliche – drastisch ausgedrückt: wertlose – Hypothekenanleihen! Wenn aber eine Bank wissentlich wertlose Sicherheiten akzeptiert, dann verschenkt sie die Wertpapiere bzw. das Geld. Dass Marktbeobachter das Vorgehen der Fed als »innovativ« und »kreativ« lobten, wie die Zeitschrift *Capital* berichtete, mag man gern glauben. Nur könnte sich die Operation als das erweisen, was sie in Wirklichkeit war, nämlich als Auflösungserscheinung. Denn wenn Geld für wertlose »Werte« herausgegeben wird, bedeutet das erstens

die Auflösung der Spielregeln des Finanzsystems und damit zweitens die Auflösung des Geldes.
Zunächst aber bewirkten die Geschenke das, was Geschenke nun mal häufig bewirken: Euphorie. »Der Dax springt um bis zu 2,4 Prozent in die Höhe. Der Dow-Jones-Index der Standardwerte, der Nasdaq 100 und der S&P 500 legen ebenfalls kräftig um rund 2,1 Prozent zu«, stand auf den Börsenseiten der ARD: »Relax! Zentralbanken spritzen Geld«, hieß es da im besten Drückerjargon. Endlich hatten die Notenbanken kapiert, was der Finanzmarkt wirklich will: geschenktes Geld! Das musste ja einen Boom auslösen!
Jetzt musste nur noch die Sogwirkung des Goldes nachhaltig aufgehoben werden. Am 1. April 2008 setzte *Spiegel Online* unter dem Titel »Versilbert den Goldschatz!« die Kampagne gegen das Gold fort und schlug vor, die über 3000 Tonnen Gold der Bundesbank zu verscherbeln und damit den Staatshaushalt zu sanieren. Ein Aprilscherz? Vielleicht. Aber nicht jeder Anleger guckt bei einem solchen Artikel auf das Datum. Tut er es nicht, wird der Bericht für ihn zum Alptraum, denn ein solcher Verkauf würde den Goldpreis natürlich ins Bodenlose stürzen lassen (und sich damit übrigens selbst ad absurdum führen). Wahrscheinlich tauchte deshalb acht Tage später eine plausibler erscheinende Menge auf. Statt der 3000 Tonnen der Bundesbank sollten nun 400 Tonnen Gold durch den IWF auf den Markt geworfen werden, drohten so glaubwürdig wie möglich sämtliche Mainstream-Medien, die in dieser Frage wie gleichgeschaltet wirkten. »Weg mit dem Gold«, titelte am 8. April 2008 *Die Zeit* unverblümt: »Der IWF will 400 Tonnen Gold verkaufen. Gut so.« Aber warum nur? Diese Entscheidung könne ein Signal setzen »für Zentralbanken, die wie die Deutsche Bundesbank noch Goldschätze in ihren Tresoren hüten«. Eine solche eiserne Reserve sei keineswegs vernünftig, sondern »Verschwendung«. Ja, die Verschleuderung des Goldschatzes wurde glatt in eine »anständige« Verwaltung des Volks-

vermögens umgeschwindelt, auf die der Bürger ein Recht habe. Eine seltsame Logik: Mitten in einer ausgesprochenen Krise und steigenden Inflation, in der alle Welt aus guten Gründen vermehrt Gold hortet, soll der Staat genau das Gegenteil tun und seinen Goldschatz verhökern.

Zweck der Kampagne war es, »Verkaufssignale« zu produzieren: Hört ein Gold-Anleger immer wieder solche Nachrichten, bekommt er ein ungutes Gefühl und verkauft, woraufhin der Goldpreis ganz im Sinne der sich selbst erfüllenden Prophezeiung tatsächlich fällt. Kenner der edlen Materie ließen sich von dem Medienrummel jedoch nicht anstecken. Für den Gold-Experten Eichelburg war die Nachricht vom Goldverkauf des IWF nur ein altes Karnickel, das alle Jahre wieder aus dem Hut gezaubert wird, um die Gold-Anleger zu verschrecken: »Ein alter Bekannter, war Anfang des Jahres auch schon da, und in den Vorjahren. Wird in allen Medien koordiniert hinausposaunt. Nicht verunsichern lassen«, schrieb er auf seiner Website hartgeld.com. »Der Goldpreis wird auf $ 50 000/oz oder ähnliche Werte gehen«, meinte Eichelburg.

Und der große deutsche Edelmetallhändler pro aurum schrieb mir auf Anfrage: »Der Goldverkauf des IWF ist ein Politikum, das in der Vergangenheit schon oft am Veto eines Staates gescheitert ist. Selbst wenn sich die Herrschaften auf einen Verkauf einigen sollten, hätte diese Transaktion langfristig kaum Einflüsse auf den weiteren Kursverlauf. Wir bleiben daher langfristig optimistisch.«

Und tatsächlich: Nach zwei Monaten, ziemlich genau am 14. Mai 2008, verlor die Kur für den virtuellen Finanzmarkt ihre Wirkung, und der Goldpreis schnellte erneut nach oben. Innerhalb von sechs Tagen stieg die Notierung von 868 US-Dollar um fast acht Prozent auf 935 US-Dollar. Die Aktienkurse entwickelten sich entgegengesetzt. Zwischen dem 19. und 21. Mai schmierte der Dow Jones Industrial Average von 13 100 Punkten um 500

Zähler auf 12 600 Punkte ab. Ebenso Nasdaq, Dax und andere Indizes. Damit war ein weiterer Rettungsversuch gescheitert. Mitte Juli stand der Dax kurzzeitig unter dem magischen Wert von 6000, der Dow Jones auf 11 300, und das Gold pirschte sich langsam wieder an die 1000-Dollar-Marke heran – um bald darauf wieder gedeckelt zu werden. Mitte November 2008 bewegte sich der Kurs bei etwa 740 Dollar seitwärts, die Medien sprachen von einem Verlust von 30 Prozent. Zusätzlich habe der Goldanleger auch noch das Währungsrisiko zu tragen, das darin besteht, dass die Verluste bei einem steigenden Euro-Kurs auch noch größer werden können. Verschwiegen wurde allerdings, dass die Verluste durch den fallenden Euro stark gebremst worden waren – auf etwa 10 bis 15 Prozent.

27. März Aus für den Transrapid

Winter 1835. In Wien war der Teufel los. Ein Bankier trug sich mit dem Plan, eine Eisenbahn zu bauen. Aber Medien und Experten prophezeiten den Reisenden Erstickungsanfälle, platzende Lungen, blutende Augen, Ohren und Münder, sexuelle Raserei, Wahnsinn und Selbstmord. Nicht nur die eigenen Fahrgäste, auch die Umwelt würde das Schienenmonster verschlingen, wurde bei einem ähnlichen Projekt in Frankreich vorhergesagt: Der Lärm werde die Bauern aus ihren Häusern vertreiben, das Vieh toll machen, der Funkenflug werde Wälder und Felder in Brand stecken, Rauch und Ruß würden Wiesen, Blumen und Gebüsch vernichten.

Kurz: Ein »Wahnsinn« sei die neue Eisenbahn. Auf Plakaten wurde sie als gefräßiger Hai dargestellt, der mit gebleckten Zähnen Bündel grüner Geldscheine verschlingt. Anwohner, so hieß es, würden alle fünf Minuten durch einen lauten Donner erschreckt. Wie ein Vampir werde das Monster die Energie aus den Leitungen saugen. Tja, schon putzig, unsere Altvorderen. Man stelle sich vor, sie hätten sich durchgesetzt: Europa und die Welt wären wohl schon

in den Anfängen der industriellen Revolution steckengeblieben. Gut, dass so etwas heute nicht mehr passieren kann.
Oder doch? Denn um ehrlich zu sein: Im zweiten Absatz war gar nicht vom Jahr 1835 die Rede und auch nicht von der guten alten Dampfeisenbahn, sondern vom Jahr 2008 und von der Magnetschwebebahn Transrapid. Genau wie die Dampf und Feuer spuckende Eisenbahn von damals ist das neue Verkehrsmittel für Technik-Phobiker von heute eine Ausgeburt des Teufels – der neue Gottseibeiuns der politisch Korrekten.
Sie bekämpfen die neue Bahn zu Wasser, zu Lande und in der Luft und jagen sie seit Jahren quer durch die Republik. Auch am neuesten Zufluchtsort, der bayerischen Landeshauptstadt München, sollte der Magnetschwebezug keine Zukunft haben. Insbesondere der Münchener SPD-Oberbürgermeister Christian Ude und seine Koalitionspartner von den Grünen entfachten einen regelrechten Aufstand gegen das Projekt.
In Zeiten allgemeiner Demo-Müdigkeit brachte es ein breites Bündnis aus SPD, Grünen, Linken und Gewerkschaften tatsächlich fertig, am 3. November 2007 13 000 Menschen auf die Beine zu bringen, und zwar nicht gegen die neoliberale Bundesregierung in Berlin, nicht gegen die kriminelle Zockermentalität der Banken, nicht gegen steigende Inflation und sinkende Kaufkraft, nicht gegen die Kriege in Afghanistan und im Irak, nicht gegen die zunehmende Beschnüffelung der Bürger, nicht gegen das G8-Gymnasium, nein, gegen den Transrapid.
Auf dem Demo-Plakat erschien der Zug in den klassischen Propagandafarben Schwarz, Rot, Weiß und trug eine aggressive Fratze mit bösen Schlitzaugen. Kommentar eines Marktpsychologen: »Anfang des vorigen Jahrhunderts war es in der Propaganda der politischen Parteien üblich, den politischen Gegner als Monster darzustellen. (…) Hier ist jemand am Werk, der den Zweck sieht und bei den Mitteln wenig zimperlich ist. Eine politische Partei würde so heute nicht mehr vorgehen. Die Argumente unten auf

dem Plakat liest der normale Mensch nicht mehr. Das sind auch eher Scheinargumente.«

Vor lauter Technikstürmerei war die einst bestechende Idee des Transrapid längst vergessen. Dabei haben die Magnetkräfte, mit deren Hilfe der Transrapid über seinen »Schienen« schwebt, den Vorteil, dass der Zug

- sich reibungsfrei fortbewegt (abgesehen von der unvermeidlichen Luftreibung),
- keine Geräusche durch Rad-Schiene-Kontakt entstehen,
- der Verschleiß vermindert wird.

Bei einem herkömmlichen Zug lasten bis zu zehn Tonnen Gewicht auf jedem Quadratzentimeter der kleinen Auflagefläche des Rades auf der Schiene. Durch die dabei entstehende Reibung zermalmt der Zug sich und seine Gleisanlagen praktisch selbst. Wir merken das nur nicht, weil beides dauernd erneuert wird. Dies ist das eine. Das andere: Die Reibung verursacht Energiekosten. Und daher darf man auch den Angaben der Hersteller glauben, wonach der Transrapid bei vergleichbaren Geschwindigkeiten etwa 30 Prozent weniger Energie verbraucht als der Hochgeschwindigkeitszug ICE. Oder bei gleichem Energieeinsatz eine um etwa ein Drittel höhere Leistung erbringt. Was umgekehrt heißt, dass bei einem herkömmlichen Zug das Rad-Schiene-System allein etwa ein Drittel der Energie auffrisst. Woraus man folgern könnte, dass nicht der Transrapid, sondern der gute alte Zug ineffizient und ein »Klima-Killer« ist, wie es dem Transrapid vorgeworfen wird. Nur weil man Äpfel mit Birnen vergleicht, nämlich den Transrapid mit einer herkömmlichen S-Bahn, sieht die Energiebilanz des Transrapid schlechter aus. Nun hat aber auch die erste Dampfeisenbahn wesentlich mehr Energie verbraucht als der gute alte Zweispänner. Trotzdem war es wohl besser, statt der Haferration etwas mehr Energie zu investieren.

Im Grunde ist der Transrapid die logische Fortentwicklung des technisch veralteten und uneleganten Rad-Schiene-Systems, das nicht etwa aus dem Jahr 1835 stammt, auch nicht aus dem Jahr 1800, sondern aus dem Jahr 1530. Damals holperten voll beladene Loren auf Holzgleisen durch finstere Bergwerksstollen. Später wurden Schienenfahrzeuge von schnaubenden Pferdegespannen gezogen, noch später von Dampflokomotiven und schließlich von Lokomotiven mit Elektroantrieb, erfunden von Werner von Siemens, dem Urahn jener Firma, die nun den Transrapid bauen sollte, wenn da nicht der seltsame Hass auf Fortschritt und Technik wäre.
Hätte dieser Hass sich in der bayerischen Landeshauptstadt früher schon durchgesetzt, dann gäbe es noch heute

- keinen untertunnelten Mittleren Ring und damit weiter Autokolonnen auf der überirdisch geführten Stadtautobahn,
- keine geschlossene Umgehungsautobahn, und die Urlauberkolonnen aus dem Rest der Republik würden sich weiter über deren Fragmente oder durch die Stadt quälen,
- keinen Flughafen München II, sondern
- den Flughafen München-Riem, in dem sich die Fluggäste auf die Zehen traten,
- das Messegelände mitten in der Stadt, wo es einen andauernden Verkehrsinfarkt verursachte,
- das Olympiastadion als Fußballstadion, und die beiden Münchener Fußballclubs würden nicht in der Allianz Arena spielen,
- keinen Rangierbahnhof München-Nord.

Denn gegen all diese Projekte machten die verschiedensten Gruppen mobil, meistens aus dem Umweltbereich. Insbesondere die Grünen gingen hart gegen dringend notwendige Infrastrukturmaßnahmen vor, die heute nicht nur das Leben in München

erleichtern, sondern auch das von Millionen von Urlaubern, auf deren Weg in den Süden die Landeshauptstadt liegt. Hätten sich diese Gruppen durchgesetzt, wäre der Verkehrsknotenpunkt München in den siebziger Jahren steckengeblieben und der Großraum München längst im Verkehrsinfarkt erstickt.
Und vor diesem Hintergrund ist auch der Transrapid zu sehen. Denn es gibt noch eine weitere Arteriosklerose in der Landeshauptstadt, nämlich die Verbindung zwischen der Millionenstadt München und dem sprunghaft wachsenden Flughafen München II. Diese beiden immer kräftiger schlagenden Herzen werden nur durch zwei dünne Äderchen verbunden, nämlich zwei beschauliche S-Bahn-Linien, die für den Weg zwischen Stadt und Flughafen glatt die Zeit eines Inlandsfluges benötigen. Denn Landesvater und Namensgeber Franz Josef Strauß hatte zwar an einen Flughafen gedacht, doch blieb der Sage nach der Engel Aloisius ja im Hofbräuhaus hängen, so dass die Staatsregierung vergeblich auf weitere göttliche Eingebungen wartete – zum Beispiel in der Frage, wie die Flugreisenden zum Flughafen und von ihm weg kommen sollten.
Und diese Frage wird wohl noch eine Weile ungelöst bleiben, denn am 27. März 2008 verkündet der bayerische Ministerpräsident Beckstein das Aus für den Transrapid. Offizielle Begründung: Statt 1,85 Milliarden Euro – wie in einer Machbarkeitsstudie aus dem Jahr 2002 geschätzt – würde das Projekt nun über drei Milliarden Euro kosten. Ein Alptraum. Und ein Schnäppchen, wenn man die Summe mit den Milliarden vergleicht, die seit Monaten und Jahren in den Bundes- und Landesbanken verbrannt wurden. Im selben Freistaat, in dem der Transrapid nun wegen 1,5 Milliarden Euro Mehrkosten gekippt wird, hat die BayernLB bis Ende März 2008 mehr als einen ganzen Transrapid riskiert, nämlich 4,3 Milliarden Euro. Weitere acht Transrapids, nämlich 24 Milliarden Euro, standen bei der BayernLB auf der Kippe. Diesen Wert habe »das kritische Portfolio« der BayernLB insgesamt, so deren Chef

Michael Kemmer. An die drei Transrapids, nämlich zehn Milliarden Euro, hatte der Bund bereits für die marode IKB-Bank bereitgestellt. Etwa sechs Transrapids, nämlich 20 Milliarden Euro, waren bis Ende März in die maroden Landesbanken geflossen. Die gesamten Verluste der deutschen Banken in der Kreditkrise wurden im April 2008 auf etwa 20 Transrapids geschätzt, nämlich 70 Milliarden Euro. Ja mit ihrem »Bankenrettungspaket« in Höhe von 470 Milliarden Euro stellte die Bundesregierung über 100 Transrapids bereit.

Die 1,5 Milliarden Euro Mehrkosten für den Transrapid waren also die berühmt-berüchtigten »Peanuts«. Derartige Kostensteigerungen über einen solchen Zeitraum sind bei Großprojekten eher normal. Sechs Jahre Preissteigerung (seit der Machbarkeitsstudie von 2002) dürften ihre Spuren hinterlassen haben. Überdies hätte der Transrapid einen Teil des Geldes wieder verdienen oder sogar Gewinn einfahren können. Die 1,5 bzw. insgesamt über drei Milliarden Euro wären also nicht weg gewesen, wie das Geld der Landesbanken, sondern für einen realen Gegenwert, eine Verkehrsverbindung, Arbeitsplätze und Impulse für die deutsche Wirtschaft ausgegeben worden. Die Mehrkosten können also kaum der wirkliche Grund für das Ende des Transrapid gewesen sein.

Waren sie auch nicht. In Wirklichkeit wollte die CSU den Transrapid selbst weghaben – und zwar noch rechtzeitig vor der Landtagswahl im September 2008. Denn SPD, Grüne und Gewerkschaften hatten es mittlerweile geschafft, den fortschrittlichen Zug als größenwahnsinniges Technikprojekt der CSU darzustellen, und eine solche Hysterie entfacht, dass die CSU sich auf keinen Fall im Landtagswahlkampf mit dem Thema Transrapid herumschlagen wollte. Zudem hatte die CSU in jüngster Vergangenheit so viele Fehler gemacht, dass sie eines der wenigen sinnvollen Projekte der Staatsregierung nicht mehr durchsetzen konnte. Mit großer Rücksichtslosigkeit und Instinktlosigkeit hatte die bayerische Staatspartei eine Reihe von »Reformen« gegen die Bürger durchgedrückt, unter anderem das G8-Gymnasium, die den Eindruck erweckten, die CSU verstehe ihre Bürger nicht mehr. Als Folge der politischen Stümpereien geriet die gewohnte 50-Prozent-Mehrheit der CSU in Gefahr, ein weiteres unpopuläres Projekt konnte man sich nicht leisten.

Das Ende des Transrapid war besiegelt. Die Presse trat prompt nach und veröffentlichte am 28. März 2008 »Die besten Sprüche von Stoiber, Huber und Beckstein« zum Transrapid. Zum Beispiel:

- »Felsenfest: Der Transrapid kommt.« (Huber)
- »Ende 2011 kann der erste Transrapid fahren.« (Huber)
- »Niemand wird diesen Schritt mehr rückgängig machen. Das ist völlig klar.« (Stoiber)
- »Wenn der Bund seine für den Transrapid vorgesehenen Gelder investiert, soll München den Zuschlag erhalten. Das ist eine klare Forderung.«

Um ehrlich zu sein, den letzten Satz habe ich hinzugefügt. Er stammt gar nicht von einem CSU-Mann, sondern von einem SPD-Politiker. Dass acht Jahre zuvor ausgerechnet die »Roten« den Transrapid für München gefordert hatten, und zwar mit Hilfe ihrer guten Beziehungen zum Bund, war natürlich längst vergessen. Als im Jahr 2000 in Berlin eine rot-grüne Koalition regierte und im Bundesverkehrsministerium der SPD-Mann Reinhard Klimmt als Verkehrsminister saß, machten laut *Abendzeitung* von damals ausgerechnet die bayerischen »Sozis« bei Klimmt Druck für den Transrapid in München. Unter den Fans des schnellen Zuges befand sich auch der vorderste Technikstürmer und Aufwiegler von 2008, nämlich der Münchener Oberbürgermeister Christian Ude, von dem auch das oben stehende Zitat stammt. Schlagzeile von damals: »Ude: Schenkt uns den Transrapid«.

April 2008

Thema des Monats: *EU-Reformvertrag*

7.4. Kampf um die Olympischen Spiele: Nach massiven Störungen muss der Fackellauf unterbrochen werden ***11.4. Vierzigster Jahrestag des Dutschke-Attentats und der Springer-Demo*** **13./14.4.** Silvio Berlusconi gewinnt die Parlamentswahlen in Italien **22.4.** Nach einem Vorwahlsieg von Hillary Clinton bleibt die Kandidatenfrage bei den US-Demokraten vorerst offen ***23.4. Der Girls' Day macht Propaganda für Mädchen in Männerberufen 24.4. Der Bundestag nickt den EU-Reformvertrag ab*** **27.4.** In Amstetten/Österreich wird ein spektakulärer Inzestfall aufgedeckt

11. April Die Ideologie der 68er

Genau wie 2007 war auch 2008 das Jahr der Erinnerung – letztes Jahr an den »heißen Terrorherbst von 1977«, dieses Jahr an die sogenannte 68er Bewegung, deren Höhepunkt sich nun zum vierzigsten Mal jährt. Diese Bewegung begann allerdings nicht am 2. April 1968, als Andreas Baader und Gudrun Ensslin Kaufhäuser ansteckten, oder am 11. April 1968, als der Studentenführer Rudi Dutschke angeschossen wurde und es daraufhin zu der legendären »Springer-Demo« kam. Die 68er Bewegung begann auch nicht 1967, als beim Schah-Besuch in Berlin Demonstranten niedergeknüppelt und der Student Benno Ohnesorg von einem Polizisten erschossen wurde (2. Juni 1967). Diese »Bewegung« war schon viel älter und datiert mindestens in das Jahr 1962 zurück, als bei den sogenannten »Schwabinger Krawallen« in München Tausenden von jungen Leuten und Studenten die Augen geöffnet wurden über den neuen deutschen Staat. Als da am 21. Juni 1962 ein paar Jugendliche abends im weitgehend menschenleeren Englischen Garten Gitarre spielten, kam die Polizei. Als dieselben Jugendlichen auf der Leopoldstraße weiterspielten, kam schon wieder die Polizei – diesmal, um die gefährlichen Übeltäter gleich festzunehmen. Eine Maßnahme, die von dem inzwischen stattlichen Publikum mit wohlverdienten »Vopo!«-Rufen quittiert wurde (Vopo: Abkürzung für die Volkspolizei der DDR). Und schon war die schönste Prügelei im Gange, die sich zu einer viertägigen Straßenschlacht zwischen bis zu 40 000 Protestierern und zum Teil berittener Polizei auswuchs. Der Himmel weiß, wie lange das noch so weitergegangen wäre, hätte derselbe nicht ein Einsehen gehabt und die Straßenschlachten durch ein paar kalte Regengüsse beendet.

Nicht beendet wurden dadurch allerdings gewisse Denkprozesse, die von den Ereignissen ausgelöst wurden, sich über die gesamten Sechzigerjahre hinzogen und schließlich in die sogenannte 68er

Bewegung mündeten. Die Schwabinger Krawalle waren ein Augenöffner, ein Aha-Erlebnis und einer der wichtigsten Ausgangspunkte dieser Bewegung. Plötzlich sahen Hunderttausende, wenn nicht Millionen diesen Staat und seine Maßnahmen ganz anders, ganz gleich ob dieser Staat nun rüde gegen Münchener Straßenmusikanten oder gegen vietnamesische Reisbauern vorging, indem er den Vietnamkrieg der USA unterstützte. Vielen wurde auch schlagartig klar, dass dieser Staat seine Wurzeln in der NS-Diktatur hatte, als deren natürlichen Ausdruck sie seine jetzigen Gewaltexzesse verstanden. Den »62ern« und später den »68ern« gingen, wie sie meinten, schlagartig die Augen auf – nicht nur über den Staat, sondern auch über die eigene Elterngeneration. Zwischen den Jugendlichen und ihren Eltern tat sich ein klaffender Abgrund auf, und dieser Abgrund ist eine der Hauptursachen für die Eskalation von 1967 und 1968:

- Die Jugendlichen selbst empfanden sich als »gut«: Mit dem Dritten Reich hatten sie nichts zu tun. In den letzten Kriegsjahren oder bei/nach Kriegsende geboren, genossen sie in vollen Zügen »die Gnade der späten Geburt« (Helmut Kohl).
- Ihre Eltern, so brachten Medien, Schulen und Universitäten ihnen bei, waren »böse«. Sie wurden zu den Mittätern, Mitwissern oder aber zur schweigenden Mehrheit gezählt, waren also auf jeden Fall irgendwie schuldig.
- Der Staat setzte sich aus dieser Elterngeneration zusammen.

Ab 1962 wurde die deutsche Vergangenheit mit den eigenen Erfahrungen der Jugendlichen mit »prügelnden Bullen« und anderen Phänomenen des Obrigkeitsstaates kurzgeschlossen. Die Folge war eine Reaktion wie zwischen Feuer und Wasser. Die Nach-Hitler-Generation schwang sich selbst zur Anklägerin der »Hitler-Generation«, das heißt der eigenen Eltern, und des Staates auf und inszenierte eine Abrechnung mit diesem Erbe: In einer

Art wütender Raserei stampfte sie auf allem herum, was »von oben« und von den Eltern kam. Weil sie in ihrer Pauschalisierung über das Ziel hinausschoss, beschädigte sie dabei ihre eigene Glaubwürdigkeit und manövrierte sich teilweise selbst ins moralische Abseits. Denn die 68er

- entwickelten eine Übermoral,
- wurden dadurch selbst tendenziell totalitär und
- waren in Teilen dann auch bereit, gewalttätig zu werden (wie die frühen [authentischen] Mitglieder der RAF und der »Revolutionären Zellen«).

Wie jede Bewegung haben auch die 68er ihre Verdienste und Fragwürdigkeiten. Zu den Verdiensten gehört der kritische Ansatz, alles, was von oben kommt, zu hinterfragen. Zu den Fragwürdigkeiten gehört die Errichtung einer neuen Unbedingtheit und einer Art von geistigem Totalitarismus, der einen Graben aufriss und zu pauschalen Anklagen führte. Diese Unbedingtheit und die Überzeugung von der alleinigen Richtigkeit der eigenen Anschauungen äußern sich heute in einer *political correctness,* die ihr Heil in neuen Denkgeboten und -verboten sucht. Die »politische Korrektheit« der 68er hat sich inzwischen zu einer allseits akzeptierten politischen Linie entwickelt, gemäß deren bestimmte Dinge per se als gut, andere per se als schlecht und böse gelten. Wurde die Hausfrau und Mutter im Dritten Reich verehrt, stampften die 68er dieses Ideal in Grund und Boden. Wurde Autorität im Dritten Reich in den Himmel gehoben, wurde sie von den 68ern verdammt. Wurden Minderheiten und Schwache im Dritten Reich verfolgt, gelten seit 68 alle Minderheiten und Schwachen per se als gut. Und wer dieser Weltsicht des institutionalisierten »Gutmenschen« widerspricht oder ihr zuwiderhandelt, ist eben »politisch nicht korrekt«.

23. April Willkommen in der Girly-Kratie

In Deutschland ist Girls' Day. Was das nun wieder ist? Diese Frage ist ganz sicher »politisch nicht korrekt«. Der Girls' Day ist eine großangelegte Sache mit sage und schreibe 8626 Veranstaltungen im ganzen Bundesgebiet. Und nicht nur da: Girls' Days nach deutschem Vorbild gibt es auch in Luxemburg, Österreich, Belgien, den Niederlanden, Polen und sogar im Kosovo. Der Girls' Day steht also in Europa ganz oben auf der politischen Agenda.
Worum es geht? Nun, am Girls' Day versucht man nicht nur in Deutschland, sondern auch in immer mehr Ländern der Welt, Mädchen mit allen Mitteln in Männerberufe zu drücken. Mit gleichen Rechten und Möglichkeiten hat das nichts mehr zu tun, denn die rechtlichen Rahmenbedingungen für Frauen in Männerberufen wurden längst geschaffen. Nein, gleiche Rechte und Chancen für Frauen, die sich zu Männerberufen hingezogen fühlen, reichen noch nicht. Nun soll auch noch jener Rest in Männerberufe gescheucht werden, der noch nicht von selbst darauf gekommen ist. Nur: Die Mädchen wollen noch nicht so, wie sie sollen. Penetrant beharren sie auf ihrem Mädchensein und schrecken zurück vor Bohrmaschine und Meißel: »Mehr als die Hälfte aller jungen Frauen in Deutschland wählt trotz guter Schulabschlüsse nach wie vor ›typisch weibliche‹ Berufe mit geringen Verdienst- und Karrierechancen«, jammert die Website unseres First Girl, der Bundeskanzlerin.
Deswegen: einfach mal anfassen. Natürlich nicht die Bundeskanzlerin. Oder etwa einen Mann, um Gottes willen. Sondern eine Bohrmaschine, einen Hobel oder vielleicht mal eine Knarre oder einen Schlagstock. Angst? Nicht doch: »Technik zum Anfassen« ist angesagt. Im Kanzleramt »konnten sich die Mädchen am 23. April ausführlich mit Schaltkreisen, Computerprogrammen oder den Einzelteilen eines Motorrads befassen«. Das andere Geschlecht störte da nur. »Ich bin froh, dass keine Jungs dabei

sind. Dadurch trauen sich die Mädchen mehr«, sagte die 15-jährige Janine, deren Praxiserfahrungen am Stand der Bundespolizei sie nach eigener Aussage darin bestärkten, sich später für eine Ausbildung zur Polizistin zu bewerben. Solche Kampagnen sind nicht zuletzt auch dazu da, den Männern Schlüsselpositionen in der Gesellschaft zunehmend streitig zu machen. Sie meinen, ich übertreibe? Nicht doch.

Noch in den Siebzigerjahren des 20. Jahrhunderts konnte sich fast jeder mit der Forderung nach Gleichberechtigung solidarisieren, auch fast jeder Mann. Warum sollte eine Frau auch weniger Rechte haben? Eigentlich gab es dafür keinen vernünftigen Grund. Nur: Inzwischen ist daraus etwas Neues, Monströses geworden, wie ein Beispiel zeigt: Als ich neulich abends nach Hause ging, überholte mich eine Gruppe fröhlicher Frauen, allesamt gut angezogen, gut aufgelegt und der Kleidung nach zu urteilen in guten Jobs. Ich schnappte nur einen Gesprächsfetzen auf, in dem es um die Postenverteilung in irgendwelchen Gremien ging: »Ja, da ist auch nur ein Quotenmann drin«, sagte eine der Frauen lachend, und die anderen lachten mit.

Ein Quotenmann? Nun, eigentlich sollte es doch bei der Gleichberechtigung nicht um die Schaffung neuer zu belächelnder Minderheiten oder Randgruppen gehen, sondern darum, belächelten Gruppen wie den Frauen gleiche Rechte zu verschaffen. Nur folgte der Gleichberechtigung eine mit diesem hehren Ziel allein nicht mehr erklärbare Propaganda, mit der Frauen in einen Beruf gehetzt werden sollten, und zwar möglichst in einen Männerberuf: In Hochglanzmagazinen und im Fernsehen werden ihnen leuchtende Beispiele vorgeführt. Eine Frau, die nicht arbeitet, erntet inzwischen eine Mischung aus Mitleid und Verachtung. Dass immer mehr Frauen arbeiten, wird als grandioser Erfolg gefeiert. In Wirklichkeit ist es ein Desaster, das unter dem politisch korrekten Deckmantel von »Emanzipation« und Gleichberechtigung stillschweigend hingenommen wird. Ein Desaster bleibt es:

für die Familie, für den Staat, für die Gesellschaft, für die Männer, die Frauen und die Kinder.

Dass Frauen immer stärker auf den Arbeitsmarkt drängten, bedeutete erstens, dass sie allmählich mit ihren eigenen Männern um die Jobs konkurrierten, und zwar als Billiglohngruppe. Da Frauen schlechter bezahlt wurden (und immer noch werden) als Männer, begannen sie Männern die Jobs wegzunehmen. Lange bevor Asien entdeckt wurde, bildeten Frauen das erste »Billiglohnland«, das den hiesigen Arbeitsmarkt bedrohte. Millionen Arbeitnehmerinnen kamen sozusagen zu Schnupperpreisen auf den Arbeitsmarkt, und aus war es mit der Vollbeschäftigung. In Frankreich zum Beispiel gingen 1960 6,5 Millionen Frauen einer Beschäftigung nach, 1999 waren es fast doppelt so viele: 11,5 Millionen. »1950 waren 25 Prozent der verheirateten Frauen erwerbstätig, Anfang April 2001 waren es laut Statistischem Bundesamt 51 Prozent«, heißt es zufrieden auf den »frauenseiten bremen« über die Situation in Deutschland.

Gegen einen Broterwerb zur Existenzsicherung ist natürlich nichts einzuwenden, und genau den würden die »Gleichberechtigungsgesetze« auch ermöglichen. Sehr häufig gingen und gehen aber auch Frauen arbeiten, die oder deren Familien das gar nicht brauch(t)en. Zum einen, weil Frauen suggeriert wurde und wird, »nur« Hausfrau und Mutter zu sein reiche nicht mehr aus. Die Zeichen stünden vielmehr auf Selbstverwirklichung, wobei so getan wird, als könne diese auf keinen Fall durch ein Hausfrauen- und Mutterleben erreicht werden. Zum anderen sollte die zunehmende Berufstätigkeit von Frauen den Lebensstandard der Familie oder der Zweierpartnerschaft erhöhen. Eine Variante bestand darin, dass Frauen bewusst nur ein halbes Jahr lang arbeiten gingen, um danach Arbeitslosenunterstützung zu kassieren, mit Wissen und stillschweigender Billigung des Staates – und der Männer natürlich. Wer sollte es ihnen auch verübeln? Der Staat verschenkte praktisch das Geld. Nennenswerter administrativer Druck, eine

neue Beschäftigung aufzunehmen, wurde, anders als heute, nicht ausgeübt. So wurden viele Frauen behutsam an den Arbeitsmarkt gewöhnt und regelrecht hineingekauft. Auf diese Leimrute krochen Millionen. Heute ist daraus allerdings in vielen Fällen bittere wirtschaftliche Notwendigkeit geworden.
Welcher Arbeitsmarkt sollte dieses Heer eigentlich aufnehmen? Natürlich gar keiner. Das nächste Opfer nach den Männern (und mit ihnen natürlich den Familien und letztlich auch den Frauen) waren deshalb die Arbeitslosenversicherung und -statistik: Wenn beispielsweise eine »Hausfrau« nur wenige Monate fest angestellt gearbeitet hatte und dann aufhörte, war sie keine Hausfrau mehr, sondern »arbeitslos« – mit allen damit verbundenen Konsequenzen:

- Sie kassierte Arbeitslosenunterstützung und belastete die Arbeitslosenversicherung.
- Sie belastete die Statistik.

Dies ist einer der Gründe für die wundersame Vermehrung der »Arbeitslosen«; immer mehr Frauen UND Männer (die durch Frauen aus dem Job gedrängt wurden) wurden auf diese Weise »arbeitslos«. Paare, die nicht arbeitslos wurden, mutierten zu den berühmten »Doppelverdienern«, immer häufiger auch in der Variante ohne Kinder (sogenannte Dinkys: Double Income, No Kids; »doppeltes Einkommen, keine Kinder«). Mit ihrer furchterregenden Kaufkraft heizten sie einerseits den Konsum an, andererseits aber auch – weil sie höhere Preise zahlen konnten – die Teuerung. Und weil diese Dinkys plötzlich als ebenso solvente wie gern gesehene (weil ruhige!) Mieter auftreten konnten, waren sie auch Mitverursacher einer Mietexplosion vor allem in den Innenstädten und Innenstadtrandbereichen, wo sie die Normalverdienerfamilie häufig entweder aus den guten Wohngebieten verdrängten oder so unter Konkurrenzdruck setzten, dass sich auch die Frauen dieser

Familien einen Job suchen mussten. Unlängst warnte das Deutsche Institut für Urbanistik vor einem »sozialen Umkippen« innenstadtnaher Wohnquartiere zu »Wohlstandsinseln«.

Was häufig als »Schnupperarbeit«, Übergangs- oder Notlösung begann, wuchs sich mit steigenden Mieten und Lebenshaltungskosten zwangsläufig zum Dauerzustand aus. Weil immer weniger Männer ihre Familie alleine ernähren (d. h. vor allem die immer höheren Mieten bezahlen) konnten, wollten (und mussten) immer mehr Frauen mitarbeiten – eine Nachfrage, die auch den besten Arbeitsmarkt überfordern musste. Das steigende Angebot strapazierte zwangsläufig die Arbeitslosenversicherung und auch die Gehaltsentwicklung aller Arbeitnehmer.

Das Ganze war letztlich eine Milchmädchenrechnung. Der schlimmste Rechenfehler aber waren die Kinder. Denn entweder konnte dieses Erwerbsmodell *für* die Kinder nicht funktionieren, oder aber es konnte *mit* Kindern nicht funktionieren. Die Folge waren erstens gebrochene Kinderbiographien, zweitens zusammenbrechende Geburtenraten unter anderem aufgrund dieser wirtschaftlichen Zwänge (auf andere Gründe komme ich in dem Kapitel über *Gender Mainstreaming* zu sprechen). Die einen störten Kinder beim Konsum, die anderen behinderten sie schlicht beim Überleben. Schöne neue Emanzipationswelt!

Im Moment befinden wir uns in einer Übergangsphase. Nach der letzten Volkszählung (Mikrozensus) von 2004 gab es hierzulande bereits mehr als 16 Millionen erwerbstätige Frauen gegenüber 19 Millionen erwerbstätigen Männern. Während »die Erwerbstätigkeit von Frauen in den letzten Jahren ständig gewachsen ist«, nehme die Zahl der männlichen Beschäftigten ab, heißt es beim Bundesministerium für Familie, Senioren, Frauen und Jugend: »Ausgehend von 1991 bis 2004 legte die Zahl der weiblichen Erwerbstätigen um knapp 400 000 zu. Dagegen schrumpfte die Zahl der männlichen Beschäftigten. (…) Die beschriebene Entwicklung wurde von stark steigender Erwerbslosigkeit begleitet.« Wo-

bei die Zahl der erwerbslosen Männer stärker stieg als die der erwerbslosen Frauen. Natürlich wird die Rolle der »Emanzipation« und der dazugehörigen Propagandablase dabei mit keinem Wort hinterfragt. Das Tabu ist so stark, dass Millionen Arbeitslose, zerstörte Biographien und Kinder, aufgelöste Identitäten und Familien und nicht zuletzt Milliardenbelastungen für die öffentlichen Haushalte in Kauf genommen werden. Statt sich mit einer der wichtigsten Ursachen zu befassen, versucht man, diese Milliardenbelastungen nun durch Hartz-IV-Gesetze, Ein-Euro-Jobs und Ähnliches zu begrenzen. Zusätzlich werden die Arbeitslosenzahlen schamlos manipuliert (siehe Jahresrückblick 2007).
Der nächste Schritt: Nachdem Gesellschaft und Staat immer mehr Frauen ins Berufsleben manövriert haben, präsentiert sich der Staat als der große Retter, indem er sich nun der Kinder aus den zerstörten Familien annimmt, das heißt sie in Krippen, Kindergärten, Horts und Ganztagsschulen verfrachtet. »Vater« und »Mutter« verwirklichen sich fortan nicht mehr in einer Familie, sondern als Individuen in der Berufs- und Freizeitwelt. Dort mutieren sie zu Kumpels ihres eigenen Nachwuchses (übrigens auch äußerlich; siehe 1. Juli: *Gender Mainstreaming*). Da es immer weniger Mütter mit immer weniger Kindern geben wird, landen wir nicht in einem Matriarchat, sondern am Ende in einer Gesellschaft jüngerer und immer älter werdender »Girlies« bzw. kleinerer und größerer Schwestern und arbeitsloser Nicht-Väter, die einen entscheidenden Reifungsschritt nie vollzogen haben und für die Fürsorge und Verantwortung Fremdwörter sind. Willkommen in der Girly-Kratie.

24. April EU-Reformvertrag: Lesen verboten

Das (übrigens kinderlose) First Girl ist begeistert. Was hat Angela Merkel da nicht wieder alles erreicht! Nicht nur, dass sie, drei Jahre nachdem die EU-Verfassung von Franzosen und Holländern abgelehnt worden ist, den Vertrag erneut abgesegnet hatte – nämlich am 13. Dezember 2007. Da hatte Merkel die inzwischen als »Reformvertrag« bezeichnete Verfassung zusammen mit anderen EU-Staats- und Regierungschefs unterschrieben. Obendrein würde nun, am 24. April 2008, der Deutsche Bundestag das Ganze abnicken. Ein »großes Projekt« sei dieser EU-Reformvertrag, frohlockt Merkel, und eine »solide Grundlage für die Weiterentwicklung Europas« – wohin auch immer. Aber auch die SPD in Gestalt ihres Vorsitzenden Kurt Beck hat »eine große Vision«, nämlich die einer wirklichen europäischen Verfassung. Daran halte man fest und wolle den Vertrag entsprechend weiterentwickeln.

So feierte plötzlich ein totgesagtes Papier fröhliche Wiederauferstehung, nämlich die mit Pauken und Trompeten gescheiterte EU-Verfassung. Wie tot dieses Dokument in Wirklichkeit war, ist schon längst vergessen. Es wurde nämlich keineswegs nur durch die Volksabstimmungen in Frankreich und den Niederlanden im Jahr 2005 zu Fall gebracht. Vielmehr kam die europaweite Ratifizierung auch durch mehrere Verfassungsklagen ins Stocken, unter anderem in Deutschland. Das heißt: Selbst wenn Frankreich und Holland damals zugestimmt hätten, wäre es fraglich gewesen, ob die Verfassung in Deutschland hätte ratifiziert werden und ob sie damit für Europa wirklich hätte in Kraft treten können. Denn zwar billigten Bundestag und Bundesrat 2005 die Verfassung, nicht aber das Bundesverfassungsgericht und auch nicht der Bundespräsident, der die Ratifizierungsurkunde hätte unterschreiben müssen. Aufgrund mehrerer anhängiger Verfassungsklagen legte Bundespräsident Horst Köhler die Unterzeichnung seinerzeit auf Eis. Genau wie bald darauf das Bundesverfassungsgericht seine Entscheidung über die EU-Verfassung. Denn immerhin zeichnete sich bereits ab, dass sich die Verfassung in dieser Form erledigt hatte und auf europäischer Ebene ein neuer Prozess in Gang kam, der schließlich zum »EU-Reformvertrag« führte. Die EU-Verfassung von damals liegt deshalb noch heute auf dem Schreibtisch der Verfassungsrichter – oder besser: darunter.

Als EU-Bürger wollte ich natürlich wissen, was genau die Bundestagsabgeordneten diesmal mit besagtem »EU-Reformvertrag« durchgewunken hatten.
Aber statt auf den Vertrag stieß ich zunächst auf einen Mann namens Jens-Peter Bonde, einen dänischen Europa-Abgeordneten, der mehr als 55 Bücher über die EU geschrieben hat, darunter mehrere lesefreundliche Ausgaben von EU-Verträgen. »Der Europäische Rat hat auf eine nicht besonders sympathische Weise gearbeitet«, sagte Bonde bei einem Vortrag im Januar 2008 in Irland, dessen Bevölkerung als einzige über das neue Vertragswerk abstimmen darf (laut irischer Verfassung *müssen* Änderungen von EU-Verträgen durch das Volk gebilligt werden).

> »In diesem Fall haben sie eine politische Entscheidung und unter den Premierministern eine politische Übereinkunft getroffen, dass dieser Text keiner Volksabstimmung ausgesetzt werden soll – nirgendwo. Anschließend haben sie versucht, es in Irland zu verhindern, erkannten aber, dass das nicht möglich sein würde, weil Ihre Gerichte in Ihrem Land immer noch zu unabhängig sind.«

So weit, so gut – oder schlecht. Je nach Blickwinkel. Aber nun kam es ganz dicke:

> »Sie sollten wissen«, sagte Bonde zu seinen Zuhörern, »dass das, was bisher veröffentlicht wurde, unterzeichnet von den Premierministern, ein Text ist, den sie niemals gelesen haben. Niemals! Warum? Weil er gar nicht lesbar ist! Dies ist kein Vertrag, sondern 300 Verweise auf 3000 andere Seiten in EU-Verträgen. Und Sie können das nur lesen, wenn Sie jede einzelne Ergänzung nehmen und dann in den anderen Verträgen nachschlagen, um sie dort einzusetzen.«

Angela Merkel hat den Reformvertrag nicht gelesen, weil sie es gar nicht konnte? Der Reformvertrag – kein lesbares Schriftstück, sondern nur eine Sammlung von Verweisen auf 3000 andere Seiten? Was bedeuten würde, dass man den Reformvertrag Artikel für Artikel unter Zuhilfenahme der 3000 Seiten starken anderen Verträge zusammensetzen müsste? Dass er also bei der Unterzeichnung durch die Staats- und Regierungschefs am 13. Dezember 2007 bloß eine Art Sirup war, den man erst mit den Seiten der anderen Verträge zu einem »genießbaren« Vertrag zusammenrühren musste? Kaum zu glauben.
Aber leider wahr. Denn der gerühmte Reformvertrag war zunächst nur ein Änderungsvertrag von anderen Verträgen. In Bezug auf die Satzung des Gerichtshofs der EU heißt es zum Beispiel:

> »p) In Artikel 51 Absatz 1 Buchstabe a dritter Gedankenstrich wird der Verweis auf Artikel 202 dritter Gedankenstrich ersetzt durch einen Verweis auf Artikel 249c Absatz 2 und in Buchstabe b wird der Verweis auf Artikel 11a ersetzt durch einen Verweis auf Artikel 280f Absatz 1. In Absatz 2 werden die Worte ›oder der Europäischen Zentralbank‹ gestrichen.«

Das erinnert verdächtig an andere Gesetzes-Coups, wie beispielsweise die 2008 vierzig Jahre alte »Notstandsverfassung«, die auch kein Mensch lesen und verstehen kann (siehe 30. Mai 2008). Les- und verstehbar ist erst eine sogenannte »konsolidierte Fassung« eines solchen Änderungsvertrages, in welche die Änderungen eingearbeitet wurden. Die aber gab es bei der Unterzeichnung durch Angela Merkel und die anderen Regierungschefs im Dezember 2007 nicht.
Ich dachte mir, das wäre doch mal der richtige Zeitpunkt, um zum Beispiel Angela Merkel einen Brief zu schreiben. Am besten über ihre Internetseite Bundeskanzlerin.de: »Hallo und willkommen, hier können Sie eine Nachricht an die Bundeskanzlerin senden.«

Über das Kontaktformular stellte ich am 28. Mai 2008 unter anderem folgende Fragen an die »Sehr geehrte Frau Bundeskanzlerin«:

- Haben Sie den Vertrag vor der Unterzeichnung und vor der Verabschiedung im Bundestag gelesen?
- War Ihnen der Vertrag im Zusammenhang mit den beiden anderen, durch ihn geänderten Verträgen bei der Unterschrift voll und ganz präsent?
- Warum haben Sie in Deutschland keine Volksabstimmung (Referendum) über den Vertrag abgehalten?

Leider ist es so, dass die Bürger nicht nur keine Verfassungen zu lesen bekommen, sondern auch keine Antworten auf E-Mails erhalten. Ich jedenfalls wartete bei Redaktionsschluss dieses Buches im November 2008 immer noch.
Noch drei Monate nach der Unterschrift der Staats- und Regierungschefs kämpften der Europa-Abgeordnete Bonde und seine Kollegen vergeblich um eine lesbare (konsolidierte) Fassung: »Im Europäischen Parlament sind wir im Ausschuss für Verfassungsangelegenheiten einstimmig der Meinung, dass wir eine lesefreundliche und konsolidierte Fassung haben wollen«, sagte Bonde im Januar 2008, also einen Monat *nach* Merkels Unterschrift unter den Vertrag. Nächste Überraschung: Als er und seine Kollegen eine lesbare Fassung herstellen wollten, kamen sie zu dem Schluss, dass es schlicht verboten war, eine solche Fassung rechtzeitig von der Parlamentsentscheidungen herzustellen:

> »Im Rat haben sie beschlossen, dass es keiner einzigen Institution in der EU erlaubt ist, eine konsolidierte Fassung zu drucken, die man überhaupt lesen kann, bevor der Vertrag von allen 27 Mitglieds-Staaten verabschiedet wurde.«

Man werde die lesbare Fassung also »nicht bekommen. Weil höhere Mächte beschlossen haben, dass wir sie nicht bekommen werden. Dies ist eine Anweisung von einigen Premierministern, die nicht wollen, dass der Text gelesen wird. Der Befehl lautet: Unterschreiben!«

Man erkennt die Absicht und ist verstimmt. Das klingt fast so, als wären die europäischen Institutionen noch viel schlimmer als der windigste Haustürverkäufer, der seine Verträge so kleingedruckt und unverständlich abfasst, dass man die versteckten Überraschungen darin garantiert nicht erkennen kann. Zum Beispiel, dass es sich eben doch um eine Verfassung handelt. Denn zwar habe man »das Wort ›Verfassung‹ von der Titelseite entfernt«, so Bonde, »doch wenn Sie die Deklaration 27 des Vertrages lesen, werden Sie die Verfassung wiederfinden, weil diese Deklaration die Urteile des Luxemburger Gerichts bestätigt, wonach es sich bei dem europäischen Rechtssystem um ein Verfassungssystem handelt«.

»Es gibt eine gute und zu begrüßende europäische, fast schon globale Kultur, nämlich dass Verfassungen vom Volk entschieden werden«, sagte mir Dr. Michael Efler, EU-Experte bei dem Verein »Mehr Demokratie e. V.«. Klar, denn niemand anderer als das Volk kann und sollte am Beginn eines neuen Staatswesens stehen. Tut es das nicht, fehlt es dem Staatswesen an Legitimation. »Und deswegen gab es auch bei der ersten Runde des europäischen Verfassungsvertrages vier Länder, die abgestimmt haben. Und um genau das zu vermeiden, hat man das Wort Verfassung gestrichen und hat das Ganze zu einem bloßen Vertrag umgewidmet, den man dann auch noch bewusst nicht lesbar gestaltet hat. Das kann man auch an den Äußerungen einzelner hochrangiger Politiker belegen.«

Starker Tobak. Aber durchaus berechtigt, denn:

- »Alle früheren Vorschläge sind in dem neuen Vertrag, aber irgendwie versteckt und verschleiert.« (Giscard d'Estaing,

04

Ex-Präsident Frankreichs und Autor der ursprünglichen EU-Verfassung)
- »Man beschloss, dass das Dokument unleserlich sein sollte.« (Giuliano Amato, ehemaliger Ministerpräsident Italiens)
- »Dieser Vertrag musste unklar sein. Das ist gelungen.« (Karel de Gucht, Außenminister Belgiens)

Gratulation. Aber kann man einem Europa, das auf diese Weise geschaffen wird, trauen? Eigentlich nicht, denn heraus kam ein Vertrag, der bereits nach den EU-Verbrauchergesetzen null und nichtig gewesen wäre:
»Im Kleingedruckten von Verträgen verbergen sich oft kundenfeindliche Klauseln«, heißt es zum Beispiel auf einer Seite des Presse- und Informationsamtes der Bundesregierung. »Eine Richtlinie schützt vor bösen Überraschungen.« Na so was! Und welche EU-Richtlinie schützt die Bürger vor den bösen Überraschungen in windigen »Reformverträgen« mit Verfassungsrang?
»Die EU will härter gegen irreführende Werbung und unfaire Praktiken vorgehen, mit denen Käufer im Internet auf der Suche nach billigen Flügen in die Falle gelockt werden«, lobt sich die EU-Kommission. Aber was ist mit den juristischen Fallstricken, die die EU-Führung für ihre Bürger vorbereitet hat? »Irreführende oder betrügerische Werbung ist laut EU-Recht untersagt«, jubelt eine EU-Broschüre über Verbraucherschutz: »Im Fernverkauf sowie bei Bestellungen per Post oder Internet müssen die Anbieter vielmehr offen und ehrlich sein.« Offen und ehrlich – na, das wär' doch mal was! »Laut EU-Recht sind sie verpflichtet, Ihnen gegenüber umfassend offenzulegen, wer sie sind, was sie verkaufen, wie viel es kostet.«
Eine tolle Sache, dieses EU-Recht. Nur was man den Bürgern mit dem EU-Reformvertrag angedreht hat, wurde keineswegs umfassend offengelegt. Im Gegenteil. Seine eigentliche Bedeutung wurde lange Zeit peinlich unter Verschluss gehalten. Und das sollte

auch so sein, wie auch ein Antrag der Fraktion »Die Linke« im Deutschen Bundestag vom 6. Dezember 2007, allen EU-Bürgern baldmöglichst eine lesbare Fassung des Reformvertrages vorzulegen, belegt. Sieben Tage bevor die Kanzlerin das juristische Durcheinander am 13. Dezember 2007 willfährig unterschrieb, beantragte »Die Linke« (Bundestagsdrucksache 16/7446), allen Deutschen »schnellstmöglich« und »kostenfrei« eine lesbare (konsolidierte) Fassung vorzulegen. Ein vernünftiger Vorschlag: Warum sollten die Bürger den Vertrag auch nicht lesen dürfen, bevor ihre Vertreter darüber entscheiden würden? Es ist eigentlich kaum zu glauben, aber der Antrag wurde abgelehnt. Die Bürger sollten nicht nur nicht abstimmen dürfen, sie sollten den Vertrag nicht einmal rechtzeitig zu lesen bekommen! Um dabei etwas Böses zu denken, muss man nicht einmal ein Schelm sein.

»Es ist definitiv so«, dass auch »der Bundestag bei seiner Entscheidung auf der Basis eines Änderungsvertrages entschieden hat«, so Dr. Michael Efler von »Mehr Demokratie e.V.«: »Da behaupte ich mal, dass 99 Prozent der Abgeordneten das nicht kapiert haben.« Tatsächlich wurde am 24. April 2008 im Bundestag auf der Grundlage einer nicht konsolidierten (also unlesbaren) Fassung abgestimmt, und zwar über Bundestagsdrucksache 16/8300. In Artikel 2 Absatz 3 heißt es zum Beispiel:

> »3. In den folgenden Artikeln werden die Worte ›Rat … einstimmig‹ an der geeigneten Stelle ergänzt durch die Worte ›gemäß einem besonderen Gesetzgebungsverfahren‹; die Worte ›auf Vorschlag der Kommission‹ werden gestrichen:
> – Artikel 13, der 16e wird, Absatz 1
> – Artikel 19 Absatz 1
> – Artikel 19 Absatz 2
> – betrifft nicht die deutsche Fassung
> – Artikel 93
> – Artikel 94, der 95 wird

– Artikel 104 Absatz 14 Unterabsatz 2
– Artikel 175 Absatz 2 Unterabsatz 1.«

Das heißt,

- dass etwa 90 Prozent der Bundestagsabgeordneten (515 Ja-Stimmen) bei weitreichenden Entscheidungen, die das Schicksal der gesamten deutschen Bevölkerung betreffen, noch weniger Sorgfalt an den Tag legen, als man es gemeinhin beim Abschluss eines Handyvertrages tut,
- dass eine De-facto-Verfassung, deren Zurkenntnisnahme durch die Abgeordneten und die Bevölkerung vor der Abstimmung nicht möglich war, nicht legitim und damit auch nicht gültig sein kann..

Angesichts dieser und anderer Umstände lag es auf der Hand, dass der sogenannte »EU-Reformvertrag« gestoppt werden musste. Im Wesentlichen gab es da zwei Hoffnungen:

1. die von dem Bundestagsabgeordneten Peter Gauweiler und anderen angestrengten Verfassungsklagen,
2. die erwähnte Volksabstimmung am 12. Juni 2008 in Irland.

Auf beides werde ich im Juni 2008 zu sprechen kommen.

Thema des Monats:
Brzezinski: der Hintermann von Barack Obama

1. 5. Günter Wallraff veröffentlicht seinen* Zeit*-Artikel über die Zustände in einer Lidl-Bäckerei/Karlspreis für Angela Merkel/Nach einem verheerenden Sturm in dem chinesischen Nachbarland Myanmar beginnt eine internationale Kampagne gegen die dort herrschenden Militärs **5. 5.** Laut dem neuseeländischen Finanzminister Michael Cullen kauft das Land seine privatisierte Bahn wieder zurück ***6. 5. Bei den Vorwahlen der US-Demokraten hängt Barack Obama Hillary Clinton ab*** **12. 5.** Bei einem Erdbeben in China sterben mindestens 50 000 Menschen ***28. 5. »Stasi-Kampagne« gegen den Linkspartei-Mann Gregor Gysi 30. 5. Vierzig Jahre Notstandsgesetze***/Einweihung des Homosexuellen-Denkmals in Berlin/Milchbauernstreik **30. 5.** Die Telekom-Schnüffelaffäre weitet sich aus

1. Mai Supermärkte: Und morgen soll's Bananen geben ...

Gestern zog ich mir meinen besten Schnurrbart und meinen Trenchcoat an, schlug den Mantelkragen hoch und heuerte bei Lidl an. Völlig inkognito. Trotz der seltsamen Aufmachung hatte ich nicht die geringsten Schwierigkeiten, eingelassen zu werden. Niemand stellte irgendwelche Fragen, und so konnte ich auch gleich anfangen. Mit dem Einkaufen natürlich. Was dachten Sie denn? Denn brisante Geschichten spielen nicht nur hinter den Kulissen der großen Discounter, sondern auch davor – mitten im Laden. Bei den großen Supermärkten ist das ärmste Schwein mitnichten der Mitarbeiter, sondern der Kunde. Denn der bezahlt auch noch für die miese Behandlung. Und bespitzelt wird er auch. Lidl entschuldigte sich bei seinen Mitarbeitern? So weit, so gut. Aber wann entschuldigen sich Lidl & Co bei ihren Kunden?

Am 27. März 2008 veröffentlichte der *Stern* eine Titelgeschichte über den Spitzel-Skandal bei Lidl; Mitarbeiter waren systematisch mit Kameras beobachtet worden. Am 1. Mai kommt Günter Wallraff im *Zeit-Magazin* »Leben« mit einer Reportage über die Zustände in einer Bäckerei heraus, die für Lidl arbeitet.

Wallraff in allen Ehren. Aber gegen jeden normalen Kunden in einem deutschen Supermarkt ein absoluter Warmduscher. Für das tägliche Überleben in Deutschlands Service-Wüste braucht man Nerven wie Drahtseile, eine Geduld wie ein Schaf, einen Geldbeutel wie Krösus und natürlich einen stabilen Magen. Während der *Stern* und Wallraff den schockierenden Umgang von Lidl mit seinen Mitarbeitern enthüllten, wurden die Kunden glatt vergessen. Von den Millionen Verbrauchern, die täglich durch die engen Gänge von Aldi, Lidl, Plus, Tengelmann und anderen geschleust werden, redet kein Mensch.

Dabei brauchte man nach Erfahrungsberichten von Überlebenden aus Deutschlands Service-Dschungel nicht lange zu suchen. Die

Schilderungen erinnern inzwischen an das triste Kundendasein in der DDR: Klagen über Mangel, Frische und Service stehen an oberster Stelle, gefolgt von Beschwerden über Lockangebote, Nepp und steigende Preise. »Ich würde gerne wissen, wann man in das Geschäft kommen muss, um auch mal eins von den Angeboten abzubekommen. Ich muss arbeiten zu diesen Zeiten, wenn alle anderen schon da stehen. Ich kann mir schließlich keinen extra Urlaub nehmen«, klagt ein Kunde in dem Internet-Portal servicewueste.de über einen Discounter: »Der beworbene WC-Sitz war natürlich nicht da, als ich ihn kaufen wollte. Das allein ist schon ärgerlich, sich dann aber noch einen blöden Spruch vom Personal anhören zu müssen, ›wenn da nichts mehr ist, haben wir keine mehr‹, ist der Hit.«
Was kaum jemand weiß, ist, dass für Waren des täglichen Bedarfs nur dann in hervorgehobener Weise (z. B. als »Sonderangebot«) geworben werden darf, wenn »ausreichend« Ware vorrätig ist. Als »ausreichend« wird von Gerichten ein Zeitraum von mindestens zwei Tagen angesehen. Längst vergessen ist beispielsweise, dass Lidl bereits einmal wegen Lockvogelangeboten verurteilt wurde, und zwar 2005 vom Oberlandesgericht Stuttgart (AZ: OLG Stuttgart 2 U 7/05). Ein Verbraucher hatte sich gewundert, dass ein in einer ganzseitigen Zeitungsanzeige angepriesener Computerbildschirm und eine Funktastatur am Erscheinungstag der Anzeige in einer Filiale in Freudenstadt schon um 13 Uhr weg waren. Auf Nachfrage wurde ihm mitgeteilt, dass die Artikel bereits seit neun Uhr ausverkauft gewesen seien. Vorausgesetzt, der Laden hat auch damals morgens um acht seine Türen geöffnet, waren die Sonderangebote demnach genau eine Stunde lang zu haben. Der Discounter argumentierte kühl, »dass der Verbraucher bei derartiger Discountwerbung nicht erwarte, dass die Produkte länger vorrätig seien« *(Hamburger Abendblatt)*.
Soso: Der Verbraucher glaubt also nicht, dass Sonderangebote länger als eine Stunde zu haben seien. Mangel herrscht laut

Kundenberichten bei Supermärkten aber nicht nur bei Lockangeboten, sondern auch bei ganz normalen Waren: »Ständig fehlt da was, mal die Müllbeutel, die Kosmetiktücher oder das Sprudelwasser oder, oder, oder. Es nervt so dermaßen.« Ob »Original Wies'n-Hendl« oder »Felix Katzenfutter«: Alles weg, berichten Kunden bei servicewueste.de.

Wer sich beschwert, bekommt patzige Antworten. »Eigentlich wollte ich nur eine Glühbirne kaufen für 2,29«, berichtet ein Kunde über eine große Discounter-Kette: »Bezahlt habe ich aber zehn Stück, und gemerkt habe ich es erst zu Hause. Ich frage mich, ob die Kassierer auch mal hinschauen, wenn sie kassieren. Ich werde in Zukunft noch im Laden meinen Kassenbon kontrollieren.«

Der Wahnsinn hat Methode: »An Scanner-Kassen gut aufpassen«, warnte die Nachrichtenagentur dpa in einer winzigen Meldung: »Kunden müssen im Supermarkt für Sonderangebote häufig den höheren regulären Preis bezahlen. Die automatischen Scanner-Kassen würden in vielen Fällen später umgestellt als die Preise am Regal«, zitiert dpa die Zeitung *Verbraucher Aktuell*. »Bei einer Stichprobe in Köln sei bei 125 Sonderangeboten an der Kasse elfmal ein falscher Preis angezeigt worden, so die Verbraucherschützer.« Zugunsten des Kunden hätten sich die Kassen dabei nur zweimal verrechnet. Die Methode: Im Markt werden Sonderangebote ausgezeichnet, aber bis die reduzierten Preise ihren Weg in die Scanner-Kassen finden, dauert es ein Weilchen – wer wollte dem Markt denn daraus einen Vorwurf machen? Und in diesem kürzeren oder längeren Weilchen glauben die Kunden Sonderangebote zu kaufen, die in Wirklichkeit (noch) den regulären Preis kosten. Bekommt ein Kunde das mit, verzieht die Kassiererin genervt den Mund und schreit »Storno« durch den Laden, ganz so, als hätte der widerspenstige Kunde etwas falsch gemacht. Während die Schlange wächst und wächst, steht er da wie ein begossener Pudel.

Der Kassenmechanismus und die Kassenarchitektur scheinen bewusst auf Nepp und Überrumpelung des Verbrauchers angelegt. Weil er alle Hände voll zu tun hat, seine Ware vom Band in Taschen oder Einkaufstüten zu befördern, kann der Kunde das rasend schnelle Einscannen nicht mitverfolgen. Durch den schnellen Ablauf werden Tatsachen geschaffen. Die Ware gehört jetzt ihm, der nächste Kunde am Scanner signalisiert, dass sich die Welt schon weitergedreht hat. Eine Beschwerde nervt alle: die Kassierer genauso wie die wartenden Kunden.

Nach dem Scanner wird der Raum plötzlich unheimlich knapp, und zwar der Stauraum für die Ware ebenso wie für die Kunden. Ware und Kunden werden einfach durch die Nachfolgenden aus dem Laden gedrückt. Draußen auf der Straße packt kein Mensch mehr seine Tüten aus, um den Kassenbon zu überprüfen. Und zu Hause hat man erst recht keine Lust mehr, den Rückweg in den unfreundlichen Laden anzutreten. Eigentlich merkwürdig, dass dieser gesetzesfreudige Staat noch nicht auf die Idee gekommen ist, hier einige verbraucherfreundliche Vorschriften zu erlassen. Zum Beispiel müsste in einem Laden genügend Raum für das sorgfältige Einpacken der Ware und das Überprüfen der Preise vorhanden sein.

Dabei hätte doch alles so schön werden können. Längst vergessen ist, dass Ende der Neunzigerjahre ein Marketing-Experte namens Marc Bergmann auszog, die Servicemuffel das Fürchten zu lehren. Die von ihm entwickelte Marke SPASSMARKT sollten nur Qualitätssupermärkte mit frischen Waren, reichlich Platz zum Einkaufen, freundlichem und qualifiziertem Personal, geringen Wartezeiten, ja sogar Kindermalecke, Ruhebank, Kaffeebar oder Wasserstation erhalten. Auf Herz und Nieren sollten die Bewerber getestet werden, bevor sie sich das große »S« für SPASSMARKT an die Türe oder in den Laden hätten hängen dürfen. Dass der erste Spaßmarkt sich mit dieser Auszeichnung schmücken durfte, ist schon lange her – und schon längst vergessen: 1999. Das

Konzept setzte sich nicht durch. Vom Spaßmarkt ist nur ein guter Witz geblieben: Der real existierende »Service« im deutschen Lebensmitteleinzelhandel.

1. Mai Karlspreis an Angela Merkel

Wieder mal ein ganz großer Bahnhof für Angela Merkel.
Anlass ist die alljährliche Verleihung des Karlspreises in Aachen. Diesjährige Preisträgerin: die deutsche Bundeskanzlerin, die damit einen neuen Gipfel ihres von der internationalen Politik und den Medien fleißig genährten Ruhmes erklimmt.
Karl I., der Große, alias Carolus Magnus alias Charlemagne (747[?]–814), König der Franken (768–814) und Römischer Kaiser (800–814), ist die heilige Kuh der Geostrategen und Europapolitiker. Sie feiern ihn als Vorreiter und Spiritus Rector einer europäischen Einigung.
Mit seiner Eroberung des heutigen Italien, Bayerns und Sachsens sowie seiner Machtpolitik in Böhmen, Mähren und Kroatien habe er das Frankenreich seiner Vorgänger praktisch zu einem ersten, geeinten Europa erweitert. Der Karlspreis wird daher von jeher an prominente Geostrategen und Europapolitiker verliehen, die an den Völkern vorbei einen europäischen Superstaat schaffen wollen: Henry Kissinger, Bill Clinton, Valéry Giscard d'Estaing (Architekt der EU-Verfassung; siehe oben), Tony Blair, Königin Beatrix der Niederlande und andere mehr. Die EU-Vertragskünstlerin Angela Merkel passt hier genau ins Bild und in die Nachfolge des großen Karl.
Das Karlspreis-Direktorium würdigt Angela Merkel denn auch »vor allem ›für ihren herausragenden Beitrag‹ zur Überwindung der EU-Verfassungskrise und damit für den Durchbruch zum europäischen Grundlagenvertrag« *(Welt kompakt)*. Das heißt also für jene Trickserei, die aus einer Verfassung einen »Reformvertrag« machte und so die Bevölkerung Europas noch wirksamer von einer Mitbestimmung ausschloss.

Zeit also für die Schmeicheleien einer der peinlichsten Persönlichkeiten Europas, nämlich des französischen Staatspräsidenten Nicolas Sarkozy. Seine vorbereitete (und wahrscheinlich wohlüberlegte) Rede lässt er an diesem 1. Mai 2008 bedauerlicherweise in der Tasche und lässt sich stattdessen zu einer unangenehmen und durchaus zweideutigen Lobhudelei hinreißen, die teilweise in die Ironie zu kippen droht. Ein Glück sei es für ihn, versichert er in seiner Laudatio auf die Preisträgerin, mit Angela Merkel »Hand in Hand« zusammenzuarbeiten. Angela Merkel und er seien »ein harmonisches Paar«, ja, so spricht der Mann, wie von Sinnen vor Glück, »ich liebe Angela Merkel«.

Längst vergessen ist, dass die ganze Veranstaltung möglicherweise einem Phantom huldigte. Damit ist weniger Angela Merkel als vielmehr der Namenspatron des Karlspreises, Karl der Große, gemeint. Den nämlich, so vermuten zahlreiche kritische Geschichtsforscher, gab es sehr wahrscheinlich gar nicht.

Das kann nicht sein! Allerdings kommt man bereits bei der Lektüre des riesigen Artikels über Karl den Großen in der Online-Enzyklopädie Wikipedia ins Grübeln. Das Geburtsdatum Karls wird mit »wahrscheinlich« 2. April 747 angegeben, das Geburtsjahr sei aber »umstritten«, der Geburtsort »unbekannt«. Über Karls Kindheit sei schriftlich »nichts überliefert«, bei der Abfassung seiner Biographie (15 Jahre nach seinem Tod) hätten »keine Personen mehr gelebt«, »die davon hätten erzählen können«. Die Todesursache sei »nicht mit letzter Sicherheit geklärt«; vom »Vater Europas« sei kein einziges zeitgenössisches Bildnis überliefert – es gebe lediglich »Imaginationen« seines Aussehens.

Dabei verschweigt der Wikipedia-Artikel glatt das Beste, nämlich den vergessenen Historiker Heribert Illig, der um 1991 herum den ganzen Kerl bzw. Karl zum Phantom erklärte. An Kalenderunstimmigkeiten war ihm aufgefallen, dass die offizielle Geschichtsschreibung rund 300 Jahre zu viel verzeichnet und dass man über das sogenannte dunkle Mittelalter ab dem 7. Jahrhundert vor allem deshalb so wenig weiß, weil es schlicht erfunden war. Mittendrin findet sich nur eine auffällige Lichtgestalt, nämlich Karl der Große. Davor und danach aber herrschte wieder Dunkelheit.

Und tatsächlich: »In ganz Europa sind Zeugnisse für die Zeit zwischen 614 und 911 spärlich«, schrieb die Mathematikerin Marianne Diem in einer Besprechung von Illigs Buch *Das erfundene Mittelalter:* »Allein die Forschung scheint zu wissen, wie dünn der Boden ist, der den großen Kaiser trägt.« »Die überragende Größe von Karls historischer Gestalt« habe dazu verführt, »dass die schmale Quellenbasis strapaziert oder gar vergessen wurde«, zitiert sie aus Reinhard Schneiders Buch *Das Frankenreich.* »So hoch Karls Vermächtnis gepriesen wird, so bescheiden ist es tatsächlich«, so Diem. »Vergebens sucht man die Hinterlassenschaft dieses Herrschers über ein Land ohne nennenswerte Städte, Straßen, Münzprägungen und ohne Eisenwerkzeug, dieses Baumeisters zahlloser, doch spurlos verschollener Bauten.« Illig wiederum datiert die Karl zugeschriebene Aachener Pfalzkapelle, »deren anachronistisch frühzeitige Existenz die Aachener Stadtchroniken nicht belegen« (Diem), baugeschichtlich nicht ins 7., sondern ins 11. Jahrhundert.

»Der große Karl« habe »kaum eine archäologische Spur und erstaunlich wenig Nachwirkung hinterlassen«, und von 270 überlieferten Urkunden des Herrschers würden offiziell allein 101 als Fälschung eingestuft, so Diem, also mehr als ein Drittel. In Wahrheit gehe es jedoch nicht um echt oder unecht, sondern nur um gute oder schlechte Fälschung, meint Diem. Sie kommt zu dem Schluss, dass »der realexistierende Karl fast ebenso schwer fassbar [ist] wie der realexistierende Jesus. Ein wildwucherndes Sagengestrüpp wurde über Jahrhunderte aus verschiedensten ideellen und materiellen Interessen um ihn gesponnen. Nachdem Karls humanistische Bestrebungen längst als Fälschungen des 19. Jahrhunderts nachgewiesen werden konnten, sollte man langsam einen objektiveren Blick auf seine ›Europavision‹ werfen …«

Nicht doch. Dafür war das Karl-Phantom bereits über Jahrhunderte nur allzu nützlich, diente der Frankenherrscher doch Generationen von Königen und Kaisern als rechtfertigender Übervater und als eine Art großer Bruder der Geschichte, auf den man zahlreiche Ansprüche gründen konnte. Auch heute noch beruft sich knallharte Macht- und Geopolitik zu ihrer Rechtfertigung auf den angeblichen »europäische[n] Übervater« Karl. Mit dem Übermenschlichen schmücken sich Politiker nun mal nur allzu gern und schöpfen aus ihm Macht. Nur ist allerdings gerade das Übermenschliche oft frei erfunden. Und dass das große europäische Vorbild Karl der Große ein Demokrat gewesen sei, werden wohl auch dessen glühendste Verehrer nicht behaupten wollen …

6. Mai US-Wahlen: Das Gehirn von Barack Obama

Preisfrage – wer ist das: »Sie wissen, man hat gesagt, dass dieser Tag niemals kommen würde. Sie sagten, unsere Visionen seien zu groß. (…) Wir sind ein Volk. Und unsere Zeit für Veränderung ist gekommen. (…) Wir wählen Hoffnung statt Furcht. Wir wählen Einheit statt Teilung und senden eine machtvolle Botschaft, dass der Wandel in Amerika begonnen hat.«
Martin Luther King? John F. Kennedy? Glaubt man den Medien, stimmt beides, denn der da sprach, sollte die Eigenschaften beider Polit-Popstars in sich vereinen: Amerikas neuer Hoffnungsträger, der demokratische Präsidentschaftskandidat Barack Obama. Seit Januar 2008 lieferte er sich ein fulminantes Rennen mit den Kandidaten der eigenen demokratischen Partei, von denen schon bald nur noch Hillary Clinton als seine Widersacherin im Kampf um die Kandidatur der Demokraten übrig blieb. Aber selbst Clinton wirkte gegenüber diesem neugeborenen Polit-Baby nur wie etwas längst Dagewesenes und Verstaubtes. Von George W. Bush ganz zu schweigen: Nach acht Jahren verheerender Politik ein politisches Wrack, ausgebrannt wie die Hülle eines abgestürzten

Düsenjets. Obama dagegen eroberte die Seelen der Amerikaner und der westlichen Welt in einem Überraschungscoup.
Und jetzt, am 6. Mai 2008, ist es so weit: »Dienstagabend drehten die Wählerinnen und Wähler die lebenserhaltenden Systeme für Hillary Clinton ab«, hieß es bei diepresse.com: »Barack Obama wird nach menschlichem Ermessen als demokratischer Präsidentschaftskandidat am 4. November 2008 gegen seinen republikanischen Kontrahenten John McCain in den Ring steigen.« Um noch eine Chance auf die Kandidatur der demokratischen Partei zu haben, hätte Clinton an diesem Tag in Indiana deutlich gewinnen und in North Carolina zumindest an ihrem Konkurrenten dranbleiben müssen. Doch das Ergebnis sah ganz anders aus: In Indiana konnte Clinton Obama nicht abhängen, und in North Carolina setzte sich Obama deutlich von ihr ab (mit 56,2 Prozent gegenüber 41,5 Prozent für Clinton). Damit ist eine Vorentscheidung gefallen.
Obamas Erfolgsrezept: Wenn er auf die Rednertribünen der Wahlveranstaltungen stieg, schien er geradewegs aus einem Klon-Labor zu kommen, in dem es tatsächlich gelungen zu sein schien, Martin Luther King und John F. Kennedy nicht nur wiederauferstehen zu lassen, sondern auch zu kreuzen. Ihr Völker, hört die Signale: »40 Jahre nach dem Tod Martin Luther Kings macht sich ein junger Schwarzer aus Hawaii, Indonesien, Chicago auf den schier unaufhaltsamen Weg ins Weiße Haus. Es gibt, selbst im Hollywood-geformten Land, keinen besseren Stoff, keinen größeren American Dream, kein gelungeneres Happy End nach acht schmerzhaften Jahren im Tiefgeschoss der Zeitgeschichte«, hieß es am 7. Januar 2008 auf der Website des *Stern*.
Während ich ungläubig auf die Worte des *Stern*-Reporters starrte, weinte der sich vor Rührung an meiner Schulter aus: »Es gibt Momente im Reporter-Leben«, schluckte er, »die sind unvergesslich. Nach seinem Sieg in Iowa erklomm Barack Obama mit seiner Familie die Bühne in der übervollen Hy-Vee-Halle von Des

Moines, und als er sie 20 Minuten später nach seiner ›The time has come‹-Rede wieder verließ, hatten Reporter Tränen in den Augen.« Womit der *Stern*-Mann vermutlich sich selbst meinte. »Und weil ihnen die Vergleiche ausgingen, nannten sie den Abend ›historisch‹, ›monumental‹, ›die Obama-Revolution‹. Sie suchten nach anderen epochalen Reden und landeten doch nur bei Kings ›I have a dream‹.«

Sehr schön. Wenn da nicht Webster Griffin Tarpley wäre. Bei ihm heißt das: »I have a nightmare [›Ich habe einen Alptraum‹] – Barack Obama«. Der Washingtoner Journalist und Historiker Tarpley ist Autor des kürzlich auf Deutsch erschienenen Buches *Barack Obama – Wie ein US-Präsident gemacht wird*. Tarpley gilt als einer der scharfsinnigsten politischen Analytiker in den USA. Als echter Kosmopolit (Tarpley verbrachte viele Jahre außerhalb der Vereinigten Staaten und spricht sechs Sprachen fließend) hat er die Geostrategie der Vereinigten Staaten fest im Blick. Seine »Unautorisierte Biographie« über George Bush den Älteren wurde weltberühmt, seine wöchentlichen Radiosendungen auf gcnlive.com repräsentieren die vorderste Front aktueller geopolitischer Analyse. Und nun Obama – »einfach ein Albtraum«.

Wie das? Nun, man schrieb den 6. und 7. Januar 2008, als Tarpley in seinem Reihenhaus in Gaithersburg bei Washington ein Wochenende vor dem Fernseher verbrachte. Im Fernsehen sprang Obama wie ein neugeborenes Schachtelteufelchen auf Bühnen herum, peitschte seine Anhänger auf und hielt Reden, die alles besagten – oder auch nichts. Danach war für Tarpley klar, »dass sich alle großen TV-Sender im Banne des größten Ausbruches von Medienhysterie seit dem 11. September 2001 befanden«. Das Ziel ihrer Beschimpfungen war Hillary Clinton, »von der sie verlangten, umgehend ihre Kampagne zu beenden und aus dem Wettbewerb um die Präsidentschaftskandidatur auszusteigen. Stunde um Stunde wurde Clinton von einer wachsenden Flut der widerwärtigsten verbalen Attacken überschwemmt.«

Das Objekt der TV-Lobhudelei dagegen »war die klapprige Figur eines gewissen Barack Obama, ein wenig bekannter Senator aus Illinois ohne bekannte Verdienste und Gefolgschaft, der gerade dabei war, sich einen Ruf als Massenredner zu erwerben.« Angesichts der Massenhysterie traute Tarpley seinen Augen kaum. Denn der Mann, den praktisch kein Mensch kannte, befand sich plötzlich im Zentrum eines Medienorkans. »Ich studierte Obamas Ratgeber, Lenker und Kontrolleure. Innerhalb von 20 Minuten war ich in der Lage, eine Schurken-Galerie dieser Figuren aufzustellen, jeweils mit einer kurzen Notiz ihrer hauptsächlichen strategischen Obsession.«

Die Diagnose: Barack Obama hat ein Gehirn. Aber: Es ist nicht seins. Und nicht nur das: Es ist auch schon viel älter als er selbst. Genauer gesagt: 78 Jahre alt. Es gehört einem gewissen Zbigniew Brzezinski, Obamas außenpolitischem Berater. Und das ist keine gute Nachricht, denn das bedeutet, dass sich hinter der jugendlichen Maske des Konsens-Obama einer der potentesten und rücksichtslosesten Geostrategen der USA verbirgt, den viele schon vergessen glaubten. Aber Totgesagte leben länger. Und sie vermehren sich auch noch: »Eine kurze Recherche enthüllte, dass Zbigniew Brzezinski und sein Sohn Mark Brzezinski entlang der Vorschläge in Brzezinskis jüngsten Büchern Obamas gesamtes öffentliches Profil formten«, so Tarpley.

Auf der Website von Obama (www.barackobama.com) findet man diese Informationen allerdings nicht. Dort gibt es überhaupt keine Einzelheiten über die Leute hinter ihm; nicht einmal ihre Namen werden genannt (Stand 1. August 2008). Dabei gäbe es da noch mehr zu erzählen. Nicht nur in Sachen Außenpolitik, auch in Sachen Finanzen traut Obama vorbelasteten Figuren: So müssten wir beispielsweise auch keine ernsthafte Lösung der Finanzkrise durch einen Präsidenten Barack Obama erwarten, meint der bekannte Autor *(Mit der Ölwaffe zur Weltmacht)* und Geopolitik-Experte F. William Engdahl, ebenfalls ein scharfsinniger Beobachter angloamerikanischer Geostrategien: »Oberster Finanzc der Obama-Kampagne ist Penny Pritzker, ein Immobilienmilliardär aus Chicago, u. a. Erbe der Hyatt-Hotelkette. Pritzker und Merrill Lynch entwickelten vor zehn Jahren erstmalig das Modell der Verbriefung von ›sub prime‹-Immobilien, das zum Auslöser des gegenwärtigen Finanz-Tsunamis geworden ist.«

Auch in Deutschland redet kein Mensch über die wahren Hintergründe von Obama. Nein, er muss neu sein und einfach irgendwie charismatisch und inspirierend. Das Ruder soll psychologisch herumgerissen werden. Für Tarpley ist Barack Obama nur ein »facelift« und »ein neuer Wechsel auf die Zukunft« eines zusammenbrechenden Imperiums. Ein unverbrauchtes Gesicht und eine unverbrauchte Biographie für einen neuen Anlauf zur Weltherrschaft. Aber hinter der Fassade arbeiten altbekannte Netzwerke. »Zbigs Tochter Mika Brzezinski hat Obamas Linie jeden Morgen auf MSNBC ausgebreitet. Ein Muster wurde erkennbar. Ein weiterer Ableger der Brzezinski-Operation wird durch seinen Sohn Ian Brzezinski repräsentiert, zur Zeit stellvertretender Ministerialdirektor der Verteidigung für Osteuropa und NATO-Angelegenheiten. Rein technisch unterstützt Ian Senator McCain [den republikanischen Präsidentschaftskandidaten; G.W.]. Eine Art Joker in dem gesamten Unternehmen ist Matthew Brzezinski, ein angeblicher investigativer Journalist, der ein ausführliches Porträt von Ilias Achmadow geschrieben hat, dem Botschafter der Tschetschenischen Terrororganisation in den USA.«

In den Siebziger- und Achtzigerjahren des letzten Jahrhunderts machte sich Brzezinski als Einpeitscher gegen die Sowjetunion einen Namen. Brzezinski galt als »Falke« und geisterte als Schreckgespenst der Friedensbewegung durch die Welt, das permanent an der Lunte zwischen den USA und der Sowjetunion zündelte. Schließlich, so jedenfalls eine weitverbreitete Meinung, schaffte es der umtriebige Geostratege, der die Welt schlicht als sein Schachbrett betrachtet (Buchtitel: *The Grand Chessboard*), die Sowjetunion 1979 in den Afghanistan-Feldzug zu locken und damit derart zu destabilisieren, dass sie zehn Jahre später auseinanderbrach. Brzezinski gilt als einer der Männer hinter dem Aufstieg des fundamentalistischen Islamismus. Auf seine Initiative hin sollen die US-Geheimdienste die radikalen Mudschaheddin in Pakistan und Afghanistan im Kampf gegen die Sowjetunion unterstützt haben. Mit dabei war auch ein vielseitig verwendbarer Mann, der 2001 als Hauptverdächtiger im Fall 9/11 traurige Berühmtheit erlangte: Osama bin Laden. Brzezinski gilt darüber hinaus als Stratege und Förderer diverser »bunter« Revolutionen, die in den vergangenen Jahren Russland das Leben an seiner westlichen Peripherie schwermachten.

In Zbigs Welt ist nichts, wie es scheint. Obama und seine Präsidentschaftskampagne sind für Tarpley daher nur Potemkinsche Dörfer, um die wahre Absicht der Operation zu verbergen, die auf den ersten Blick so vernünftig erscheint: »Wenn ich der Kandidat dieser Partei sein werde, werden meine Gegner nicht in der Lage sein zu sagen, dass ich für den Krieg im Irak gestimmt habe. Oder dass ich George Bush einen Vertrauensvorschuss in Sachen Iran gegeben habe. Oder dass ich die Bush-Cheney-Linie, nicht mit Führern zu sprechen, die wir nicht mögen, unterstützt hätte. Und er wird nicht in der Lage zu sein zu behaupten, dass ich bei etwas so Fundamentalem wie der Folter geschwankt hätte und ob sie für Amerika okay ist oder nicht – weil sie niemals okay ist … Ich werde den Krieg im Irak beenden. Ich werde Guantánamo schließen. Ich werde Habeas Corpus [grundlegende Rechte für Beschuldigte; G. W.] wiederherstellen. Ich werde den Kampf gegen Al Qaida beenden.«

So weit, so gut. Doch was hier beispielsweise fehlt, ist ein Bekenntnis zum Rückzug aus Afghanistan, das sich unter US-Besatzung zur wichtigsten Drogenplantage des Globus entwickelt hat (siehe Jahresrückblick 2007). Etwa 95 Prozent des globalen Opiums stammen heute aus afghanischer Produktion (2001:

0 Prozent). Der Rückzug soll denn auch gar nicht stattfinden. Im Gegenteil. Obama will den sogenannten Anti-Terror-Kampf auf Afghanistan konzentrieren, also just auf jenes Land, das sein außenpolitischer Stratege Brzezinski schon einmal als Basis für den Kampf gegen Sowjetrussland benutzt hatte. Und da ließ der »sanfte Obama« auch ganz plötzlich die Maske fallen und forderte herrisch mehr Engagement von den Europäern. »Ich habe sehr klar gesagt, dass wir von ihnen mehr Unterstützung brauchen«, donnerte er am 28. Februar 2008. »Wir müssen vielleicht einige der Beschränkungen aufheben, die sie ihren Truppen dort auferlegt haben.« Die Wortwahl ist interessant und zeigt denn auch exemplarisch, was die Welt von Obama zu erwarten hat, nämlich knallharten Imperialismus. Er sagte, »wir«, also die USA, müssten vielleicht einige der Beschränkungen aufheben, die »sie« ihren Truppen dort auferlegt hätten. Das heißt, dass die USA nach Meinung von Obama Beschränkungen, die sich andere Staaten auferlegt haben, einfach aufheben können.

Die wahre Absicht der Obama-Truppe sei sehr viel schlimmer, »als weiter im Nahen Osten herumzuspielen« wie die Bush-Administration, meint Tarpley: »Brzezinski versucht, alle verbliebenen US-britischen Kräfte für einen finalen Angriff auf Moskau, Peking und all die anderen Länder der Shanghai Cooperation Organization zu sammeln, den Hauptbrennpunkt globalen Widerstandes gegen London und Washington.« Die Finanziers, die Brzezinski kontrollierten, würden nun Obama ins Rennen schicken – als das plausible öffentliche Gesicht einer neuen Ära brutaler und kriegerischer imperialistischer Subversion und Geopolitik, für die mit den Schlagworten von Multikulti und »Würde durch Selbstbestimmung« geworben werde. Statt der engstirnigen und wütenden Islamophobie der Bush-Administration drohten Balkanisierung, Aufteilung und Unterteilung existierender Staaten, vor allem Russlands. »Obama ist ein Einfachticket in weit schrecklichere Konflikte als die von den Neokonservativen angezettelten; Konflikte, die eine nationale Mobilmachung für einen totalen Krieg erfordern werden, mit Entbehrungen und zermürbenden Opfern, von denen die Neocons nicht einmal zu träumen wagten.« Das Epizentrum der globalen Konfrontation werde sich vom Nahen Osten nach Osteuropa bewegen. So weit Webster Griffin Tarpley. Speziell mit Russland haben die USA noch eine Rechnung offen. Neben China ist Russland die einzige Großmacht, die bisher den Unterwanderungsbemühungen durch das imperiale Großkapital widerstanden hat. Der Kampf um Russland, der während der Jelzin-Jahre hauptsächlich um die russischen Rohstoffe tobte, wurde von Putin vorerst zugunsten Russlands entschieden. Weshalb sich Putin auch den Hass der westlichen Propaganda zugezogen hat. Derselben Propaganda, die nun in den höchsten Tönen von Obama schwärmt.

28. Mai Der Rest der Welt gegen Gysi

Der Linksruck, der ein Rechtsruck war, beschäftigte weiter die Republik. Die Bekämpfung der Linkspartei stand nach wie vor im Zentrum der Bemühungen des nach rechts gerückten politischen Establishments. Die Linkspartei als eine Art soziales Gedächtnis der Republik musste weg oder zumindest empfindlich geschwächt werden. Allerdings nur inoffiziell. Offiziell zeigte sich die etablierte Politik empört über DDR-Menschenrechtsverletzungen und angebliche oder auch wirkliche Stasi-Affären der Linken. Die Linkspartei wurde zur Alleinerbin aller schlechten Eigenschaften der DDR erklärt und als solche in Sippenhaft genommen. Im Zentrum der Bemühungen stand immer wieder der pfiffig und offen wirkende Linksparteichef Gregor Gysi. Seine lockeren TV-Auftritte wirken wie Anklagen gegen die kryptischen Äußerungen und nebulösen Interview-Antworten seiner Bundestagskollegen und der Regierung. Schon deshalb ist Gysi seinen Gegnern aus den anderen Parteien ein Dorn im Auge.

Ungefähr seit die politische Potenz Gysis offenbar wurde, tobt ein

Diadochenkampf um eine angebliche Stasi-Mitarbeit des früher als Rechtsanwalt in der DDR tätigen Politikers. Um diese Stasi-Mitarbeit ging es aber nie an sich, sondern immer nur als Mittel zum Zweck: um Gysi und die Linke zu bekämpfen. Genau deshalb fällt es so schwer, in die moralische Empörung der anderen Parteien einzustimmen – insbesondere, wenn man *deren* kriminelle Affären und den Umstand nicht vergessen hat, dass diese auch schon mal einen Ex-Geheimdienstler zum Bundesaußenminister machten – nämlich den früheren BND-Präsidenten Klaus Kinkel. Dass der Immunitätsausschuss des Deutschen Bundestages 1998 feststellte, Gysi habe für die Stasi gearbeitet, klingt ebenfalls nur im ersten Moment wie ein Beweis. Im zweiten fällt einem ein, dass sich der Immunitätsausschuss natürlich aus den im Bundestag vertretenen Parteien zusammensetzt und sich hier die politischen Gegner als Richter aufspielen.

Ende Mai 2008 erfolgt die nächste Breitseite gegen Gysi und die Linke. Als Kanonier betätigt sich die Chefin der Stasi-Unterlagen-Behörde, Marianne Birthler. Am 28. Mai 2008 sagt sie, ihrer Behörde lägen Erkenntnisse vor, dass »eine wissentliche und willentliche Unterrichtung des Ministeriums für Staatssicherheit stattgefunden hat – und zwar durch Gregor Gysi über unter anderem Robert Havemann«. Ist das nun nicht endlich der ersehnte Beweis? Wer weiß. Denn den Verbleib in ihrem Job verdankt Birthler wiederum den etablierten Bundestagsparteien. Am 27. Januar 2006 wurde sie im Bundestag von einer großen Koalition der Linken-Feinde in ihrem Amt bestätigt. Das Bundestagsprotokoll verzeichnete »Beifall bei der CDU/CSU, der SPD, der FDP und dem BÜNDNIS 90/DIE GRÜNEN«. Ist Birthler so gewissermaßen bestochen worden? Das kann hier nicht behauptet werden. Aber befangen dürfte sie allemal sein. Befangen heißt, dass die Urteilsfähigkeit einer Person aufgrund eigener Interessen (Wiederwahl!) eingeschränkt sein könnte.

Blödsinn. Denn schließlich hat Frau Birthler ja auch Stasi-Unterlagen von anderen Bundestagsabgeordneten als den zur Fraktion Die Linke gehörenden offengelegt. Am 4. Oktober 2006 gab Birthler zum Beispiel die Stasi-Unterlagen von 33 Bundestagsabgeordneten des 6. Deutschen Bundestages heraus. Sagte ich »6. Deutscher Bundestag«? Da habe ich wohl eine Eins vergessen, denn zurzeit amtiert der 16. Deutsche Bundestag. Zehn Bundestage Abstand, das wären ja vierzig Jahre! Doch es war kein Schreibfehler: Tatsächlich öffnete Birthler die Stasi-Akten von 33 Abgeordneten des von 1969 bis 1972 amtierenden Bundestages an oben genanntem Datum. 22 davon waren da bereits tot. Zu ihrer Ehrenrettung muss gesagt werden, dass sie selbst auf die Idee kam, der Bundestag könne ihrer Behörde doch einen förmlichen Forschungsauftrag zur Erforschung der Stasi-Vergangenheit des Hohen Hauses und seiner Mitglieder erteilen. Aber siehe da: Wenn es um alle Mitglieder des Bundestages ging, zeigten sich die Volksvertreter plötzlich äußerst taktvoll und sensibel. Man habe »erhebliche Zweifel, ob es gelingen wird, in der Öffentlichkeit klar zwischen Tätern und Opfern des DDR-Systems zu unterscheiden«, grämte sich der Erste Parlamentarische Geschäftsführer der CDU/CSU-Bundestagsfraktion, Norbert Röttgen, Berichten zufolge in einem Brief: »Insofern sehe ich durchaus eine Schutzpflicht des Parlaments gegenüber seinen (früheren) Mitgliedern.«

Eine Schutzpflicht, die für Mitglieder der Linkspartei nicht gilt. Die sind vielmehr Freiwild. Hier herrscht Jagdsaison, und zwar ganzjährig. Dabei wäre die Unterscheidung zwischen Täter und Opfer gegebenenfalls auch bei Gregor Gysi äußerst schwierig – denn häufig versuchte die Stasi ihre Informanten zur Mitarbeit zu erpressen.

Außerdem sollte, wer im Glashaus sitzt, nicht mit Steinen werfen. Und damit meine ich nicht nur den Bundestag, sondern auch die Liegenschaft Karl-Liebknecht-Straße 31/33 in 10178 Berlin, nämlich die Stasi-Unterlagenbehörde selbst. Bei der vorwiegend

künstlichen Aufregung um Gregor Gysi wurde doch glatt vergessen, dass es sich bei der Stasi-Unterlagenbehörde selbst um das reinste Stasi- und SED-Nest handelt. Fast auf den Tag genau vor einem Jahr kam heraus, dass sich in der Behörde seit der Einheit mindestens 79 Ex-Stasi-Leute tummelten, 2007 waren es noch 56. »Mindestens« deshalb, weil alle diese Leute ihre (frühere) Stasi-Mitarbeit treuherzig bei der Bewerbung angegeben hatten. So steht es in einem Gutachten, das dem Kulturausschuss des Bundestages am 13. Juni 2007 vorgelegt wurde – in nicht-öffentlicher Sitzung. Aber wahrscheinlich war nicht jede(r) Ex-Stasi-Mann oder -Frau so blauäugig, seine/ihre frühere Stasi-Mitarbeit bei der Bewerbung anzugeben. Die Dunkelziffer ist auch deshalb hoch, weil sich darüber hinaus noch mehrere hundert SED-Systemträger in der Behörde tummelten, und zwar ausgerechnet aus früheren Stasi-Nestern wie dem DDR-Innenministerium, der Volkspolizei, der Generalstaatsanwaltschaft oder der Nationalen Volksarmee.
Das Gutachten referiert über einen Roman des DDR-Bürgerrechtlers Jürgen Fuchs, der früher in der Stasi-Unterlagenbehörde tätig war:

> »Der Behördenalltag, die weit überwiegende Mehrzahl der Beschäftigten ebenso wie der formale Gang der Dinge erinnern ihn an die DDR-Zeit. Den Geist des Aufbruchs, der Aufklärung über eine Diktatur, findet er hier nicht. Ehemalige Stasi-Offiziere erlebt er als eigenständig agierende und interpretationsfreudige Personen, denen die Vergangenheit im Verhalten und der Argumentation nicht abhanden gekommen sei. Sie verhalten sich ihm gegenüber manches Mal abwartend reserviert, ein anderes mal kooperativ. Bei heiklen Fragen wie den nach den Zelleninformatoren (Zellenspitzel) oder nach der Zersetzungsstrategie wiegeln sie indes ab.«
> »Nahezu alle ehemaligen MfS-Bediensteten hatten in den ersten Jahren des Aufbaus der Behörde ebenso wie die meis-

ten anderen BStU-Beschäftigten die Möglichkeit des Missbrauchs«, schrieben die Gutachter: »Sie konnten Akten vernichten, verstellen oder herausschmuggeln, denn sie hatten als Wachschützer, als Archivare, als Magazinmitarbeiter oder als Rechercheure zum Teil ungehinderten und unbeaufsichtigten Zugang zu erschlossenem, aber auch zu unerschlossenem Material.«

»Angesichts der offensichtlichen Konfusion kann nicht ausgeschlossen werden, dass weitere Personen mit MfS-Vergangenheit in der Behörde arbeite(te)n«, so das Gutachten. »Unser Eindruck, dass noch längst nicht alle diesbezüglichen Fakten auf dem Tisch liegen, verstärkte sich in den letzten Wochen eher noch.

Dies korrespondiert mit einer deutlich spürbaren Abwehrhaltung gegenüber den Gutachtern und ihrem Untersuchungsauftrag, die sowohl einige Mitarbeiter der Personalabteilung als auch die Behördenleitung selbst kaum verbergen konnten.«

Wenn Gysi wirklich einer der Ihren gewesen wäre – würden sie ihn tatsächlich bereitwillig ans Messer liefern? Und sprechen die ständigen Angriffe der Stasi-Unterlagenbehörde nicht eher dafür, dass Gysi der Stasi schon immer ein Dorn im Auge war, wie er auch selbst behauptet?

Wie auch immer: Eine (wie auch immer begründete) »Schutzpflicht des Parlaments gegenüber seinen (früheren) Mitgliedern« hat entweder für alle oder für keinen zu gelten.

30. Mai Vierzig Jahre Notstandsgesetze: Die unsichtbare Diktatur

Wie bereits erwähnt, wurde die Republik Ende der Sechzigerjahre von einer Eskalation zwischen Protestierern und Staat erschüttert. Nur sechs Wochen nachdem am 11. April 1968 in Berlin die Springer-Fahrzeuge mit Hilfe eines V-Mannes angezündet worden waren, wurden am 30. Mai 1968 die Notstandsgesetze verabschiedet. Diese Notstandsgesetze sollten die Handlungsfähigkeit des Staates in Krisensituationen (Naturkatastrophe, Aufstand, Krieg) sichern. Damit hatten die wackeren Abgeordneten der jungen Demokratie ein schönes Kuckucksei ins Nest gelegt. Von den meisten unbemerkt, schwebt durch diese Notstandsgesetze die Diktatur über den Köpfen der Bundesbürger wie das berühmte Damoklesschwert.

Durch diese Notstandsgesetze wurden praktisch diktatorische Elemente in das Grundgesetz eingebaut. Notstands-»Gesetze« ist eigentlich der falsche Ausdruck. In Wirklichkeit handelte es sich um eine Notstandsverfassung, denn schließlich wurde hier das Grundgesetz geändert. Allerdings nicht gebündelt in Gestalt eines leicht aufzufindenden neuen Paragraphen, sondern sozusagen im Tarnkappen-Verfahren. Wenn die Debatte um die Notstandsverfassung bald verstummte, schrieb am 30. Mai 1998 die *Berliner Zeitung*, dann lag das vermutlich auch »an der Unsichtbarkeit des Gegenstandes. Denn wer im Grundgesetz nach der Notstandsverfassung sucht, der wird nicht fündig. Die Artikel, die die Freiheit sichern sollen und sie doch bedrohen, sind über das ganze Grundgesetz verstreut. Und das ist kein Zufall.«
Hinzu komme, so das Blatt, dass derjenige, der die Artikel fände, »sie nicht verstehen« würde.
Hatten wir das nicht schon einmal? Tatsächlich wurde die Methode, vor aller Öffentlichkeit lediglich Änderungsverträge oder -gesetze zu diskutieren, nicht erst mit dem EU-Reformvertrag erfunden. Vielmehr handelt es sich um ein bewährtes Täuschungsmanöver, um den Bürger außen vor zu lassen. Wer sich auf die Suche nach dieser unsichtbaren Notstandsverfassung im Grundgesetz macht, dem wird es schwerfallen, das Ausmaß der Bedrohung durch diese potenzielle Diktatur auszumachen. Und Verstehen wäre die erste Voraussetzung für Gegenwehr. Aber beides schei-

tert bereits an der schieren Unverständlichkeit der »Notstandsverfassung«. Man könnte auch sagen, dass sie in einem derartigen Geheimcode verfasst wurde, dass Verstehen und Gegenwehr kaum möglich sind.
Nehmen wir zum Beispiel den neuen Grundgesetz-Artikel 115d:

> »(1) Für die Gesetzgebung des Bundes gilt im Verteidigungsfalle abweichend von Artikel 76 Abs. 2, Artikel 77 Abs. 1 Satz 2 und Abs. 2 bis 4, Artikel 78 und Artikel 82 Abs. 1 die Regelung der Absätze 2 und 3.«

Alles klar? Es wurde also keine klar umrissene Notstandsverfassung in das Grundgesetz eingebaut. Stattdessen wurden über das gesamte Grundgesetz verstreut zahlreiche Änderungen vorgenommen, ohne den gesamten Originaltext wiederzugeben. Dadurch besteht die gesamte »Notstandsverfassung« aus praktisch unverständlichen Kürzeln und Fragmenten.
Diese fragmentarische, unübersichtliche und stark codierte »Notstandsverfassung« könnte bedeuten, dass sie selbst grundgesetz- und rechtswidrig ist, weil sie dem verfassungsrechtlichen Gebot der Normenklarheit, der rechtsstaatlichen Bestimmtheit und Übersichtlichkeit eklatant widerspricht. Denn: Was im Grundgesetz »unzweifelhaft ausgesagt wird, ist, dass das Volk die Staatsgewalt ausübt«, heißt es in einer juristischen Arbeit über die Verständlichkeit von Rechtstexten; und: »Eine der Grundlagen des Demokratieprinzips ist die Transparenz des politischen Verfahrens und die Durchschaubarkeit der wesentlichen Strukturen der Entscheidungsprozesse im staatlichen Bereich.« Die Verständlichkeit der sogenannten Rechtssprache müsse in einem Rechtsstaat »von besonderer Bedeutung sein, da das Gebot der Rechtsstaatlichkeit nur erfüllt sein kann, wenn die Rechtssprache das Verstehen der festgesetzten Rechte und Pflichten erlaubt«. Logisch: Rechte und Pflichten, die kein Mensch verstehen kann,

sind praktisch unwirksam, zumindest aber willkürlich nutz- und auslegbar. (Ilke Jagusch: »Verständlichkeit von Rechtstexten als Forderung des demokratischen Rechtsstaates – Anspruch, Realisierung und Grenzen«)
Wer jetzt einen Blick ins Grundgesetz werfen würde, hätte mit der Beantwortung der folgenden Fragen erhebliche Probleme:

1. Wo steht eigentlich die Notstandsverfassung?
2. Was besagt eigentlich die Notstandsverfassung?
3. Wodurch wird die Notstandsverfassung eigentlich ausgelöst?

Wie soll die Staatsgewalt vom Volke ausgehen, wenn das Volk maßgebliche und für eine Demokratie lebenswichtige Teile seiner eigenen Verfassung überhaupt nicht verstehen und erfassen kann? Mit dem 1968 in einem innenpolitisch aufgeheizten Klima verabschiedeten Notstandskauderwelsch wurde das Volk bereits entmachtet. Sollten die Notstandsgesetze eines Tages angewendet werden, würden Bevölkerung und Gesellschaft von ihnen kalt erwischt. Warum, wieso, weshalb und inwieweit die Bundesbürger vielleicht eines Tages unter Notstandsrecht gestellt werden, wird ihnen schlicht unverständlich bleiben.
Die Notstandsverfassung hält so einige unangenehme Überraschungen bereit, wie beispielsweise die Möglichkeit (nach Art. 87a Grundgesetz), zur Abwehr einer drohenden Gefahr für den Bestand oder die freiheitliche Grundordnung des Bundes oder eines Landes Streitkräfte zur Unterstützung der Polizei einzusetzen. Das bedeutet die Lizenz zum bewaffneten Militäreinsatz etwa im Rahmen von politischen Unruhen, also im Zweifel gegen die eigene Bevölkerung, meint der Bürgerrechtler und Rechtsanwalt Rolf Gössner, seit kurzem auch stellvertretender Richter am Bremer Staatsgerichtshof.
»Indem das Grundgesetz in Art. 87a Abs. 4 Mittel zu einer solchen Lösung bereitstellt, gefährdet es seinen eigenen Bestand, anstatt

ihn zu schützen«, meint der Grundgesetz-Kommentator Konrad Hesse: »Denn es eröffnet der Durchsetzung eines anderen Regierungssystems als desjenigen der freiheitlichen Demokratie die Möglichkeit, sich mit dem Schein der Legalität zu umgeben.«

Thema des Monats: *Aus für die Glühbirne*

1. 6. Der Linken-Vorsitzende Lafontaine läuft in einer Talkshow aus dem Ruder **2.6.** Aktionstag der deutschen Milchbauern mit Blockade von Molkereien **3.6.** Bei den US-Demokraten liegt endgültig Barack Obama vorn **7.6.** In Basel beginnt die Fußball-EM **11.6.** Norwegen gestattet die gleichgeschlechtliche Ehe ***12. 6. Die Iren lehnen den EU-Reformvertrag ab*** **16.6.** In Kalifornien wird die gleichgeschlechtliche Ehe erlaubt ***18. 6. Berichten zufolge soll schon bald die Glühbirne verboten werden*** **20.6.** Laut *New York Times* probte Israel einen massiven Luftschlag gegen den Iran **23.6.** Die EU friert iranische Guthaben ein **28.6.** 500 000 Menschen beim LGBT-Festival »Christopher Street Day« (LGBT: *Lesbian, Gay, Bisexual, Transgender*) **29.6.** Deutschland verliert das EM-Endspiel gegen Spanien mit 0:1

1. Juni Lafontaine: Sieg durch k.o. in der fünften Runde

2. Juni 2008. Ein Verbrechen ist verübt worden. Der neokonservative Rechtsstaat wurde heimtückisch gemeuchelt. Eine Frau hat ihm ein Messer in den Rücken gejagt. Dabei hätte ihr die Tat vorher kein Mensch zugetraut. Wie das immer so ist mit Meuchelmördern – rein äußerlich wirken sie brav und unauffällig, in diesem Fall wie eine Gymnasiastin, die vor dem Klassenlehrer bloß nichts Falsches sagen will. Also eigentlich genau richtig für den zu Tode kontrollierten öffentlich-rechtlichen Rundfunk. Die Rede ist von Anne Will und ihrer gleichnamigen Gesprächssendung, die am Tag zuvor, dem 1. Juni 2008, um 21.45 Uhr über den Sender lief.

Und nun das. Die Rechte schreit »Haltet den Dieb!« – beziehungsweise die Täterin. Besonders der rechte Hardliner Friedbert Pflüger ist ganz aus dem Häuschen: »Un- und Halbwahrheiten« würden da verbreitet, schnappt er, ja, »bewusste Verzerrungen«. Sogar weghaben wollte er die Sendung und drohte mit dem öffentlich-rechtlichen Politbüro, dem Rundfunkrat. Kein Zweifel, Anne Wills Kaffeekränzchen war aus der Sicht der Rechten völlig aus dem Ruder gelaufen.

Aber was war bloß passiert? Nun, ganz einfach: Der denkbar schlimmste Unfall, nämlich eine freie Diskussion. Anne Will hatte einen Studiogast ausreden lassen, und zwar den falschen, nämlich den Vorsitzenden der Linkspartei, Oskar Lafontaine. Und der hatte den Rest der Studiogäste mal so richtig Mores gelehrt. Während Lafontaine insbesondere den bayerischen CSU-Rechtsaußen Günther Beckstein und den ausgewiesenen Linken-Kritiker Wendelin von Boch-Galhau (von Villeroy & Boch) in ihren Schützgräben regelrecht ausräucherte, gelang es Will nicht, den Mann abzuwürgen. Stattdessen stotterte sie nur hilflos herum und schaffte es nicht, den sich entfachenden Großbrand auszutreten. Am Schluss war bei den Rechten wirklich Feuer unterm Dach.

Dabei hatte eigentlich alles anders laufen sollen. Eigentlich sollte die Linke angeklagt werden, und zwar der Komplizenschaft mit Alt-SEDlern und Ex-Stasi-Leuten. Doch es kam anders. Den Vorwurf, in der Linkspartei gebe es zu viele alte SEDler und Stasi-Angehörige, konterte Lafontaine mit dem Hinweis an die Adresse Becksteins: »Sie haben eine überzeugte Jungkommunistin zur Kanzlerin gewählt. Ist Ihnen das überhaupt klar? Frau Merkel war FDJ-Funktionärin für Propaganda und Agitation. Das konnte nur eine überzeugte Jungkommunistin.« Die CDU habe »selbst zwei SED-Parteien integriert, die so genannten Blockparteien«.
Alt-SEDler in der Linkspartei? Na schön, so Lafontaine, aber »die CDU/CSU hat ja nach dem Krieg sehr viele NSDAP-Mitglieder aufgenommen … NSDAP-Mitglieder sind über die CDU Kanzler und Bundespräsident geworden. Damals hat man gesagt, das muss man machen, um sie in die Demokratie zu integrieren. Und das war sicherlich im Grundsatz richtig. Jetzt ist es so, dass die CDU/CSU heuchelt und die Öffentlichkeit täuscht.«
Bei der Diskussion um angebliche Verfassungsfeinde bei der Linken und deren Beobachtung durch den Verfassungsschutz regnete es Beckstein und den anderen endgültig nass in ihre windschiefe Argumentationsbude. Und Anne Will gelang es einfach nicht, den Regenschirm aufzuspannen. Weil's so schön war, hier im Wortlaut:

> ***Lafontaine:*** »Ich bin gegen Spitzelei jeder Form. Das ist ja wieder hochaktuell. In der DDR hat der Staat mächtig bespitzelt, bei uns spitzelt die Wirtschaft und der Staat in großem Umfang, ohne dass ich das jetzt exakt vergleichen will … (Unterbrechung). Das ist ein Problem. Alle haben ja diese Probleme gehabt, der erste Ministerpräsident … *(Will:* Das haben Sie ja schon gesagt …) Jetzt komme ich zur Stasi *(Will:* Aha.) Der erste Ministerpräsident hatte solche Vorwürfe, Herr de Maizière, ich habe nicht gehört, dass Herr Beckstein den Rücktritt

oder so gefordert hat. Dann haben wir in der SPD Herrn Stolpe, ebenfalls Ministerpräsident, der hatte ebenfalls solche Vorwürfe, ich weiß nicht, ob das zutraf oder nicht, aber er musste sich mit diesen Vorwürfen auseinandersetzen. Es gibt natürlich auch in der neuen Linken Leute, die solche Vorwürfe haben, da muss man den Einzelfall betrachten und bewerten.«

Will (nutzt das Stichwort): »Es gab einen solchen Einzelfall, vielleicht ist es auch gar kein Einzelfall, um zu den Extremisten, die Herr Beckstein so benennt, zu kommen: Christel Wegner, DKP, ist auf der Liste der Linken in den niedersächsischen Landtag gewählt worden. Sie hatten dann Mühe, die aus der Fraktion wieder rauszukriegen … ***(Lafontaine:*** … überhaupt nicht), würde das nicht helfen, wenn der Verfassungsschutz Ihnen vorher einen Hinweis gibt?«

Lafontaine: »… da hatten wir keine Mühe. Als Frau Wegner diese Äußerung gemacht hat, haben wir sofort entschieden, dass sie der Fraktion nicht mehr angehört …«

Will: »Aber Sie wollten auch, dass …, Sie wollten auch, dass sie ihr Mandat zurückgibt, das hat sie nicht gemacht …«

Der bescheidene Angriff wird umgehend zum Desaster.

Lafontaine: »Wenn wir an der Saar regieren, muss ich ernsthaft darauf achten, dass die CDU vom Verfassungsschutz beobachtet wird, denn die erklärten Verfassungsfeinde sind Schäuble und Jung und andere, die gegen das Grundgesetz in das Schlafzimmer wollen und Online-Durchsuchungen machen wollen, die Bundeswehr im Inneren einsetzen wollen – sie sind doch die erklärten Verfassungsfeinde und müssen vom Verfassungsschutz nachhaltig beobachtet werden.« (Applaus)

Will: »Herr Beckstein …«

Lafontaine zu Beckstein: »Also, wenn Sie dann über die Landesgrenze kommen, tut mir leid …«

Sein bayerisches Gegenüber verliert völlig die Fassung.

Beckstein: »… lieber Herr Lafontaine, jetzt sage ich mit aller Massivität: Wer so saudumm daherredet, sollte nicht in einer anständigen Weise meinen, dass er Demokrat wäre. Ich selber weiß, welche Belastung es ist, wenn man weiß, dass beispielsweise in München Rechtsextremisten einen Anschlag planen auf die Grundsteinlegung auf das jüdische Gemeindezentrum. Dann war ich der Verantwortliche, der nach den Gesetzen entschieden hat, dass wir abhören und sogar eine Wanze einsetzen, um diesen Anschlag zu verhindern. Und das in der Weise als verfassungsfeindlich darzulegen, wenn man weiß, dass man die Aufgabe hat, das Land zu schützen, Verbrechen zu verhindern, islamistische Verbrechen oder rechtsextremistische, so einfach kann man sich das nicht machen.«

Lafontaine: »Die CDU ist nur mit Mühe vom Verfassungsgericht jetzt mehrfach daran gehindert worden, ihre verfassungsfeindlichen Ziele durchzusetzen, und das scheint Herr Beckstein schwer zu verstehen, aber wir als Demokraten müssen darauf achten, dass diese verfassungsfeindlichen Bestrebungen nicht zur Wirkung kommen.«

Nicht, dass ich ein Fan oder Wähler der Linkspartei wäre. Aber in diesem Fall kann man nur sagen: »Spiel, Satz und Sieg.«
Die Frage ist nur: Warum war am nächsten Tag in den Medien so gut wie keine Rede von diesem Wortwechsel? Eine halbwegs angemessene Beschreibung dieser Auseinandersetzung fand ich nur in der *Deutschen Handwerkszeitung*. Zwar kam auch – Nr. 2 – die *BILD-Zeitung* nicht darum herum, einige wenige der verheerenden Lafontaine-Schwinger zu erwähnen. Aber nur eingebettet in wütende Kommentare aus dem rechten Spektrum. Zum Beispiel von Georg Schmid, CSU-Fraktionschef in Bayern: »Für solche Provokationen sollten die öffentlich-rechtlichen Sender, die sich

aus Gebühren finanzieren, kein Forum bieten«, meinte der. Wo die Wahrheit eine Provokation ist, ist allerdings etwas faul im Staate.

Der Vorgang war ein schönes Beispiel dafür, wie versucht wird, eine unkontrollierte Diskussion im Nachhinein in den Medien totzuschweigen und ein aufflackerndes Feuer durch Brennstoffmangel auszuhungern. Aber eine Sendung, die von Millionen Zuschauern gesehen wurde, kann man doch nicht totschweigen!

Oh, doch. Man mag es nicht glauben, aber selbst vor einem Millionenpublikum ausgebreitete Skandale und Sensationen kann man ungeschehen machen, indem man sie einfach nicht wahrnimmt und nicht über sie berichtet:

Zum einen wird die Nachricht so nicht weiterverbreitet, und zum anderen zweifeln auch diejenigen, die mit ihr konfrontiert wurden, an ihrer Bedeutung und vergessen sie wieder.

Denn wenn darüber nicht berichtet wird, muss

- es entweder ein alter Hut sein,
- die Sache aus anderen Gründen ohne jede Bedeutung sein,
- es einen versteckten Grund geben, warum es überhaupt nicht opportun ist, darüber zu reden. Also eine Art Falle, in die man tappen und in der man sich sämtliche Beine brechen kann.

Am 2. Juni und in den folgenden Tagen erlebten wir eine Variante des Totschweigens. Statt ein gähnendes schwarzes Loch entstehen zu lassen, schüttete man das Diskussionsvakuum nach der Anne-Will-Sendung mit kleineren und unbedeutenderen Diskussionen und Skandalen zu. Und zwar deshalb, weil man über Wills eigentlichen Fehler nicht berichten konnte, ohne die unerwünschten Botschaften von Lafontaine (noch) weiter zu verbreiten. Statt über Wills eigentliches Vergehen zu berichten, skandalisierte man Nebensächliches. So hätten in der Sendung gezeigte Filmbeiträge den Regierenden Bürgermeister von Berlin, Klaus Wowereit, und seine rot-rote Koalition angeblich zu positiv dargestellt. Das waren aber nur Nebenschauplätze. Die brisanten Aussagen von Oskar Lafontaine wollte man auf keinen Fall in einer breiten Öffentlichkeit diskutieren und so in den Gehirnen der Massen und den Archiven der Medien verewigen.

12. Juni EU-Reformvertrag: Last Exit Irland

Nach der Bundestagsentscheidung vom 24. April 2008 sahen Gegner des EU-Reformvertrages nur noch eine Hoffnung: Die Volksabstimmung in Irland am 12. Juni 2008. An diesem Tag heißt es deshalb: Last Exit Irland. Ergebnis: 53,4 Prozent der Iren lehnen den EU-Reformvertrag ab. Danach herrschen in Europa Heulen und Zähneknirschen – jedenfalls im Europa der Politiker. Die Völker lachen sich eher ins Fäustchen, haben doch gerade mal 4,2 Millionen Iren den Großkopferten gezeigt, wo's langgeht. Ja, eigentlich waren es noch weniger, denn wahlberechtigt waren nur 3,05 Millionen, von denen, Berichten zufolge, wiederum nur 45 Prozent wählen gingen (laut anderen Quellen 53 Prozent). Während die übrige EU-Bevölkerung dem Ratifizierungsprozess des undurchsichtigen Vertragswerkes tatenlos zusehen musste, durfte als einziges Volk das irische über die als »Reformvertrag« getarnte Verfassung abstimmen. Und zwar, weil dieser Trick in Irland nicht verfing. Dort müssen die Bürger auch zu einfachen EU-Verträgen ihre Zustimmung geben. Der Witz dabei: Mit der Ablehnung des Vertrages haben die Iren mehr für die Einigung der europäischen Völker getan als Generationen von EU-Politikern.
Nichts da. Schon kurz nach dem Abstimmungsdesaster war ausgemacht: Versagt haben nicht die Politiker, sondern das Volk. »Das Nein der Iren zum EU-Reformvertrag hat Verärgerung, Unverständnis und Ratlosigkeit in der deutschen Politik ausgelöst«, konnte man bei *Spiegel Online* lesen. Er habe »kein Verständnis dafür«, sagte der europapolitische Sprecher der CDU/CSU-Bundestagsfraktion, Michael Stübgen. Irland sollte dem restlichen

Europa einen Gefallen tun und sich aus der Europäischen Union zurückziehen, maulte der frühere dänische Außenminister Uffe Ellemann-Jensen laut *Welt*. Hier werde »in einer Mischung aus politischer Engstirnigkeit und Politikverdrossenheit so nebenbei die Demokratisierung der EU verhindert«, moserte die *Süddeutsche Zeitung*. Der Schwanz habe mit dem Hund gewedelt, schimpfte Claus Kleber im *heute journal* vom 13. Juni 2008. Vier Millionen Iren hätten verhindert, dass eine halbe Milliarde Europäer einen Schritt nach vorne hätten tun können.

Da sieht man mal, wie unsere Journalisten, die angebliche »Vierte Gewalt« im Staate, die Perspektive der Obrigkeit übernehmen und das Volk als Störfaktor betrachten. »Verbockt« haben es in Wirklichkeit die Politiker, die den Vertrag in einer Art Geheimverfahren durchboxen wollten. Warum eigentlich? Wo doch alles so schön demokratisch hätte werden sollen: »Die EU wäre durch diesen Vertrag wesentlich demokratischer geworden, weil das Europäische Parlament viel mehr Mitspracherechte erhält«, versicherte der Europa-Politiker Jean-Claude Juncker im erwähnten *heute journal*.

Wer's glaubt. Die Bürger haben es nicht geglaubt. Vielmehr haben sie den Entstehungsprozess des Vertrages als Vorgeschmack auf diese Art europäischer Demokratie verstanden (siehe 24. April: »EU-Reformvertrag: Lesen verboten«). »Am Beispiel des Durchboxens des EU-Vertrages lässt sich der Zustand der Demokratie in der EU studieren«, brachte es der Buchautor Christian Felber auf den Punkt *(Europa am Scheideweg. Kritik am EU-Reformvertrag)*. »Umso peinlicher, als ›mehr Demokratie‹ und ›Bürgernähe‹ zu den angeblichen Vorzügen des Lissabon-Vertrages zählen …«

Die Wahrheit ist: Den gesunden Menschenverstand haben nicht die Politiker, sondern die Bürger benutzt. Er habe mit Nein gestimmt, weil er das Dokument schlichtweg nicht verstanden habe, zitierte die *netzeitung* den irischen Taxifahrer Dermot Doherty:

»So einfach ist das. (…) Ich habe in meinem Job viele Menschen getroffen und alle haben dasselbe gesagt.« Vermutlich hat der Mann mehr Bürger über den EU-Reformvertrag befragt als irgendeine europäische Regierung – mit Ausnahme der irischen. »Man sagt zu etwas nicht Ja, das man nicht verstanden hat«, begründete Hugo Brady von der Londoner Denkfabrik Centre for European Reform das Nein der Iren zum Reformvertrag. Selbst Jasager hatten keine Ahnung, warum sie dem Vertrag eigentlich zugestimmt hatten: »Ich habe Ja gestimmt, aber ich weiß eigentlich gar nicht; warum«, bekannte der junge Dubliner Eric Peelo laut *netzeitung* freimütig.

Der angeblich »größte Demokratieschub seit zwanzig Jahren« (so der österreichische EU-Parlamentarier Othmar Karas) bringe auf EU-Ebene »nicht einmal den Mindeststandard der Gewaltenteilung«, bemängelte Europa-Experte Felber: »Das Parlament bleibt schwächstes Organ, obwohl es als einziges direkt demokratisch legitimiert ist: Es dürfte in relevanten Politikfeldern (Außen- und Sicherheitspolitik, Euratom, Grundzüge der Wirtschaftspolitik) auch in Zukunft nicht mitentscheiden und in keinem Bereich Gesetze initiieren. Es dürfte die ›Regierungsmitglieder‹ weder vorschlagen noch einzeln abwählen. Das ist vielen Menschen zu wenig. Sie wollen spürbare Demokratie, keine Krümel zum Abspeisen.«

Das Ganze noch mal zu überdenken wäre wohl das Mindeste. Doch denken will in der EU kein Mensch, zumindest kein Politiker. Niemand hat das so freimütig bekannt wie der europapolitische Sprecher der CDU/CSU-Bundestagsfraktion, Michael Stübgen. Eine Denkpause sei nun wirklich »das Letzte, was wir jetzt brauchen«, erzählte er ungeniert einem Reporter.

Dass die Bürger hier die Notbremse ziehen mussten, leuchtet ein. »Jeder räumt es ein – das irische Nein (…) hätte genauso gut von den Franzosen, Belgiern oder Deutschen ausgesprochen werden können, wenn man sie per Referendum (…) gefragt hätte«, bemerkte sehr richtig der Pariser *Figaro* zum irischen EU-Referendum.

Die Verfassungen souveräner Staaten wie beispielsweise das Grundgesetz werden durch den Reformvertrag null und nichtig und quasi abgeschafft. So heißt es auf Seite 436 des Reformvertrages, dass den EU-Verträgen »keine wie immer gearteten innerstaatlichen Rechtsvorschriften vorgehen können«, so Felber, »also auch nicht Verfassungsrecht«. Die Regierungskonferenz zur Annahme des Vertrags von Lissabon, heißt es da, weist darauf hin, dass die Verträge und das von der Union auf der Grundlage der Verträge gesetzte Recht »Vorrang vor dem Recht der Mitgliedstaaten haben«.

Die Verabschiedung des Reformvertrages war aus der Sicht von Kritikern nicht irgendein Handstreich, sondern ein Staatsstreich gegen das Grundgesetz. Das meinte zum Beispiel der renommierte Staatsrechtler Prof. Dr. Karl Albrecht Schachtschneider, Anwalt des Bundestagsabgeordneten Peter Gauweiler im Verfahren gegen den Reformvertrag vor dem Bundesverfassungsgericht. Für ihn ist der Reformvertrag schlicht »ein Anschlag auf die Demokratie«. Und das ist kein Spaß, keine weitere der vielen Narreteien aus Brüssel. Hier geht es vielmehr um die Gretchenfrage der Demokratie, um Sein oder Nichtsein der freiheitlich-demokratischen Grundordnung. Ja, hier geht es letztlich um den berühmten Artikel 20 Absatz 4 des Grundgesetzes: »Gegen jeden, der es unternimmt, diese Ordnung zu beseitigen, haben alle Deutschen das Recht zum Widerstand, wenn andere Abhilfe nicht möglich ist.« Von diesem Verfassungsnotstand war Deutschland ab Mai 2008 nur noch eine Handbreit entfernt. Davor lag nur noch die »andere Abhilfe«. Erst wenn diese nicht möglich sei, so das Grundgesetz, wäre der Widerstand eines jeden gegen die Verfassungsfeinde berechtigt.

Diese andere Abhilfe zu versuchen war daher erste Bürgerpflicht. Der Versuch bestand in mehreren Verfassungsklagen, die der

CSU-Bundestagsabgeordnete Peter Gauweiler (der bereits gegen die EU-Verfassung geklagt hatte), die Linksfraktion, die Ökologisch-Demokratische Partei (ödp) und andere einreichten. Sollten die Klagen scheitern, könnte der Widerstandsfall nach Artikel 20 Absatz 4 als gegeben angesehen werden. Zumindest theoretisch. Denn dass sich in Wirklichkeit keine Hand gegen die Verfassungsfeinde in Regierung und EU regen würde, ist natürlich mehr als wahrscheinlich. Die Chancen der Klagen stehen jedoch nicht schlecht, denn schließlich würde sich das Bundesverfassungsgericht ansonsten zusammen mit dem Grundgesetz gleich selbst abschaffen. Gauweilers Klage, die seit dem 23. Mai 2008 in Karlsruhe anhängig sei, »ist für dieses Gericht also die letzte Chance, seine eigene Entmachtung zu verhindern«, hieß es in einem der ganz wenigen Zeitungsartikel, die die wahre Dimension des Problems auf den Punkt brachten. Das Bundesverfassungsgericht bat schon mal den Bundespräsidenten, mit seiner Unterschrift unter den vom Bundestag abgenickten Reformvertrag zu warten. Auch aus anderen EU-Regierungen waren plötzlich kritische Stimmen zu hören. Insgesamt türmten sich im Juni 2008 folgende Hindernisse für ein Inkrafttreten des EU-Reformvertrages in Europa auf:

- das gescheiterte irische Referendum
- die Verfassungsklagen in Deutschland
- eine Prüfung durch das tschechische Verfassungsgericht
- die Weigerung des polnischen Präsidenten Lech Kaczyński, die Ratifizierungsurkunde zu unterzeichnen (Begründung: nach dem irischen Referendum sei der Vertrag gegenstandslos)

Schlechte Karten also für den EU-Reformvertrag. Denn der kann nur in Kraft treten, wenn alle 27 EU-Staaten zustimmen.

18. Juni Aus für die Müllsparlampe

Die Glühbirne war schon eine Super-Erfindung: einfach, billig und genial. Eine echte Öko-Erfindung sozusagen: Etwas Glas, etwas Metall und ein winziger Wolframfaden reichten, um einen Raum hell erstrahlen zu lassen. Später wurde die Birne noch mit etwas Stickstoff und Argon gefüllt, um den Alterungsprozess des Glühfadens zu verlangsamen. Das war's. Und billig war das Ganze! Vor dem Euro nur ein paar Pfennige, heute kostet eine 60-Watt-Birne zwischen 30 Cent und einem Euro. Sicher, nach etwa tausend Betriebsstunden war das Ding kaputt, dann landete es auf dem Müll – na, und? Das Hauptvolumen bestand aus Gasen, die ohnehin in der Atmosphäre vorkommen. Der Rest bestand aus hauchdünnem Glas und einer kleinen Metallfassung. Glas ist der umweltfreundlichste Stoff, den es überhaupt gibt, denn es ist absolut neutral und reagiert mit nichts und niemandem. Deshalb wird es auch für Lebensmittelbehälter benutzt.

Umweltfreundlicher geht's jedenfalls kaum noch. Eine Glühbirne braucht keinen Trafo und keine Elektronik, also gibt es auch keinen Elektronikabfall. Ja, die Glühbirne ist in etwa so genial wie das Buch, das bis heute beste und umweltfreundlichste »Display«, das es gibt. Es besteht im Wesentlichen aus Naturstoffen wie Zellulose, kann überall ohne Energiezufuhr gelesen werden, vergisst nichts und hält hundert Jahre und länger. Die Umweltprobleme bei der Herstellung und erst recht bei der »Entsorgung« sind lösbar und wurden zum großen Teil auch schon gelöst. Das hat die Elektronikindustrie auch nach hundert Jahren Bildschirm- und Displayentwicklung noch nicht geschafft.

Aber Sie können sicher sein: Auch das Buch wird eines Tages verboten werden.

Wieso »auch«? Weil die Glühbirne ab 2009 Schritt für Schritt verboten werden soll. Kein Witz: Das berichtete die *Rheinische Post* am 18. Juni 2008 unter Berufung auf Pläne der EU-Kommission.

Am 19. Juni stand es überall: »EU verbannt die Glühbirne«, titelte die Münchener *tz*. Die »Energiefresser« sollen schrittweise aus den Geschäften verschwinden, konnte man da lesen. Sicher – nur fünf Prozent der Energie, die in eine Glühbirne hineingepumpt wird, wird auch tatsächlich in Licht umgewandelt – der Rest zu Wärme, also »verschwendet«. So ähnlich wie bei einem offenen Feuer. Denn Glühbirne kommt von Glühen. In diesem Fall ist es der erwähnte hauchdünne Metallfaden, der so hell glüht, dass wir damit ein Zimmer beleuchten können. Aber richtig energieaufwendig wird es erst dort, wo wir wirklich heizen oder kühlen wollen, wo also Gebrauchswärme oder -kälte erzeugt wird. Zum Beispiel in Föhnen, Heizlüftern, Elektroheizungen, Elektroboilern, Klimaanlagen, Tiefkühltruhen, Kühlschränken und Herden. Letztere haben eine Leistungsaufnahme von mehreren tausend Watt.

Um den winzigen Wolframfaden zum Glühen zu bringen, braucht man dagegen nur 25 Watt. Wenn man's heller haben will, 40, 60 oder 100 Watt. Dann wird's aber schon grell. 40 oder 60 Watt, um einen Raum zu beleuchten, sind so gut wie nichts. Und ansonsten kann sich die sogenannte Ökobilanz der Glühbirne ja durchaus sehen lassen – siehe oben.

Die Lichtausbeute der zur »Energiesparlampe« geadelten Leuchtstofflampe ist zwar etwa viermal so hoch wie die der Glühlampe, aber dafür wird bei der Herstellung zehnmal mehr Energie verbraucht. Trotzdem rechnen sich Industrie und Regierungen die Energiesparlampe schön. So wird beispielsweise eine 100-Watt-Glühbirne mit einer 20-Watt-Energiesparlampe verglichen. Beide sollen dieselbe Lichtmenge zur Verfügung stellen. Ergebnis: Bei 8000 Betriebsstunden (angenommene Lebensdauer einer Energiesparlampe) würde das Glühlampenlicht 166 Euro kosten, das Energiesparlicht aber nur 44 Euro, Anschaffungskosten inbegriffen. »Eine Energiesparlampe spart bis zu 177 Euro!«, plärrte sogar die Münchner *tz*. Toll, das klingt so, als könnten Sie beim

Kauf einer Energiesparlampe netto 133 Euro »verdienen«. Aber Vorsicht, zuvor stellen sich nämlich ein paar Fragen.

- *Problem Nr. 1:* Zur Raumbeleuchtung werden 100-Watt-Birnen kaum verwendet, sondern eher 40- oder 60-Watt-Birnen. Da fällt der Vergleich mit der Energiesparlampe aber schon nicht mehr so überzeugend aus.
- *Problem Nr. 2:* Die 8000 und mehr (heute angeblich bis zu 19000) Betriebsstunden, die für eine Energiesparlampe veranschlagt werden, sind nur ein theoretischer Wert. Bei einem Standard-Test der Stiftung Warentest machten manche Energiesparlampen schon nach 3500 Stunden schlapp. Im Realbetrieb kann sich die Lebensdauer aber noch weiter verkürzen, zum Beispiel durch häufiges Ein- und Ausschalten. Denn Vorsicht: Eine Energiesparlampe sollte man nur im kalten Zustand einschalten. Die Lebensdauerangaben beziehen sich daher auch auf einen für die Energiesparlampen äußerst rücksichtsvollen Drei-Stunden-Rhythmus, bei dem die Lampen abwechselnd 165 Minuten »brennen« und 15 Minuten abkühlen.

Neben der Lebensdauer stimmen auch häufig die Wattzahlen und die Lichtausbeute nicht, was die Konkurrenzfähigkeit zur Glühbirne weiter verschlechtert. Laut *Ökotest* verbrauchen einige Energiesparlampen »über 20 Prozent mehr Energie, als die angegebene Wattzahl vermuten lässt«. Und: »In 50 Zentimeter; Entfernung war die Lichtausbeute in einigen Fällen bis zu zwei Dritteln geringer als die einer entsprechenden 60-Watt-Glühbirne.«
Der wichtigste Trick, um die Energiesparlampen unter die Leute zu bringen: Statt von der gesamten Ökobilanz reden Politik und Industrie lieber von der sagenhaften »Energiebilanz« der Energiesparlampe. Nur zum Spaß tippte ich am 23. Juni 2008 in eine Suchmaschine die Worte »Energiesparlampe« und »Energiebilanz« ein. Ergebnis: 12200 Treffer. Danach ersetzte ich das

Wort »Energiebilanz« durch »Ökobilanz«. Ergebnis: Nur noch 2070 Treffer, also ein Sechstel. Kein Wunder, denn da liegt der Hase im Pfeffer: Vielleicht ist eine Energiesparlampe wirklich eine Energie- und Geldsparlampe – vielleicht. Deswegen ist sie aber noch lange keine Müllsparlampe – im Gegenteil: Was in einer Energiesparlampe alles drin ist! Zunächst mal eine Platine, dann Schalttransistoren, Gleichrichterdioden, eine Vorschaltdrossel, ein Steuertransformator, eine Elektrolytkondensator. Kurz und gut: Statt einer Glühbirne dreht man sich plötzlich ein ausgewachsenes Transistorradio in die Fassung. Ist das nicht ein genialer Trick? Nachdem heute jeder gleich eine Handvoll Radios zu Hause herumstehen hat, verkauft man ihm noch eins, nämlich eines, das er in die Lampe schrauben kann. Ach was: ein halbes Dutzend! Und wo er früher drei oder vier Euro hinlegte, legt er heute für dasselbe Licht 70 oder 80 Euro hin. Und das gilt schon bald für jeden Haushalt! Das Marktpotenzial ist gigantisch, fast so gut wie die Erlaubnis, Geld zu drucken. Und das freut die Elektroindustrie. »Klar ist: Mitte des kommenden Jahrzehnts wird die Glühlampe in Europa verschwunden sein«, zitiert die *Rheinische Post* einen Vertreter der Elektroindustrie, die natürlich lieber Transistorradios als Glühbirnen verkauft.

Aufgrund ihrer verheerenden Müllbilanz sind Energiesparlampen (abgesehen von ihrer angeblich tollen Energiebilanz) bei weitem nicht so umweltfreundlich wie Glühbirnen. Ja, sie sind so giftig, dass man sie nicht mal in den Hausmüll werfen darf. Vielmehr gehören sie auf den Sondermüll, und zwar einmal wegen der Elektronik mit ihren problematischen Metallen und Kunststoffen, die bei der Müllverbrennung zur Entstehung von Dioxinen beitragen können, und zum anderen wegen des Schwermetalls Quecksilber.

Bloß nicht zerbrechen lassen, rät Sondermüllexpertin Ingrid Nyhuis aus Hannover, die mit der Verwertung der Lampen zu tun hat:

»Wenn die Lampen kaputtgehen, tritt auch das Quecksilber, das in den Lampen enthalten ist, aus. Und gerade das möchten wir ja vermeiden, das heißt, dass das erst bei der wirklichen Verwertung aus den Lampen herausgeholt wird. Gerade bei den Leuchtstoffröhren, den stabförmigen, haben sie das, wenn sie kaputt gehen. Dann tritt so ein richtiger Dampf aus. Also das kann man auch sehen. Deshalb ist es wirklich wichtig, darauf zu achten, dass die Lampen wirklich auch heile bei uns ankommen und auch vorsichtig hier in die Behältnisse reingelegt werden.«

Im Jahr 2006 seien bundesweit 27,5 Millionen kaputte Leuchtstofflampen eingesammelt worden, berichtete der Deutschlandfunk. 300 Kilogramm giftiges Quecksilber seien so in den Produktionskreislauf zurückgeflossen. Sehr schön. Weniger schön ist, dass das nur zehn Prozent der weggeworfenen Leuchtstofflampen waren. 90 Prozent landeten im Haus- oder Restmüll, weil die Leute entweder nicht wissen, dass sie auf den Sondermüll gehören, oder einfach zu faul sind, auch noch ihre »Glühlampen« zu sammeln und zur Sammelstelle zu bringen. Das macht rein rechnerisch also 2700 Tonnen Quecksilber, die im Hausmüll landeten. Wenn Sie mich fragen, gehören die Dinger verboten. Werden sie aber nicht, sondern stattdessen die Glühlampe. Für die Umwelt ist das weniger schön, denn erstens landet nun keine Glühbirne, sondern ein Transistorradio im Müll. Und zweitens werden statt eines völlig unschädlichen, natürlichen und für Pflanzen sogar nützlichen Gases, nämlich Kohlendioxid (das durch die angeblich schlechtere Energiebilanz der Glühbirne entsteht), giftiges Quecksilber und Dioxine (bei der Verbrennung) in die Atmosphäre abgegeben.

Juli 2008

Thema des Monats:

Gender Mainstreaming: Weg mit dem Mann

1. 7. Fünfzig Jahre Emanzipation/Gender Mainstreaming 4. 7. Hetzjagd auf den Sterbehelfer Kusch / Spritpreise über 1,60 Euro (Super) und 1,56 Euro (Diesel) **5.7.** Start der Tour de France **13.7.** In Paris gründen die 27 EU- und 17 Mittelmeer-Länder (z. B. Israel) die Mittelmeerunion / Die US-Behörden retten die beiden Hypotheken-Giganten Fannie Mae und Freddie Mac **14.7.** Deutschland bekommt eine Akademie der Wissenschaften ***16. 7. Das Internet-Auktionshaus eBay informiert seine Mitglieder über Änderungen der Verpackungsverordnung durch den Bundestag mit*** **19. 7.** Demo gegen den mutmaßlichen Bienenkiller Chlothianidin **21. 7.** Festnahme von Radovan Karadzic. **25. 7.** 30 Jahre »Retortenbaby« **24. 7.** Obama in Berlin **28. 7.** Der erste Airbus A 380 wird ausgeliefert **29. 7.** Siemens verlangt in der Schmiergeld-Affäre Schadensersatz von ehemaligen Vorständen

1. Juli Gender Mainstreaming: Die Abschaffung von Geschlecht und Familie

Das Thema Mann und Frau war allgegenwärtig in diesem Jahr – ein Dauerbrenner wie die EU-Verfassung und die Finanzkrise. Das Jahr begann mit einer Kampagne gegen zwei kriminelle Schläger, die in eine Kampagne gegen Männer als solche mündete. Es ging weiter mit einer nationalen Großveranstaltung namens »Girls' Day«, mit deren Hilfe Mädchen in Männerberufe gedrückt werden sollten. Und nun, am 1. Juli 2008, wartet ein neuer Höhepunkt der offiziellen Geschlechterpolitik, nämlich die Erinnerung an das fünfzigjährige Jubiläum der »Emanzipation«.

Ich weiß nicht, ob Sie das wussten, aber am 1. Juli 2008 vor fünfzig Jahren begann »die Zivilisierung des männlichen Affen«. Damals, am 1. Juli 1958, trat das Gesetz über die Gleichberechtigung von Mann und Frau auf dem Gebiet des bürgerlichen Rechts in Kraft. Die Massenmedien und Frauenorganisationen feierten dieses Ereignis im Jahr 2008 gebührend. Männer bissen sich gleich reihenweise in den Hintern, nicht ohne sich dabei im oben zitierten Sinne zu äußern. »Die Frauenbewegung hat enorm zur Zivilisierung des männlichen Affen beigetragen«, sagte der Schriftsteller Peter Schneider. *Der Spiegel* nannte seine Titelgeschichte zum Thema »Emanzipation – was vom Mann noch übrig ist«. Das Titelbild zeigte einen nackten Mann vor einer kahlen weißen Wand, der schüchtern seine Blöße bedeckt.

Seltsam – hätte es nicht eigentlich heißen müssen: »Was von der Ungleichbehandlung noch übrig ist« oder: »Was von der Benachteiligung noch übrig ist«? Hieß es aber nicht, sondern: »Was vom Mann noch übrig ist«. Ging es etwa nie um die Beseitigung von Ungerechtigkeiten, sondern um die Beseitigung des Mannes? Könnte es sein, dass man über das Ziel hinausgeschossen ist? Tatsächlich ist inzwischen von weit mehr die Rede als von Gleichberechtigung. Ein Blick in die EU-Verfassung (»EU-Reformvertrag«) enthüllt, was aus der früheren »Gleichberechtigung« klammheimlich geworden ist. In Artikel 2 zum Beispiel ist nicht etwa von der Gleichberechtigung der Geschlechter die Rede. Auch nicht von der Gleichstellung. Sondern von der »Gleichheit« von Mann und Frau.

Nicht gleichberechtigt, sondern gleich

Hoppla! Was läuft hier eigentlich? Verstehen kann das nur, wer sich zurück zu den Wurzeln der seit 50 Jahren verstärkt laufenden »Emanzipations«-Kampagne begibt. Schon vor 50 Jahren nämlich wurde der Gedanke der Gleichberechtigung durch einen viel weiter gehenden Gedanken ersetzt, nämlich den der »Gleichheit« von Mann und Frau. Die Gleichberechtigung wurde bloß als Vehikel für diese Ideologie benutzt. Abgesehen von den biologischen Unterschieden seien die Geschlechter absolut gleich; die verschiedenen Rollen und Vorlieben seien bloß anerzogen. Daraus entwickelte sich die Vorstellung eines »sozialen Geschlechts«, das den Modeausdruck *Gender* verpasst bekam. Ein Mensch kann also als Mann geboren werden, sein *Gender* aber kann zum Beispiel Frau, Homosexueller oder Transsexueller sein.

Am Anfang dieser Ideologie stand die französische Schriftstellerin und Philosophin Simone de Beauvoir (1908–1986), die 2008 aus Anlass ihres einhundertsten Geburtstages ebenfalls gebührend gefeiert wurde. Als Intellektuelle und »emanzipierte« Frau soll sie ihren Geschlechtsgenossinnen den Weg aus der Unmündigkeit gezeigt haben. In ihrem Buch *Das andere Geschlecht* (1949) behauptete sie, man werde »nicht als Frau geboren, man wird es«. Um Mensch sein zu können, müsse Frau zum Mann werden, meinte Beauvoir. Damit gilt sie als eine der Erfinderinnen der *Gender*-Ideologie, wonach das Geschlecht (bis auf die biologischen Merkmale) nicht angeboren, sondern sozialisiert wird. Der feministischen Bewegung gilt Beauvoir als leuchtendes Vorbild.

Die Frage ist nur: Ist das auch berechtigt? Wohl kaum. Denn erstens ist die Vorstellung, das menschliche Verhalten habe überhaupt nichts mit der biologischen Ausstattung zu tun, abwegig und wird bereits durch die eigene Propaganda widerlegt. Zu behaupten, es gebe keine biologischen Grundlagen für menschliches (Rollen-) Verhalten, und andererseits das männliche Testosteron als eine Art biologisches Verhaltensgift anzuklagen, passt beim besten Willen nicht zusammen. In Wirklichkeit übersetzen (unter anderem) die Hormone die sexuelle Ausstattung eines Menschen in das dazugehörige Verhalten. Zweitens können auf eine solche Idee nur Kinderlose kommen. Die in Europa einflussreichsten »Emanzen« und *Gender*-Ideologen waren denn auch entweder kinderlos und unverheiratet wie Simone de Beauvoir und Alice Schwarzer oder zusätzlich homosexuell wie Judith Butler und Michel Foucault. Denn spätestens wenn man eigene Kinder aufzieht, werden solche Vorstellungen vom »sozialen Geschlecht« von der Realität in Frage gestellt. So spielen Jungen ohne jede äußere Beeinflussung in der Regel lieber mit Stöcken und Schwertern statt mit Puppen, Mädchen dagegen ziehen liebevoll ihre Barbiepuppen an – natürliche Vorlieben, die Kindern von der *Gender*-Propaganda madig gemacht werden sollen. Drittens taugt auch Beauvoir selbst kaum zur unvoreingenommenen Theoretikerin der Frauenbewegung. Mit ihrem Partner Jean-Paul Sartre führte sie ein Leben in Hotels, getrennten Wohnungen und ohne Kinder. Um Sartre nicht bei seinen Schäferstündchen mit anderen Frauen zu stören, musste sie ein eigenes Klingelsignal bedienen. Ihren ersten Orgasmus erlebte sie im zarten Alter von neununddreißig Jahren. Briefe an einen Geliebten unterschrieb sie ganz unemanzipiert mit »Ihnen Ihre gehörende Frau«.

Kurz: Beauvoir tat das, was in einer unbefriedigenden Situation viele tun. Sie schrieb sich eine Theorie auf den Leib und stilisierte ihre eigene Misere zur bewussten Entscheidung und zum nacheifernswerten »emanzipierten« Lebensmodell hoch. Ob dieses Modell tatsächlich der Traum und das leuchtende Beispiel für andere

Frauen ist, darf jedoch bezweifelt werden. Kritiker entwarfen denn auch das Bild einer ihrem Körper entfremdeten Intellektuellen, die den weiblichen Körper abgelehnt, ja verachtet habe. Kinder habe sie genauso verdammt wie die Bindung an eine Familie. Kurz: Sie habe all das abgelehnt, was sie selbst nicht besaß.

So trivial können neue Philosophien und Weltanschauungen sein. Dennoch wurde ihre Ideologie weltweit übernommen, verbreitet und weiterentwickelt. Durch Einladungen von Regierungen aus aller Welt wurde Beauvoir zur globalen Propagandafigur in einer politisch offenbar erwünschten Angelegenheit: der Angleichung der Frau an den Mann und seinen Ersatz durch die Frau.

Im Jahr 1985 stellte die 3. Weltfrauenkonferenz der UN in Nairobi das *Gender Mainstreaming* als politische Strategie vor und erhob es so zur globalen Politik. »Gender Mainstreaming ist eine Art totalitärer Kommunismus in Sachen Sex und Geschlechterbeziehung«, schrieb die Journalistin Bettina Röhl. *Gender Mainstreaming* bedeutet, die biologischen Geschlechter in einen einzigen »Mainstream« von gleichartigen Wesen zu überführen, die dann eben dieses oder jenes praktizieren. Jedenfalls nichts, woraus noch in nennenswertem Maße natürlicher Nachwuchs hervorgehen könnte. Denn wenn die biologischen Geschlechter statt Sex untereinander immer mehr Sex mit ihresgleichen haben, ist eine unfruchtbare Gesellschaft die natürliche Folge. Und Geburtenkontrolle könnte denn auch der eigentliche und tiefere Sinn dieser »politischen Geschlechtsumwandlung« *(faz.net)* sein. Nicht zufällig verkaufte die deutsche Feministin Schwarzer 1971 eine großangelegte Abtreibungskampagne als Maßnahme zur Befreiung der Frau.

1995 forderte die 4. UN-Weltfrauenkonferenz in Peking in einer sogenannten Aktionsplattform die Durchsetzung der Perspektive des sozialen Geschlechts in allen politischen Maßnahmen und Programmen. Spätestens seit diesem Zeitpunkt sickert die Frankenstein-Ideologie weltweit verstärkt in die Politik durch *(Gender*

Mainstreaming). Inzwischen verfügt das *Gender Mainstreaming* über eine beachtliche Infrastruktur. In Schule, Ausbildung und Beruf werden Mädchen derart bevorzugt, dass man heute bereits von »männlichen Bildungsverlierern« spricht (siehe auch Jahresrückblick 2007). Mädchen werden mit männlichen Verhaltensmustern konfrontiert und an sie gewöhnt, Jungen an weibliche Muster (Häkeln, Stricken).

Schon äußerlich beobachtet man seit Jahrzehnten eine gespenstische Geschlechtsumwandlung, und zwar ganz ohne Skalpell. Die Mode veränderte sich ebenso wie der Körper, vor allem der weibliche. Frauen bekamen kurze Haare, Hosen und flache Schuhe verpasst und sind heute anhand von Kleidung oder Haartracht oft kaum noch von Männern zu unterscheiden. Durch den Diätenwahn und die Fitnessrevolution wurde der Baustoff des weiblichen Körpers, nämlich Fett, zunehmend durch den Baustoff des männlichen Körpers, nämlich Muskelmasse, ersetzt. Die Propaganda, die darauf abzielt, diese »geschlechtsumgewandelten Frauen« in Männerberufe zu drücken, tut ein Übriges.

Statt Sex zwischen den Geschlechtern wird zunehmend der Sex mit dem eigenen Geschlecht propagiert. Eine Weltstadt zeichnet sich heute dadurch aus, dass ihr Oberbürgermeister schwul ist: »Berlin hat einen, Paris auch, und London vielleicht bald«, schrieb das Schwulenportal gay.ch. Einen schwulen Oberbürgermeister nämlich: »Wie schön wäre es da, wenn das immer etwas als provinziell verschriene München mit diesen Weltmetropolen gleichziehen könnte.«

Die Auflösung der Familie

Das Dumme ist nur, dass Rollen und Grenzen zwischen Geschlechtern und Generationen die wichtigste Keimzelle der Gesellschaft konstituieren: die Familie. Ohne »Vater, Mutter, Kind« keine Familie. Diese Rollen und Grenzen aufzulösen heißt also die Familie aufzulösen. Und das Problem ist, dass sich in Deutschland ausgerechnet das »Familienministerium« an die Spitze der *Gender*-Bewegung gestellt hat, in dem es zum Beispiel eine eigene Website mit der Adresse gender-mainstreaming.net eingerichtet hat. Ja, nicht nur das: An der Berliner Humboldt-Universität hat das Bundesfamilienministerium sogar ein sogenanntes GenderKompetenzZentrum gegründet und befördert so an vorderster Front die Auflösung der Familie. Gemeinsam mit den Ministerien der Länder, die beispielsweise über die Schulpolitik bestimmen.

Während man vorgibt, zum Wohl der Familie zu arbeiten, arbeitet man in Wirklichkeit an deren Auflösung. Ohne die Auflösung der Familie kann die *Gender*-Strategie nicht funktionieren. Und ohne Beseitigung des Mannes kann die Auflösung der Familie nicht funktionieren – weshalb sich langsam selbst Frauen erhebliche Sorgen um den Mann machen: »Wer zu Ende denkt, was das Frauenministerium gendernd und quasi unter Ausschluss der Öffentlichkeit bereits in die Tat umsetzt, muss feststellen, dass schon jetzt ein erheblicher Wertunterschied zwischen Jungen und Mädchen gemacht wird. Nur schwach kann GM verbergen, dass hier eine Art pseudowissenschaftlicher ›Rassismus‹ und letztlich auch Sexismus zwischen den Geschlechtern initiiert wird, an dessen Ende eine männerlose Welt stehen könnte«, warnt die Journalistin Bettina Röhl. Inzwischen ist aus der Gleichberechtigung ein Vorwand geworden, gegen die Menschenrechte zu verstoßen, und zwar jene von Männern und Kindern. Organisationen wie der Berliner Verein »Dissens« geben vor, Jungenarbeit zu betreiben, praktizieren in Wirklichkeit aber Anti-Jungenarbeit, bei der sie den Jungs nicht nur Männerberufe, sondern sogar ihr eigenes Geschlecht ausreden wollen. Bei einer Veranstaltung des Vereins wurde einem Jungen weisgemacht, »dass er eine Scheide habe und nur so tue, als sei er ein Junge«. Das Ziel der Jungenarbeit sei »nicht der andere Junge, sondern gar kein Junge« (Familienföderation e.V.: Erziehung zum neuen Menschen). Das heißt:

Nach der physischen Beschneidung für Frauen erfand das *Gender Mainstreaming* die psychische Beschneidung von Männern. Jugendgewalt ist für den Verein schlicht »Jungengewalt«, in einer eigenen Datenbank bietet Dissens »betriebliche Praktikumsplätze für Jungs« an. Die Bewerber können zwischen Kita und Pflegeeinrichtung wählen. In der Geschäftsführung des Vereins sitzt eine Frau, gefördert wird er vom Bundesfamilienministerium.
Nur ganz wenige Medien und Politiker trauen sich, diese unheimliche Entwicklung überhaupt zur Kenntnis zu nehmen, schrieb *faz-net:* Unionspolitiker deuteten die neuesten Entwicklungen in Sachen »Gleichstellung« und »Gleichbehandlung« »als unerklärliche und letztlich anonyme Strömung des Zeitgeistes«. »Abgeordnete mit einem herkömmlichen Familienbild (Vater, Mutter und Kinder bilden die Familie) fragen sich fast verzweifelt, woher das alles kommt und warum es, obwohl kaum jemand dafür zu sein scheint, gleichsam unwiderstehlich über die Politik hereinbricht.«
Eine gute Frage. Das Ziel greift jedenfalls »hoch hinaus«, so *faz. net*: »Es will nicht weniger als den neuen Menschen schaffen, und zwar durch die Zerstörung der ›traditionellen Geschlechtsrollen‹. (…) Und möglichst schon in der Krippenerziehung soll mit der geistigen Geschlechtsumwandlung begonnen werden.«

Weg mit der Familie

Dass man mit solchen gegenderten Existenzen und ihren »gehorteten« Kindern keinen Staat bzw. keine Familie machen kann, liegt auf der Hand. Die Familie soll nicht etwa von Staats wegen umhegt und gepflegt werden, wie entsprechende Ministerien suggerieren. In Wirklichkeit steht der Staat in einem Konkurrenzverhältnis zur Familie. Die Familie ist die stärkste Stütze einer Gesellschaft. Ist die Familie weg, wirst du merken, dass der Staat nicht dein Freund ist. »Entfamilisierte« Massen lassen sich weit besser steuern, verschieben und ausbeuten als »familiäre«

Massen. Entfamilisierten Individuen mangelt es an einer entscheidenden Schutzhülle, so dass sie dem Staat wehrlos ausgeliefert sind. Damit wird eine weitere Kräfteverschiebung zwischen den Massen und den staatlichen Organisationen verwirklicht. Denn während sie Wasser predigen, konsumieren die an der Spitze oder hinter den Staaten stehenden Eliten selbst natürlich Wein, sprich: Familie. Gerade weil sie wissen, dass die Familie die zentrale Bedingung für Sicherheit, Erfolg, Wohlstand und letztlich Macht darstellt, versuchen sie, den globalen Massen die Familie, die sich aus unterschiedlichen Geschlechtern und Rollen konstituiert, abzugewöhnen. Wer Rollen und Geschlechter auflöst, meint nicht Rollen und Geschlechter, sondern letztlich die Familie. Die globalen Eliten dagegen denken nicht nur familiär, sondern sogar dynastisch (vom griechischen dynástes=Herrscher). Die globalen Eliten bauten ihre Familien zum Teil seit Jahrhunderten strategisch auf und sorgten immer wieder auch durch eine ausgeklügelte Heiratspolitik dafür, dass die Familie auch in Zukunft weitgehend unter sich blieb. Die erfolgreichsten Unternehmen sind oder waren Familienunternehmen: Rockefeller und Rothschild genauso wie BMW, Siemens, Otto, Quelle, Metro, Bertelsmann und wie sie alle heißen. Die Entfamilisierung der Massen wird dagegen als notwendige Voraussetzung der Globalisierung gesehen. Nur wer die Familie abschafft, bekommt am Ende einen identitäts- und wehrlosen Brei von gleichförmigen, ausbeutbaren Wesen. Umgekehrt kann sich die Gesellschaft nur mit der Familie gegen ihre Versklavung in der Globalisierung wehren.
Alles andere ist Propaganda.

4. Juli **Roger Kusch: Hetzjagd auf einen »Sterbehelfer«**

»Sehr geehrter Herr Kusch«, steht da auf einem weißen Blatt mit dem Briefkopf »Bettina Schardt«. »Ich möchte mich bei Ihnen bedanken. Danken dafür, dass Sie – nach anfänglichem Zögern –

Verständnis dafür aufbrachten, dass ein Mensch wie ich, der auf ein interessantes, erfülltes Leben zurückblicken kann, nicht tatenlos einem unausweichlichen Siechtum entgegensieht. Sie konnten darauf eingehen, dass ich lächelnd und zielbewusst meinen Freitod plante, und mir wertvolle Hinweise geben. Und Sie konnten mit mir lachen, wenn ich mich über die moralisierenden Kleingeister lustig machte. Sollte die Art meines Todes Ihnen bei Ihrem Kampf helfen, wäre das Ziel meines Lebens, die Freiheit, in Würde zu sterben, erreicht. Ihre Bettina Schardt.«

Die 79-jährige Frau, die diese Zeilen geschrieben hatte, lebte Anfang Juli 2008 schon nicht mehr. Am 28. Juni 2008 hatte der Rechtsanwalt und ehemalige hamburgische Justizsenator Roger Kusch ihr je einen Becher mit dem Malariamittel Chloroquin und dem Beruhigungsmittel Diazepam zubereitet, wie er selbst später vor der Presse erklärte. Anschließend habe die Frau die Becher im Abstand von 15 Minuten getrunken, woraufhin er die Wohnung verlassen habe. Als er nach drei Stunden zurückkehrte, sei Frau Schardt tot gewesen.

Fertig war der »Sterbehilfe-Skandal«, so das CDU-Vorstandsmitglied Otto Wulff. Beihilfe zur Selbsttötung sei »charakterlos« und ein Verstoß gegen das fünfte Gebot (Du sollst nicht töten). Wer zum Töten einlade und zynisch mit den Ängsten älterer Menschen spiele, schließe sich aus der zivilisierten Gesellschaft aus, meinte Wulff.

Gesundheitspolitiker regten sich genauso auf wie Kirchen, Minister ebenso wie Ärztefunktionäre. Da fragt man sich doch: Was haben diese Leute? Warum sehen sie in einer Hilfe zum Suizid den Untergang des Abendlandes?

Die Antwort ist verblüffend einfach:

Kirchen, Heime, Medizinindustrie und Ärzte betrachten den sterbenden Menschen als ihr Eigentum und wollen ihn bis zum letzten Atemzug gnadenlos ausschlachten. Die Suizid- und erst recht die Sterbehilfe bedroht Kirchen, Heime, Medizinindustrie und

Ärzte gleichermaßen. Denn jeder Atemzug, mag er auch noch so schwerfallen, bedeutet Umsatz, Macht und Bedeutung.
Ein siecher Mensch ist eben ein Bombengeschäft:

- Das Pflegeheim kassiert bei Pflegestufe III 3500 Euro im Monat, sagen wir im Durchschnitt der Pflegestufen vielleicht 3100 Euro. Im Jahr macht das fast 40 000 Euro pro Insasse.
- Der medizinisch-industrielle Komplex kassierte für Medikamente und medizinische Hilfsmittel (Rollstühle, Stöcke, Krücken, Bandagen etc.) 2005 zum Beispiel 5,5 Milliarden Euro. Tritt eine gesundheitliche Krise auf, kassiert er für ein Intensivbett noch mal 1400 Euro, und zwar pro Tag.
- Dem Arzt sichern Alte und Gebrechliche den Arbeitsplatz, egal, ob im Krankenhaus oder in der Praxis.

»Ein heute 50-jähriger Mann hat eine durchschnittliche Lebenserwartung von 90 Jahren, eine Frau von 94 Jahren. Die Wahrscheinlichkeit, pflegebedürftig zu werden, ist hoch: Sie liegt bei den 85- bis 90-Jährigen bei 38 Prozent, bei den über 90-Jährigen bei 61 Prozent«, rechnet der Versicherungskonzern Deutscher Ring vor. Das im Durchschnitt 53 Monate (viereinhalb Jahre!) dauernde Martyrium kostet im Schnitt 176 000 Euro (bei Pflegestufe III). Da die gesetzliche Pflegeversicherung davon lediglich 75 000 Euro trage, müssten die verbleibenden rund 101 000 Euro aus dem eigenen Portemonnaie gezahlt werden. »Demenzkranke erhalten – solange keine körperlichen Gebrechen vorliegen – gar keine Leistungen aus der gesetzlichen Pflegeversicherung, so dass die gesamten 176 000 Euro aus eigener Kraft aufzubringen sind«, so der Deutsche Ring.
Machte die Pflegebranche 2005 noch 26,7 Milliarden Euro Umsatz, so sollen es bis 2050 schon 72 Milliarden sein. Rosige Aussichten. Bei den gutgehenden Heimen herrscht Goldgräberstimmung, bei den anderen Hoffnung auf bessere Zeiten.

Und mitten hinein platzt Roger Kusch und vernichtet ein Vermögen, indem er einer an der Schwelle zum Pflegeheim stehenden alten Dame einen vergleichsweise spottbilligen Giftbecher reicht. Ach was: »Vermögen«! Setzt sich die Kusch-Sichtweise durch, sieht sich eine ganze Branche mitsamt ihren Nutznießern und Lobbyisten bedroht. Das Problem für seine Gegner: Mit seinem ersten offiziellen Einsatz als Sterbehelfer hatte Kusch eine Kandidatin gewählt, die ihn juristisch unangreifbar machte.
Denn um aktive Sterbehilfe war es Kusch bei seinem »Einsatz« nie gegangen. Vielmehr waren seine Aktivitäten am anderen Ende einer Skala von Hilfen angesiedelt, die man einem Sterbewilligen zuteilwerden lassen kann. Der Ausdruck »Sterbehilfe« war irreführend und falsch. In Wirklichkeit handelte es sich eben um Beihilfe zum Suizid – und die ist in Deutschland nicht strafbar.
Zweitens war die alte Dame noch so rüstig, dass sie sich die Medikamente selbst beschaffte und auch die Giftbecher selbst austrank. Bei genauerem Hinsehen reduzierte sich die Kuschsche »Sterbehilfe« auf Gespräche und allenfalls das Mixen des Giftcocktails. Die »Tatherrschaft« hingegen lag uneingeschränkt bei Frau Schardt, so dass Justiz und Industrie in die Röhre guckten. Nicht mal unterlassene Hilfeleistung kam in Frage, denn

- vor dem Konsum des Giftcocktails besteht keine Nothilfesituation,
- danach wäre jede Hilfe zu spät gekommen (außerdem hatte Kusch die Wohnung verlassen).

Bei Politik und Industrie herrschte nackte Panik. Denn zum einen hatte die geistig rüstige Frau, die sich aus eigener Entscheidung dem Pflegeheim entzog, eine gefährliche Vorbildfunktion. Zum anderen wäre die Suizidmaschine von Kusch, die bei dem Schardt-Selbstmord noch nicht einmal zum Einsatz kam, ein noch größerer Horror für die Pflegeindustrie, kann sie doch auch von fast völlig hilflosen Menschen bedient werden, die so die »Tatherrschaft« über ihren Selbstmord behalten und sich aus dem Pflegeheim davonstehlen könnten. Dem musste ein Riegel vorgeschoben werden. Und das ist auch der eigentliche Grund für umgehende Forderungen nach einem Verbot der organisierten und gewerbsmäßigen – nein, nicht Sterbehilfe, sondern – Hilfe zum Selbstmord. Anders als vor einer einzelnen Suizidhilfe im trauten Familienkreis haben die Interessengruppen davor am meisten Angst, denn organisiert und gewerblich bedeutet unter Umständen massenhaft. Ade, du schöner Markt. Und du schönes Erbe: Denn statt salbungsvoller Worte und der Letzten Ölung wissen die Todgeweihten den Giftbecher womöglich mehr zu schätzen – und bedenken vielleicht eher den Suizidhelfer als die Kirche.

16. Juli Verpackungswahn: Lizenz zum Verschicken

Preisfrage: Wie verschicken Sie normalerweise ein Paket? »Nun«, so werden Sie antworten, »ich nehme irgendeinen Karton. Dann wickele ich die Gegenstände, die ich verschicken will, in Zeitungspapier ein. Und wenn immer noch Lücken bleiben, fülle ich sie mit irgendwas aus. Entweder auch mit zerknülltem Zeitungspapier oder vielleicht mit irgendwelchen Styroporkugeln von meinem eigenen letzten Online-Kauf. Dann umwickele ich den Karton mit Packpapier und klebe das Ganze mit einem breiten Klebeband zu. Damit ich schon vorher weiß, was der Versand kostet, wiege ich das Ganze noch mit meiner Küchenwaage ab – fertig!«

Genau so habe ich es bisher auch gemacht. Bis ich am 16. Juli 2008 eine Mail von der Internet-Plattform eBay erhielt, auf der ich meinen Autorenshop betreibe: »Ob 50 oder 50 000 Artikel pro Jahr«, stand da zu lesen, ich müsste mich als gewerblicher Verkäufer an einem »sog. Befreiungssystem« beteiligen. Nun, befreien wollte ich mich natürlich schon immer, erst recht mit System: von lästiger Bürokratie wie von inkompetenten Politikern, von überflüssigen Vorschriften wie vom parasitären Steuerstaat. Doch gerade, als ich befreit aufatmen wollte, dämmerte es mir, dass Befreiung hier vielleicht eher in einem Orwellschen Sinne gemeint sein könnte nach dem Motto: Freiheit ist Sklaverei beziehungsweise Sklaverei ist Freiheit.

Tatsächlich war das, was mir da in den Posteingang meines Computers geflattert war, eine leise Bombe. Von der Öffentlichkeit weitgehend unbemerkt, hatten Bundestag und Bundesrat ganz im Stillen ein Bürokratiemonster auf den Weg gebracht, das geeignet ist, Tausenden von kleinen Familienbetrieben und Betrieben der Ich-AG-Klasse den Hals zu brechen oder ihnen zumindest das Leben noch schwerer zu machen, als es ohnehin bereits ist. Schon bisher verpflichtete die sogenannte Verpackungsverordnung jeden gewerblichen »Inverkehrbringer« von Ware, seine Verpackungen zurückzunehmen – genau wie die großen Unternehmen mit entsprechender Kapitaldecke und Logistik.

Verkauft also ein Metzger seine Wurst in einem Papier, oder tackert eine Boutique ein Schildchen an ihre Blusen, sind beide grundsätzlich verpflichtet, diese Verpackungen zurückzunehmen. Dasselbe gilt für eine kleine Buchhandlung, die ein Buch von Hamburg nach Garmisch verschickt, oder für eine Tierhandlung in Stuttgart, die ein Paket für Flensburg packt: Im Prinzip hat sie Packpapier, Karton, Zeitungsschnipsel, Styroporkugeln und Ähnliches ebenfalls zurückzunehmen. Praktizierbar ist das natürlich nicht – das soll es auch gar nicht sein. Dass auch der kleine Online-Händler seine Verpackungen zurücknimmt, will eigentlich kein Mensch. Aber dass er zahlt, das wollen jetzt eine ganze Menge Menschen, vor allem in der Entsorgungsindustrie und im Bundestag. Dort hat man deshalb (mit der 5. Novelle der Verpackungsverordnung vom April 2008) nun eine Art Ablasshandel vorgeschrieben – man könnte auch sagen: Schutzgelderpressung. Von der kaum erfüllbaren Forderung, den Verpackungsmüll zurückzunehmen, muss man sich ab dem 1. Januar 2009 nämlich freikaufen. Das heißt, man zahlt ein Sümmchen. Bei dem Entsorgungsunternehmen Landbell AG zum Beispiel 150 Euro für die ersten zwei Jahre; dafür kann man dann ungefähr 500 Verkaufsverpackungen pro Jahr verschicken. Bei anderen »Anbietern« ist der »Spaß« ab 250 Euro zu haben. Schon ist man geschützt, und zwar vor Bußgeldern in Höhe von bis zu 50 000 Euro. Oder davor, dass einem der Laden einfach dichtgemacht wird: »Es kann darüber hinaus ein ›Inverkehrbringverbot‹ verhängt werden, praktisch ein Berufsverbot für den Händler!«, warnt das Internet-Händlerportal shopanbieter.de. Diese existenzbedrohenden Maßnahmen treiben verängstigte Ladenbesitzer in Scharen in die Arme von »dualen Systemen« und »Entsorgern«, die auf diese Weise den Reibach ihres Lebens machen. Endlich können sie auch im Tante-Emma-Laden abkassieren.

Dass auch nur ein Verbraucher mehr seinen Verpackungsmüll in die entsprechende Tonne wirft, bewirkt die Vorschrift dagegen nicht. Was allerdings auch niemand behauptet. Stattdessen verkündet der vom Umwelt- zum Wettbewerbsminister mutierte Sigmar Gabriel: »Die Neuregelung beendet die nicht mehr hinnehmbaren Wettbewerbsverzerrungen durch Trittbrettfahrerinnen und Trittbrettfahrer.« Die bösen Trittbrettfahrer (pardon: und natürlich Trittbrettfahrerinnen) sind jene Unternehmen, deren Verpackungen nicht zurückgenommen werden können (vor allem, weil es organisatorisch nicht zu bewältigen ist), weshalb diese Verpackungen in den von den privaten dualen Systemen finanzierten Recycling-Tonnen landen. Es geht also um mehr Gerechtigkeit zwischen Handels-Multis, die sich finanziell über duale Systeme an der Entsorgung beteiligen, auf der einen und dem Tante-Emma-Laden auf der anderen Seite. Tatsächlich geht es auch um den Fluch der bösen Tat: Nachdem man den breiten Schultern der Handels-Multis die Last der Verpackungsrücknahme einmal aufgebürdet hat, muss man nun auch den kleinsten Laden »verhaften« – denn sonst droht die ganze Müllorganisation an der Verletzung des Gleichheitsgrundsatzes zu

scheitern. Mit anderen Worten: Hier wurde Umweltschutz ohne Rücksicht auf Verluste betrieben. Während angeblich die Umwelt geschont werden soll, spielt die Schonung des Menschen keine Rolle mehr; in den Haushalten stapeln sich Papier-, Pappe-, Glas- und Plastikflaschenberge, Haushalte und Gewerbe dürfen sich jetzt mit Müllologie beschäftigen. Ein Wirtschaftsprogramm ist das nur für die Entsorgungs-Multis (siehe unten).
Mit den Versandverpackungen macht der Verbraucher nach wie vor, was er will: Vielleicht wirft er sie weg, wahrscheinlich aber hebt er sie auf, denn Luftpolstertaschen sind teuer, und der nächste Geburtstag und das nächste Weihnachtsfest kommen bestimmt. Ja, viele Verpackungen werden drei-, viermal benutzt, bevor sie in den Müll wandern. Das nennt man »Wiederverwertung« – das beste Recycling, das es überhaupt gibt, denn dafür müssen die Verpackungen ja nicht einmal aufbereitet werden.
Nun scheinen 150 oder 250 Euro für zwei Jahre nicht gerade viel zu sein. Doch erstens könnte es sich um eine Art Einstiegspreis handeln, so wie bei eBay, paypal und anderen Massenabfertigungssystemen, die immer wieder Gebührenerhöhungen planen oder umsetzen. Zweitens können andere »Entsorger« durchaus teurer sein. Und drittens sind die 150 oder 250 Euro ja nur der eine Teil des Problems, und zwar der kleinere. Der Arbeits- und Bürokratieaufwand ist der andere.
Zur Einarbeitung in den neuen »Verpackungswahn« gehört, dass Gesetze, Vorschriften und Merkblätter der Industrie- und Handelskammern und anderer Verbände durchgearbeitet werden, um überhaupt herauszufinden, wozu man bei welcher Verpackung und bei welchem Füllmaterial verpflichtet ist.

Verpackungsanalyse

1. Verkaufsverpackungen aus dem Inland (=Produktverpackung)
»Originalverpackungen« sollten vom Hersteller »lizenziert«, das heißt bei einem Ablass-System angemeldet worden sein. Wenn

nicht, hat der Händler ein Problem (Bußgeld, Vertriebsverbot). Daher »sollten sich Händler von ihren Lieferanten/Herstellern schriftlich bestätigen lassen, dass die Verpackungen lizenziert sind!« (shopanbieter.de)

2. Verkaufsverpackungen aus dem Ausland
(= Produktverpackung)

Da diese in der Regel nicht lizenziert sind, muss man sie selbst bei einem dualen System anmelden. »Dazu«, so shopanbieter.de, »muss die jährliche Gesamtmenge errechnet werden, z. B. so: Jeweils eine der Verpackungen zerlegen: Papier/Pappe, Plastik, Holz, Metall auseinandersortieren. Jede Materialart auswiegen (z. B. mit der Briefwaage). Und schließlich hochrechnen, wie viele dieser Produkte Sie dieses Jahr versenden werden, und daraus dann die anfallenden Materialen-Massen errechnen.«

3. Versand- und Serviceverpackungen
(= Luftpolsterumschlag, Paket, Folie etc.)

»Kartons, Blasenfolien, Paketklebeband etc., Styroporflocken, aber auch Zelluloseflocken (die sind als ›Naturmaterial‹ in der Lizenzierung dann aber günstiger) müssen erfasst werden, wenn man sie als Erster und im Versand zum Endkunden benutzt«, so shopanbieter.de. Diese Mengen kann man dann – »für das Jahr hochgerechnet und getrennt nach Materialfraktionen« – in eine von shopanbieter.de vorbereitete Excel-Tabelle eingeben: Dazu gehören »auch die Paket-Bapperl (vor allem, wenn es Folientüten sind) und Mode-Anhänger, die Sie anbringen!«

4. Verpackungsmaterialien, die schon früher als solche verwendet wurden

»Wer beispielsweise Babyschalen mit etwas Zubehör versendet und Letzteres einfach in den Originalkarton dazupackt, wer also nur ein Bapperl auf den Karton des Herstellers klebt und das Ganze dann so weiterversendet, der ist aus dem Schneider, wenn dieser Karton vom Hersteller bereits lizenziert wurde«, so shopanbieter.de. Genau das muss man sich aber schriftlich geben lassen! Ein anderes Beispiel: »Wenn Sie als eBay-Händler in gebrauchten Schuhkartons aus dem benachbarten Schuhladen versenden, dann ist das Päckchen ja nicht ›erstmals‹ in den Verkehr zum Endkunden gebracht. (…) Wer also seine Ware in alten Schuhkartons versendet, muss diese nicht mehr lizenzieren – wenn (und nur wenn!) diese bereits schon vorher – sozusagen für ihr erstes Leben als Schuhverkaufsverpackung – lizenziert wurden. Aber aufgepasst: mindestens eine große Schuhkette lizenziert ihre Schachteln nicht … Wer Zeitungspapier zum Verfüllen nutzt, müsste dieses aber prinzipiell eigentlich lizenzieren, denn es ist als Zeitung ja nicht lizenziert worden (da keine Verpackung).«

5. Verpackungserklärung
Im Gesetzestext »Vollständigkeitserklärung« (VE): »Jedes lizenzierungspflichtige Unternehmen ist im Prinzip dazu verpflichtet, am 1. Mai eines Jahres eine Bilanz über die im vergangenen Jahr tatsächlich ausgesendeten Verpackungsmaterialien abzugeben und gleichzeitig nachzuweisen, dass und über welche Wege die entsprechenden Stoffmengen auch dem Recycling zugeführt wurden.« Die gute Nachricht: *Abgeben* müssen diese Vollständigkeitserklärungen nur Unternehmen mit sehr hohen Stoffmengen (80 Tonnen bei Glas, 50 Tonnen bei Papier, Pappe, Kartonagen sowie 30 Tonnen bei den übrigen Materialien). Die schlechte Nachricht: *Anfertigen* müssen diese Vollständigkeitserklärung alle Unternehmen, »denn ›auf Anforderung durch die zuständige Behörde‹ ist jeder Händler verpflichtet, eine VE umgehend vorzuweisen«. Anders ausgedrückt: Mit der Verpackungsverordnung, insbesondere aber ihrer 5. Novelle, kann man sich auf vielfältige Weise das Genick brechen. Kommt die Behörde nicht von selbst drauf, ein Unternehmen zu kontrollieren, tut es auch eine Denunziation

von Nachbarn, Konkurrenten oder Feinden: »Die Behörden werden immer dann eine VE nachfragen, wenn Verdachtsmomente vorliegen – z. B. wenn ein Wettbewerber ›Hinweise‹ gegeben hat. (…) Webhändler, die eigentlich unterhalb der Mengengrenzen liegen, sollten sich daher trotzdem darauf vorbereiten, dank Abmahnungen und ›Hinweisen‹ an Behörden u. U. Vollständigkeitserklärungen abgeben zu müssen. Da ist es gut, wenn der Dienstleister jederzeit eine solche Erklärung erstellen kann und auch der Steuerberater als Testierer bei der IHK gemeldet ist …«

6. Vertrag abschließen
Nun muss man sich einen möglichst günstigen Anbieter suchen, bei dem man seinen »Lizenzierungsbedarf« möglichst unkompliziert anmelden und seine Verpackungsmaterialien »lizenzieren« kann. »Wenn man dann weiß, was bei einem pro Jahr anfällt«, so shopanbieter.de, »kann man mit diesen Mengen in Verhandlungen mit dualen Systemen treten.« Von letzteren gibt es insgesamt neun. Bei diesen neun Systemen kann man nun direkt anfragen, oder man kann über eine Internet-Plattform wie Reasybid (eine Art eBay oder my-hammer für Verpackungslizenzierungen) seinen Lizenzierungsbedarf ausschreiben und hoffen, dass einem ein Entsorgungskünstler ein gutes Angebot macht.
Dies ist aber nur die Theorie. Denn selbst wenn man bereit ist, neue Kosten und quälende Bürokratie auf sich zu nehmen, steht man noch keineswegs auf dem sicheren Boden des Gesetzes. Die Vorschriften sind so kompliziert, dass nicht einmal Behörden durchblicken. Deshalb gibt es auf verschiedene Fragen auch keine verbindliche und sichere Antwort, sondern verschiedene »Rechtsauffassungen«, denen man sich auf eigenes Risiko anschließen kann oder auch nicht. So erhielt ein Online-Händler auf eine Anfrage folgende Antwort von dem betreffenden Ministerium:
»Aus hiesiger Sicht ist es zurzeit noch völlig offen, ob die von Ihnen vertriebenen Verpackungen rechtlich als Verkaufsverpackun-

gen im Sinne von § 3 Abs. 1 Nr. 2 Satz VerpackV einzustufen sind, für die ab dem 01.01.2009 eine Systembeteiligungspflicht gem. § 6 Abs. 1 Satz 1 VerpackV in der Fassung 5. Novelle seitens des Erstinverkehrbringers besteht oder ob es sich um Serviceverpackungen i.S.v. § 3 Abs. 1 Nr. 2 Satz 2 VerpackV handelt, für die gemäß § 6 Abs. 1 Satz 2 VerpackV (neu) die Vertreiber von Herstellern oder Vorvertreibern verlangen können, dass sich letztere hinsichtlich der von ihnen gelieferten Serviceverpackungen an einem oder mehreren System beteiligen.«
Alles klar?

> »Wir (...) können weiterhin nur davon abraten, ›voreilige‹ Verträge abzuschließen oder auf irgendwelche Aussagen zu vertrauen«, warnt der Verpackungslieferant Full Service Packaging: »Niemand kann Ihnen momentan eine ›rechtsverbindliche Auskunft‹ geben, wie die Verpflichtungen resultierend aus der Verpackungsverordnung tatsächlich umzusetzen bzw. einzuhalten sind (Stand 6.10.2008).«

»Die wesentlichen gesetzlichen Maßnahmen haben es in sich, wie beispielsweise der Anschlusszwang an duale Entsorgungsunternehmen, Abgabe einer Vollständigkeitserklärung und wettbewerbsneutrale Ausschreibung der haushaltsnahen Verpackungsentsorgung«, meint die Industrie- und Handelskammer Berlin.
In der Tat.
Die meisten kleinen Läden haben bereits mit Buchführung, Steuererklärung und den Stundenzetteln für ihre Minijob-Kräfte genug zu tun. Daneben vielleicht auch mit Abmahnungen von irgendwelchen Abmahn-Haien, die von der Rechtsunsicherheit im Internet-Bereich leben wie die Made im Speck. Die einzig sinnvolle Methode bestünde daher, wenn überhaupt, darin, bei Handelsunternehmen anhand des letzten Steuerbescheides einen »Verpackungspfennig« für die dualen Systeme zu erheben.

Denn der Internet-Handel leidet daneben unter immer neuen Vorschriften und Gebühren von Internet-Plattformen wie eBay. So kam eBay beispielsweise vor einiger Zeit auf die Idee, das Internet-Zahlungssystem paypal zu kaufen. Auf diese Weise kann eBay künftig doppelt an einem Verkauf verdienen: in Form der Verkaufsprovision auf der eigenen Plattform und mittels der paypal-Zahlungsgebühr. Aber nur dann, wenn der jeweilige Verkäufer dem Käufer die Bezahlung mit paypal auch angeboten hat. Und dazu zwingt eBay gewerbliche Verkäufer neuerdings. Und jetzt empfiehlt eBay auch noch einen Entsorger, nämlich die erwähnte Landbell AG.

Dass Internet-Händlern da das Messer in der Tasche aufgeht, ist kein Wunder: »Also wenn man nix zu tun hat, schafft man sich Arbeit«, meint ein »Buchteddy« (Rechtschreibung wie im Folgenden beibehalten) in einem Beitrag auf Anteos.de, einem Portal für Online-Händler: »Solch ein Bürokratie-Wahnsinn! Bekloppter gehts doch bald nicht mehr. Und 140,- Euro an eine Firma zu bezahlen um in diesem System zu sein ist eine absolute Frechheit! Was soll man den noch alles zahlen???« (Die 140 Euro waren ein Einstiegspreis von Landbell. Inzwischen kostet der Spaß, wie gesagt, bereits 150 Euro.)

»Wer hat eine günstigere Variante als Landbell ausfindig gemacht«, fragt denn auch verzweifelt »Steinchen«, »um dem Wahnsinn noch einigermassen kostengünstig zu entrinnen ab 2009?«

»Die Verpackungsverordnung dient nur dazu, Geld zu melken«, antwortet »Buchteddy«, »nichts anderes. Einige werden sich wieder ihre schmierigen Hände reiben. Mit Ökologie hat das ganze nichts zu tun.«

»Da muss und kann ich Dir uneingeschränkt recht geben«, meint »Steinchen«. »Aber wir müssen damit leben. Widerstand zwecklos.«

Mit anderen Worten: Der Gesetzgeber und die Entsorgungs-Multis sind dabei, auf dem Rücken Tausender und Abertausender Ge-

werbetreibender eine teure Groteske aufzuführen. Und natürlich auch auf dem Rücken der Verbraucher, denn an sie werden die Kosten natürlich weitergegeben.
Nicht doch: »Das Gesetz beziehungsweise die Verordnung sind ja nicht von uns«, sagte mir Landbell-Vorstandsvorsitzender Jan Patrick Schulz. Eine gewisse Nähe zum Gesetzgeber gibt es aber schon. In Gestalt von Abgeordneten und ehemaligen Abgeordneten ist der Gesetzgeber selbst an der Entsorgungsindustrie beteiligt. Als Vater der kleinkarierten Verpackungsverordnung, die schon vor Jahren im Handel ein beträchtliches Chaos auslöste und die Verbraucher Hunderte Millionen von Euro kostete (weil Pfandflaschen in dem allgemeinen Chaos nicht zurückgenommen wurden), gilt Klaus Töpfer (CDU), von 1987 bis 1994 Bundesumweltminister. Die 1991 verabschiedete deutsche Verpackungsverordnung zog entsprechende EU-Gesetzgebungen nach sich, die heute wieder auf Deutschland zurückwirken. Im Wesentlichen hat die Verpackungsverordnung die Müll-Entsorgungslast für Verpackungen von den Gemeinden auf den Bürger und den Handel abgewälzt. Während die Gemeinden heute im Prinzip nur noch für die Beseitigung des Restmülls verantwortlich sind, wurde für alles andere eine Art zusätzliches Besteuerungssystem eingerichtet, mit dem Entsorgungsunternehmen für die Abfuhr und die Wiederaufbereitung sogenannten »Recycling-Mülls« finanziell entschädigt werden. Letztlich kommen alle Belastungen beim Verbraucher an, was bedeutet, dass der Verbraucher für seine städtischen Müllgebühren immer weniger entsorgt bekommt und über die Produktpreise immer mehr für eine »Extra-Entsorgung« sogenannter Wertstoffe bezahlen muss.
Damit wurde erstens ein großer Teil der »Müllabfuhr« schleichend und unter dem Umweltargument widerstandslos privatisiert und zweitens ein milliardenschwerer Müllmarkt geschaffen, auf dem sich immer neue Konzerne eine goldene Nase verdienen können.

So schnellt der Umsatz der Landbell AG seit einiger Zeit in die Höhe. Ob das Recycling in jedem Fall der Umwelt nützt, ist Gegenstand komplizierter »Ökobilanzen«, in die auch Phantomfaktoren wie die sogenannte Klimafreundlichkeit einfließen. Ohne die angeblich schädlichen CO_2-Emissionen (siehe Kritischer Jahresrückblick 2007) würde die Ökobilanz für so manches Recycling nicht mehr so gut aussehen.

Im Deutschen Bundestag saß Klaus Töpfer zusammen mit einem gewissen Carl-Detlev Freiherr von Hammerstein, heute Aufsichtsrat der Landbell AG. Ein anderer Aufsichtsrat der Landbell AG zählt den Vorsitzenden der CSU-Landesgruppe in der CDU/CSU-Bundestagsfraktion, Peter Ramsauer, zu seinen Studienfreunden (laut *Main-Netz* vom 16.6.2008). Eine Anfrage von mir an Herrn Ramsauer vom 16. Oktober 2008, wie er sich in der Frage der Novellierung der Verpackungsverordnung in Reden und Abstimmungen verhalten habe, blieb unbeantwortet. Das Duale System Deutschland GmbH, Marktführer unter den Müll-Multis, hat gleich drei Interessenvertreter im Deutschen Bundestag sitzen: Petra Bierwirth von der SPD sowie Steffen Kampeter und Franz Obermeier von der CDU/CSU. Friedrich Merz (CDU) fungiert für über 7000 Euro jährlich (Nebentätigkeitsstufe 3) als Aufsichtsrat bei der Interseroh AG, einem weiteren Entsorger. Der Bundestagsabgeordnete Heinz Riesenhuber (CDU) sitzt im Aufsichtsrat des Entsorgers Vfw GmbH in Köln – ebenfalls für ein Jahreseinkommen von über 7000 Euro.

August 2008

Thema des Monats: ***Überfall auf Südossetien***

1.8. Nach der Handy-Sparte 2007 gibt Siemens nun auch noch den Verkauf des Telefonbereichs an eine andere Firma bekannt ***8.8. Eröffnung der Olympischen Spiele/Georgien überfällt Südossetien*** **9.8.** Fuckparade in Berlin **14.8.** Polen und die USA beschließen »Raketen-Abwehrschild« ***15.8. Siemens-Korruptionsaffäre weitet sich aus*** **20.8.** Flugzeugabsturz in Madrid mit über 150 Toten **26.8.** Russland erkennt Abchasien und Südossetien an **28.8.** Das Magazin *Forbes* wählt Angela Merkel zum dritten Mal in Folge zur mächtigsten Frau der Welt ***29.8. ARD manipuliert Interview mit Ministerpräsident Putin***

8. August
Protest-Astrologie bei den Olympischen Spielen

Die TV-Kommentatorin Sandra Maischberger ist frustriert. Während bei der Olympia-Eröffnungsfeier in Peking eine Mannschaft nach der anderen fröhlich winkend in das »Vogelnest« einmarschiert, findet sich nirgends eine Spur von Protest gegen China und seine Tibet-Politik. Fast schon verzweifelt hält die Fernsehfrau nach jedem bunten Schal und Zettel Ausschau, um zu sehen, ob sich darauf nicht vielleicht ein Zeichen des Protests gegen China finden könnte. Beim Einmarsch der französischen Mannschaft späht auch Kollege Ralf Scholt mit. Da! Auf dem Handgelenk des französischen Staatspräsidenten Nicolas Sarkozy, der sich auf der Tribüne erhebt: Ist das nicht eines dieser grün-blauen Bändchen mit der Aufschrift »Sports for Human Rights«? »Ich glaube nicht«, sagt Maischberger enttäuscht. Überhaupt ist Sarkozy politisch nicht korrekt: »Seine Reise war sehr umstritten, denn er ist der einzige große europäische Repräsentant, auch EU-Ratspräsident im Turnus, und viele haben gesagt, er sollte hier nicht anwesend sein, aber er konnte auch in den Interviews zuletzt nur Gutes an China entdecken und hat ein großes Kompliment gemacht den Chinesen für die Ausrichtung dieser Spiele.« Ob sich das für einen Gast vielleicht auch so gehört, kommt Maischberger nicht in den Sinn.

Dann die Polen. Maischberger: »Das ist eine der Mannschaften, bei denen man gedacht hat, sie würden vielleicht die Gelegenheit nutzen und tatsächlich mit einem Band irgendeine Form der Meinungsäußerung tun, aber wir sehen jetzt deutlich, das ist nicht der Fall.« Dann Zimbabwe – na, endlich! Da trägt jemand einen Zettel: »Was steht da drauf?«, fragt Kollege Scholt. Aber eine fröhliche Sportlerin hatte lediglich die Chuzpe, ihrer Dankbarkeit für das große Ereignis Ausdruck zu verleihen: »Thank you everyone«, liest Maischberger von dem Zettel ab: »Love Heather«. Maischberger: »›Dankeschön, Euch allen‹. Ist das eine politische Demonstration? Nein.« Zum Mäusemelken. Aber schon wieder zeigt sich ein Silberstreif am Horizont – beziehungsweise ein Schal: »Hier kommt Portugal – was haben die denn auf ihren Schals stehen?«

Lustige Frauen mit weißen Schirmmützen und in roten Sakkos schwenken grün-rote Schals! Sind das denn endlich die Farben von Tibet, Serbien, Kosovo, Albanien, Darfur oder wie die Krisenregionen der Welt alle heißen, in denen finstere Chinesen oder wenigstens Russen ihr Unwesen treiben? »Jetzt wollen wir mal sehen«, schöpft Maischberger Hoffnung: »Ach, da steht Portugal drauf.« Einfach kein Rückgrat, diese Sportler. Dann Italien: »Schöne Kopfbedeckungen«, findet Freiheitskämpferin Maischberger, »aber keine politischen Demonstrationen – auch hier nicht.«

Dabei hatten die Athleten, vor allem die deutschen, vor den Spielen den Mund so voll genommen: »Ich bin eine mündige Athletin und lasse mir keinen Maulkorb verpassen«, blaffte die vierfache Olympiasiegerin im Rudern, Kathrin Boron: »Was in Tibet passiert, ist menschenverachtend und nicht tolerierbar.« Dem pflichtete auch Stefan Kretzschmar bei, 2004 Mitglied des deutschen Handballteams, das bei Olympia Silber holte: »Deswegen sollten wir nach China zu den Spielen fahren und dort für die Menschenrechte eintreten, ohne unseren Traum aufgeben zu müssen.« Eigens für die Olympischen Spiele war besagtes grün-blaues Armbändchen mit dem politisch-korrekten Slogan »Sports for Human Rights« angefertigt und angeblich 90 000-mal verteilt worden. »Boykott halte ich für falsch, Protest aber für richtig und wichtig«, meinte Hockeyweltmeister Tibor Weißenborn. »Ich kann mir auch gut vorstellen, neben dem Bändchen den Slogan auch auf meinem Hockeyschläger zu tragen.«

Aber nun sieht es ganz so aus, als würde an diesem Tag allein Sandra Maischberger noch für Menschenrechte und *Political*

Correctness eintreten. Natürlich nicht im Irak, dessen Mannschaft ebenso unkommentiert vorbeimarschieren kann wie die Afghanistans, wo die internationale Friedenstruppe ISAF die größte Drogenplantage der Welt bewacht. Und auch nicht in den USA, wo nach wie vor die Todesstrafe vollstreckt wird und deren Regierung unter Präsident George W. Bush in den oben genannten Ländern grausame Kriege angezettelt hat. Nein, Maischberger fällt grundsätzlich nur zu den Gegnern Amerikas etwas ein. Hier erinnert und mahnt sie ohne Unterlass.

Oben auf der Tribüne geht das ja auch. Aber unten, wo die Athleten in das Stadion einmarschieren, steht darauf die Disqualifikation. Das zu erwähnen hat Maischberger bisher leider vergessen. Irgendein politisches Zeichen, und die ganze Sportlerkarriere ist futsch, und wenn nicht, so waren zumindest vier lange Jahre der Quälerei und Vorbereitung auf die Olympischen Spiele vergebens. Es dauert eine ganze Weile, bis sich irgendjemand erbarmt und das der Moderatorin gesteckt haben muss. »Man muss es sagen: Sie dürfen es nicht«, räumt sie nach Stunden quälender Protest-Astrologie ein: »Vielleicht haben Sie es nicht gewusst, wenn Sie erwartet haben, dass viele Mannschaften ihren Protest gegen Menschenrechtsverletzungen ausdrücken würden«, stellt sie nun die Zuschauer als die Unwissenden hin: »In dem Moment, in dem man ihnen das nachweisen könnte, auch in diesem Bild, müssten sie disqualifiziert werden nach der Olympischen Charta.«

Hätte man das nicht gleich sagen können? Nein, denn in Wahrheit befand sich Maischberger voll auf Linie. Denn dass es einen Propaganda-Krieg gegen die Olympischen Spiele in Peking geben würde, war bereits das ganze Jahr über abzusehen. Man bemühte sich nach Kräften, den chinesischen Veranstaltern propagandistisch in die Parade zu fahren. Es begann mit den Protesten in Tibet und setzte sich mit den Angriffen gegen den olympischen Fackellauf fort, der mehrmals unterbrochen werden musste und zum Desaster zu werden drohte. Es folgten quälende Diskussionen

über einen Olympiaboykott und – als der vom Tisch war – über einen Boykott der Eröffnungsfeier durch Staatsoberhäupter und Regierungschefs. Es folgten erwartungsvolle Analysen, was wohl passieren würde, wenn erst mehrere zehntausend Journalisten in Peking »einmarschieren« würden. Getreu dem Motto: »Hier bin ich kritisch, hier darf ich's sein.« Schon einen Monat vor der Eröffnungsfeier hagelte es Berichte über Behinderungen von Journalisten: »Die chinesische Regierung blockiert und bedroht nach wie vor ausländische Journalisten – trotz aller Versprechen, Restriktionen vor den Olympischen Spielen aufzuheben«, klagte die Menschenrechtsorganisation Human Rights Watch. »Systematische Überwachung, Behinderung, Bedrohung von Informationsquellen und Druck auf örtliche Assistenten hemmen die Versuche ausländischer Korrespondenten, Artikel zu recherchieren.«
In einem Fall, so Human Rights Watch, sei ein Gesprächspartner nach seinem Zusammentreffen mit einem TV-Team so übel misshandelt worden, dass er ins Krankenhaus habe eingeliefert werden müssen.
Nun – wer die chinesische Regierung ist, wissen wir ja. Sie ist sicher nicht die beste Regierung von allen, und an der Spitze einer Demokratie steht sie schon gar nicht. Auch für Menschenrechtsverletzungen ist sie aller Wahrscheinlichkeit nach verantwortlich. Das Problem ist: Niemand beschäftigt sich mit den edlen Anklägern. Sie werden einfach unbesehen als moralische Instanz akzeptiert. Aber ist zum Beispiel die Gruppe mit dem klangvollen Namen Human Rights Watch (HRW) tatsächlich eine mutige und unparteiische Kämpferin für mehr Menschenrechte und Freiheit auf der Welt, oder steckt etwa mehr dahinter? Befragt man die Website, ist Human Rights Watch natürlich ausschließlich gut. Weltweit arbeiten »mehr als 190 Anwälte, Journalisten, Akademiker und Länderexperten für Human Rights Watch«. HRW untersuche Menschenrechtsverletzungen »in allen Regionen der Welt«. »Um eine Veränderung von Politik und Praxis zu bewirken«,

treffe man sich auf unterschiedlichen internationalen Ebenen (wie der UN und der EU) mit Regierungsvertretern und liefere aktuelle Berichte aus Krisenregionen. »Human Rights Watch hat seinen Hauptsitz in New York, verfügt über Büros in Brüssel, Genf, London, Los Angeles, Moskau, San Francisco, Washington, Toronto und jetzt auch in Berlin. (…) In extremen Krisengebieten richten wir gegebenenfalls Büros ein, und unsere Mitarbeiter besuchen regelmäßig die Länder, über die sie recherchieren …«

Donnerwetter – das klingt nach einem regelrechten Konzern! Und in diesem Fall sagt meine innere Stimme mir sofort »Geld«: Woher stammt das Geld für all diese Aktivitäten? Da gibt sich die ansonsten so beredte Organisation eher wortkarg: Human Rights Watch finanziere sich »ausschließlich von Spenden einzelner Personen und privater Stiftungen«. Das war's. Keine Namen. Vielleicht kommen wir mit dem Chef von Human Rights Watch weiter. Aber auch da sind Informationen auf der deutschen HRW-Website dünn gesät. Sein Name sei Kenneth Roth, vor seiner Tätigkeit bei Human Rights Watch sei er Staatsanwalt im südlichen Distrikt von New York sowie in Washington gewesen und habe unter anderem die Iran-Contra-Affäre untersucht. Außerdem habe er einige Jahre in einer privaten Kanzlei gearbeitet und sei Absolvent der Brown University und der Yale Law School. Dem Menschenrechtsthema fühle sich Roth »durch die Erfahrungen seines Vaters, der 1938 aus Nazideutschland fliehen musste«, verbunden.

Fündig wird man ausgerechnet auf den Seiten des Council on Foreign Relations (CFR), des US-amerikanischen »Rats für auswärtige Beziehungen«, den manche für die eigentliche US-amerikanische, ja sogar »Weltregierung« halten. In jedem Fall gilt der CFR als eines der führenden Einmischungsinstrumente des US-Imperiums, in dem sich Banken, Geheimdienste und Ölindustrie die Hand geben, um einem alten Bibelgebot nachzukommen: sich die Erde untertan zu machen. Wobei »Relations« folgerichtig

weniger für »Beziehungen« als vielmehr für Unterwerfung steht. Der Council ist eines der entscheidenden US-Instrumente globaler Dominanz. In der Council-Zeitschrift *Foreign Affairs* wurde zum Beispiel erstmals das Konzept vom »Kampf der Kulturen« publiziert, mit dessen Hilfe das US-Imperium heute den Globus zu regieren versucht. Und zwar in Gestalt des »Krieges gegen den Terror«. Und in dieser Zeitschrift schreibt ausgerechnet der Chef von Human Rights Watch, Kenneth Roth. Und seine Artikel stehen in *Foreign Affairs* gleich neben denen von CFR-Präsident Richard Nathan Haass. Der wiederum war früher einer der engsten Mitarbeiter des amerikanischen Lügen-Generals Colin Powell und hat »die Vorbereitungen zum Irak-Krieg loyal mitgetragen« (*Die Zeit*, 18.8.2005). Davor war Haass Assistent von Präsident George H.W. Bush (senior) und erhielt für seine Verdienste um die US-Politik während des Golf-Krieges von 1990/91 die Presidential Citizens Medal.
Eine recht seltsame Umgebung also für einen Menschenrechtler. Dabei hatte Roth schon einmal die Ehre, gemeinsam mit Haass Treffen auf höchster Ebene beizuwohnen, etwa mit dem iranischen Präsidenten Ahmadinedschad am 20. September 2006: »Der iranische Präsident Mahmud Ahmadinedschad debattierte mit einer hochkarätigen Gruppe des Council on Foreign Relations«, konnte man auf der Council-Website lesen. Roth fiel in diesem Kontext die Aufgabe zu, Ahmadinedschad diverser Menschenrechtsverletzungen anzuklagen.
CFR-Mann Haass wiederum war oder ist in den Stiftungen des Stahlbarons Carnegie (Carnegie Endowment for International Peace) aktiv. Und laut einer von dem Journalisten Paul Treanor veröffentlichten Liste flossen Gelder aus dem Carnegie-Stiftungs-Konglomerat (Carnegie Corporation) an Human Rights Watch. Die in Stiftungen eingebrachten Vermögen der großen amerikanischen Oligarchen und Dynastien werden offiziell für philanthropische Zwecke verwendet, zum großen Teil aber für getarn-

te strategische Zwecke des US-Imperiums. Zum Beispiel dafür, andere Gesellschaften und Nationen zu beeinflussen und umzugestalten. So waren amerikanische Stiftungen auch maßgeblich an den bunten Revolutionen in russischen Peripherie-Staaten wie der Ukraine oder Georgien beteiligt, wo man amerikafreundliche Staatschefs installierte. Der nächste Schritt soll dann der Beitritt zur NATO sein. Andere Spender von Human Rights Watch sind laut der genannten Liste Dorothy und Lewis Cullman, die Aaron Diamond-Stiftung, die Ford-Stiftung, der Fanny and Leo Koerner Charitable Trust und die Rockefeller-Stiftung.

Die »Carnegie Stiftung für internationalen Frieden« präsentiert auf ihrer Website Programme für just jene Regionen, die 2008 im Fokus angloamerikanischer Destabilisierung und Umgestaltung standen. Der Olympia-Ausrichter China steht da neben Russland und Eurasien natürlich ganz oben. Und natürlich im Fokus von Human Rights Watch. Denn, so muss man leider feststellen, die sogenannten Menschenrechte sind offenbar bloß der Fuß in der Tür unliebsamer Nationen, die man auf diese Weise »öffnen«, das heißt dem Imperium zugänglich machen will.

Die Olympia-Eröffnungsfeier war jedoch eine große Pleite für die China-Kritiker. Nicht der Hauch eines Protestes, den man zu einem Medienereignis hätte aufblasen können, regte sich.

8. August Seit 00.06 Uhr wird geschossen

Am Eröffnungstag der Olympischen Spiele in Peking befand China sich schon das ganze Jahr über im Fadenkreuz angloamerikanischer Destabilisierungsbemühungen. Und deshalb ist es auch kein Zufall, dass just am 8. August der georgische Präsident Michail Saakaschwili auf die unter russischem Schutz stehende Republik Südossetien zu schießen beginnt.

Am Bauch des gewaltigen russischen Reiches gelegen, ist Ossetien ein winzig kleiner Blinddarm, dessen nördlicher Teil zu Russland gehört, dessen südlicher in den Zwanzigerjahren des letzten

Jahrhunderts aber Georgien zugeschlagen wurde. Und zwar von einem Georgier namens Josef Wissarionowitsch Dschugaschwili, besser bekannt als Josef Stalin, Diktator der Sowjetunion. Solange Russland und Georgien derselben Nation angehörten, nämlich der Sowjetunion, hatte das vergleichsweise wenige praktische Konsequenzen. Erst mit dem Zerfall des sowjetischen Vielvölkerstaates wurde Ossetien wirklich auseinandergerissen. Plötzlich sollten der Norden und der Süden verschiedenen Nationalitäten angehören, nämlich der russischen und der georgischen. Dass dies bei den Osseten auf wenig Begeisterung stieß, kann man nachvollziehen. Und tatsächlich ging der Ärger damit erst richtig los. Das winzig kleine Südossetien stemmte sich gewissermaßen gegen die politische Kontinentalverschiebung und bestand auf dem Status quo ante, also seiner Zugehörigkeit zu Nordossetien, das nun aber in Russland lag. Die Georgier dagegen bestanden auf ihrem stalinistischen Geschenk. So kam es anfangs immer wieder zu Spannungen und Schusswechseln, bis Südossetien schließlich durch verschiedene Abkommen zwischen Russen, Osseten und Georgiern eine Art Zwischenstatus erhielt (nicht russisch, nicht georgisch) und durch die Aufstellung einer gemischten Friedenstruppe verhältnismäßige Ruhe einkehrte.

Das Problem verschärfte sich erst wieder, als Georgien und Russland politisch noch weiter auseinanderzudriften drohten, nämlich durch den Einsatz des US-amerikanischen Gefolgsmannes Michail Saakaschwili. Denn in Wirklichkeit hatten im Kaukasus nicht Georgien, sondern die USA selbst den Finger am Abzug. Der georgische Präsident Saakaschwili war bloß ein leitender Angestellter des Imperiums. Laut seiner offiziellen Biographie verbrachte er 1992 mehrere Monate am Norwegischen Institut für Menschenrechte und erhielt ein Diplom des Straßburger Instituts für Internationale Menschenrechte. Mitte der Neunzigerjahre studierte Saakaschwili an der Columbia-Universität in New York und erhielt 1995 einen akademischen Grad in Rechtswissenschaften. Bis 1996 besuchte er die George-Washington-Universität in der US-Hauptstadt Washington. Außerdem arbeitete er bei der New Yorker Anwaltskanzlei Patterson, Belknap, Webb and Tyler. Im Jahr 2004 kam Saakaschwili im Rahmen einer durch den Westen gesteuerten »Revolution«, wie sie nach der Jahrtausendwende auch in anderen ehemaligen Sowjetstaaten, beispielsweise in der Ukraine und in Weißrussland, inszeniert wurde, in Georgien an die Macht. Verschiedene »demokratische« Stiftungen und »Nichtregierungsorganisationen« aus den USA schulten Jugendliche in Demonstrations- und Kommunikationstechniken, finanzierten Medien und Symbole und stürzten so neutrale oder prorussische Regime an der Peripherie (siehe das Kapitel »Volksputsche aus der Retorte« in Tarpley: *Barack Obama – Wie ein US-Präsident gemacht wird*). Mit der proamerikanischen Regierung von Michail Saakaschwili drohten Süd- und Nordossetier nun sogar verfeindeten politischen Lagern anzugehören – ein zugegebenermaßen unhaltbarer Zustand. Selbst ein Krieg zwischen Russland und Georgien rückte mit der massiven Aufrüstung Georgiens durch die USA in greifbare Nähe. Und nach Lage der Dinge würde dies dann auch ein Krieg zwischen Osseten und Osseten werden. Der Wunsch der Südossetier, den Georgiern endgültig von der Fahne zu gehen, wurde damit übermächtig.

Für das proamerikanisch regierte Georgien war Südossetien dagegen ein willkommener Stachel, mit dem man den russischen Bären reizen und an seinem Bauch kitzeln konnte.

Dass man den russischen Bären ausgerechnet am 8. August 2008 kitzelte, war nur logisch. Denn schließlich war das der Eröffnungstag der Olympischen Spiele in China, Russlands Verbündetem in der Shanghai Cooperation Organization (SCO). Der Befehl an die georgischen Truppen muss gelautet haben, pünktlich mit dem Beginn des 8. August, also um null Uhr, das Feuer zu eröffnen. Denn tatsächlich begannen die Georgier, laut einer Chronik des russischen Generalstabes, um 00.06 Uhr zu schießen. Laut

RIA Novosti »hat der amerikanische Botschafter die Chronik akzeptiert. Diese sei den amerikanischen Angaben nah.«
Dies bedeutete einen Doppelschlag gegen die verhassten Feinde und die SCO. Denn nun

1. würden die Olympischen Spiele für die nächsten Wochen nur noch die zweitwichtigste Nachricht sein und von einem Krieg überschattet werden;
2. würde Russland als Aggressor vorgeführt werden.

Aber es gab noch weitere Ziele:

3. die Störung des Petersburger Dialogs zwischen Russland und Deutschland, der Anfang Oktober 2008 in St. Petersburg stattfinden würde. Der Petersburger Dialog ist eine wichtige Schnittstelle zwischen dem zentralen EU-Staat Deutschland und Russland. Dieser Gipfel war bereits Ende 2006 empfindlich gestört worden, und zwar durch das dem russischen Präsidenten Putin zugeschobene Attentat auf die Regimekritikerin Anna Politkowskaja.
4. die Torpedierung des EU-Russland-Partnerschaftsabkommens. Die Erneuerung dieses Abkommens, das Ende 2007 ausgelaufen war, war schon Ende 2006, ebenfalls durch einen Anschlag, und zwar auf den russischen Dissidenten Alexander Litwinenko, verhindert worden. Die Aufregung um das Attentat, für das ebenfalls Russland verantwortlich gemacht wurde, überschattete den EU-Russland-Gipfel Ende November 2006 und vereitelte eine Erneuerung des Abkommens. Diesmal war es die Georgien-Krise, welche die EU veranlasste, die für den 15. September 2008 geplanten Verhandlungen über ein neues Partnerschaftsabkommen zu verschieben.

Die von dem US-Vasallen Saakaschwili ausgelöste Krise hinterließ also einen erheblichen Flurschaden in den Beziehungen zwischen Russland und der EU. Gleich mehrere Kommunikationskanäle wurden verstopft. Um einerseits China und andererseits den Beziehungen zwischen der EU und Russland zu schaden, ja, um ein Zusammenwachsen der drei Regionen zu verhindern, hätte einem kaum etwas Besseres einfallen können. Tatsachen spielten dabei wie immer keine große Rolle. Obwohl der Angriff eindeutig von Georgien ausgegangen war, versuchte man Russland als brutalen Aggressor darzustellen: »Russland ist noch aggressiver geworden«, warnte beispielsweise der US-amerikanische Energiestratege für das Kaspische Becken, Richard Morningstar. »Putin manövriert den Westen aus«, titelte *Spiegel Online* am 12. August. Der Krieg sei zu Ende, hieß es am 13. August, »doch der Kreml provoziert weiter«. Skandalisiert wurde weniger die georgische Aggression als vielmehr die nur zu verständliche russische Reaktion, die darin bestand, in Georgien Waffen und militärische Infrastrukturen zu zerstören, mit denen die USA den russischen Nachbarn in den letzten Jahren massiv aufgerüstet hatten.

Aber nicht nur die USA:

»Israel hat in der Vergangenheit Drohnen, Nachtsichttechnik und Raketen an Georgien geliefert«, räumte sogar *Spiegel Online* ein. »Außerdem arbeiten ehemalige Angehörige der israelischen Armee und der Sicherheitskräfte in Georgien als Berater. Angesichts der sich zuspitzenden Lage im Kaukasus hatte Israel die Lieferungen vor gut einem Jahr gekürzt.« Trotz gegenteiliger Meldungen wolle Israel seine Waffenlieferungen an Georgien angesichts des Konflikts im Kaukasus nicht einstellen.

Auf dem *Spiegel*-Titel »Der gefährliche Nachbar« vom 18. August 2008 sieht man nicht etwa den georgischen Präsidenten Michail Saakaschwili, sondern einen finster dreinblickenden Wladimir Putin. Die Medien schrieben vor aller Augen die Geschichte um – und zwar in Echtzeit. Schon wenige Tage nach der georgischen Aggression konnte man Schlagzeilen lesen wie

»Russland überzieht«, »Russland in der Sackgasse«, »Westen entsetzt über Russlands Alleingang«. Und sogar: »Den Kampf annehmen!« *(Süddeutsche Zeitung)* »Die EU muss eine Antwort auf die russische Aggression gegen Georgien finden«, hieß es in der *Zeit*. Und: »Russland – wohin steuert der Riesenstaat?« Ganz so, als sei Russland der unberechenbare Gigant, der den Globus unsicher macht, und nicht etwa Bushs Amerika, vor dem seit dem 11. September 2001 eigentlich niemand mehr sicher ist.
Da sich die georgische Aggression auf der intellektuellen Ebene trotzdem nur schwer verschleiern ließ, versuchte man Russland vermehrt auf der emotionalen Ebene als brutalen Angreifer darzustellen, sprich: auf der Ebene der Bilder. Zahlreiche Bildstrecken der Mainstream-Medien zeigten verletzte Menschen, weinende Kinder und zerbombte Häuser, am besten im Zusammenhang mit den Stichwörtern »Russland« oder »die Russen«. Das wirkte auf einer ganz anderen Ebene als die Artikel, die nicht umhinkamen, die georgische »Kriegsschuld« zumindest am Rande einzuräumen. Bilder mit den entsprechenden Bildunterschriften hingegen lösen eine Empörung aus, die keine Fragen stellt:

- »Verzweifelt: Eine ältere Georgierin vor ihrem zerbombten Haus in Gori.«
- »Zerstört: Bomben und Granaten haben die Wände dieser Häuser eingerissen.«
- »Sie vergräbt den Kopf in ihren Händen: Eine weinende Frau in Gori.«
- »Ein schwerverletzter Georgier kämpft im Militärkrankenhaus von Gori um sein Leben.« (aus: *Spiegel Online*)

Nach den vielen Jahren des Unabhängigkeitsstrebens und nutzloser Querelen rund um Südossetien und auch Abchasien (das sich ebenfalls spätestens seit 1992 gegen Georgien wehrt) war es nur konsequent, dass Russland die beiden Regionen am 26. August 2008 schließlich anerkannte. Russland tat damit nur das, was der Westen im Februar 2008 mit dem Kosovo vorgemacht hatte – nämlich einseitig die Existenz eines neuen Kleinstaates zu akzeptieren.

Für die westliche Propaganda aber war dieser Schritt ein Anlass, die Dinge endgültig auf den Kopf zu stellen. Aus der russischen Anerkennung der beiden Regionen als unabhängige Staaten wurde ein Eroberungsfeldzug. »Frankreichs Außenminister Kouchner schlug gestern Alarm«, schrieb die *BILD-Zeitung*: »Russland könnte ›noch andere Ziele haben, insbesondere die Krim, die Ukraine und Moldawien. Das ist sehr gefährlich.‹« Bei den *BILD*-Lesern wurde damit der Eindruck erweckt, als habe der hungrige russische Bär sich die kleinen Republiken einverleibt (was nicht stimmt) und bekomme jetzt Appetit auf weitere Happen: heute Südossetien, morgen die Ukraine und übermorgen weitere Staaten an der russischen Peripherie. Eine erstaunliche Propagandaleistung, wenn man bedenkt, wer hier eigentlich zuerst geschossen hatte. Ja, die Europäische Union verstieg sich sogar dazu, ihrem wichtigsten Energielieferanten mit »Sanktionen« zu drohen. Immerhin stammt ein Viertel aller Gas- und Ölimporte der EU-Mitgliedsstaaten aus Russland. Die Energiepipelines sind so etwas wie die Aorta einiger EU-Länder. In Deutschland kommen 32 Prozent des Öls und 43 Prozent des Gases aus Russland. Zwar ist auch Russland wirtschaftlich auf diese Exporte angewiesen, das Problem ist nur: Boykottiert der Westen Russland, fehlt es dort an Geld. Boykottiert Russland die EU, gehen dort die Lichter aus. Unter anderem deshalb griff sich Ende August 2008 der russische Außenminister Lawrow an den Kopf: Die Überlegungen der EU, Sanktionen gegen sein Land zu verhängen, seien ein Produkt »krankhafter Phantasie« und »eine Demonstration völliger Konfusion«. Die EU sei »einfach nur irritiert, weil der kleine Liebling gewisser westlicher Hauptstädte ihre Erwartungen nicht erfüllt hat«.

Dieser »kleine Liebling«, Georgiens Präsident und US-Sprachrohr

Saakaschwili, versuchte genau wie der französische Außenminister nach Kräften, ganz Europa Angst vor den Russen und dem russischen Ministerpräsidenten Putin einzujagen. Dessen »Pläne gehen über Georgien und den Kaukasus hinaus«. Da fragt man sich: Welche Pläne? Zunächst einmal hatte nicht Russland, sondern Georgien Südossetien angegriffen, und wenn jemand Pläne hatte, dann die Südosseten, die sich endlich von Georgien befreien wollten. Aber nein, Putins »Pläne« beinhalteten angeblich auch »die Ukraine, die baltischen Staaten, Zentralasien«, ganz so, als hätte Russland Südossetien, Abchasien und Georgien geschluckt. Was, wie gesagt, natürlich nicht der Fall war. Ja, am Ende dieser Pläne stehe sogar »die Wiederherstellung der Sowjetunion«.
Was vielleicht so schlecht gar nicht wäre, würden die USA dann doch wenigstens wieder von einem starken Gegengewicht in Schach gehalten, statt nach dem Ende der UdSSR den gesamten Globus als ihr Eigentum zu betrachten.

Aber nein, Georgien ist in diesem Spiel der Gute, und deshalb wird Georgien, »wenn es will – Mitglied der NATO sein«, sicherte Bundeskanzlerin Merkel Michail Saakaschwili zu.
Statt an einer Sicherheits- bastelt Merkel (aber natürlich nicht nur Merkel) mit ihrer Befürwortung eines NATO-Beitritts Georgiens an einer neuen Kriegsarchitektur für Europa. Denn ein neuer Konflikt zwischen Georgien und Russland bedeutete im Falle einer georgischen NATO-Mitgliedschaft automatisch den Bündnisfall.
Der Angriff auf Südossetien sei »die erste Schlacht in einem neuen Stellvertreterkrieg zwischen angloamerikanisch-israelischen Interessen und Russland« gewesen, schrieb, diesen Gedanken weiterspinnend, der bekannte Geo-Analytiker F. William Engdahl. »Die einzige Frage ist, ob Washington sich bezüglich der Schnelligkeit und Intensität der russischen Antwort auf den georgischen Angriff am 8. August 2008 verrechnet hat.«
Schon seit Jahren betonen die USA, dass sie einen Aufstieg Eura-

siens zu einem ernsthaften globalen Rivalen nicht zulassen werden. Ein großer Krieg würde die USA möglicherweise vor einem baldigen Absinken in die Bedeutungslosigkeit bewahren.
Man könnte zum Beispiel die britische Politik der *Balance of Powers* (»Gleichgewicht der Mächte«) wiederbeleben, mit der die Weltmacht Großbritannien jahrhundertelang den europäischen Kontinent in Schach hielt. Das Prinzip war ganz einfach: Wurden eine oder mehrere europäische Mächte so stark, dass sie die britischen Inseln gefährden konnten, spielte man sie gegeneinander aus und sorgte dafür, dass sie sich gegenseitig zerfleischten. Die *Balance of Powers* gelang also nur im Wege einer »Destruction of Powers«. Seit dem Ersten Weltkrieg ist der amerikanische Inselkontinent in diese Rolle eingetreten und möchte auf dem gesamten eurasischen Kontinent für eine »Balance« bzw. »Destruction of Powers« sorgen. Und da geht es nicht mehr um Deutschland gegen Frankreich und Frankreich gegen Russland, sondern um EU gegen Russland und Russland gegen China. An dieses gewaltige Pulverfass muss nur noch die richtige Lunte gelegt werden. Dies könnte irgendwo an der Peripherie Russlands geschehen. Entschärft wird die Situation aber ganz bestimmt nicht dadurch, dass man irgendeinen Schurkenstaat in das westliche Bündnis einbindet.
Ihr Engagement in den beiden bisherigen Weltkriegen verhalf den USA jedes Mal zu einem enormen Machtzuwachs. Sie traten jeweils zu einem Zeitpunkt ein, als die europäischen Mächte schon weitgehend ausgeblutet waren und die USA das Zünglein an der Waage spielen konnten. Nach dem Zweiten Weltkrieg waren die USA in der Lage, Europa in einen Vasallenkontinent zu verwandeln und an militärischer Macht und Einfluss die Sowjetunion aufzuwiegen. Inzwischen sind Russland, China und Europa zu bedeutenden Mächten aufgestiegen, die USA dagegen drohen an einem wirtschaftlichen Schwächeanfall einzugehen. Während den USA mitten im Swimmingpool das Wasser bis zum Hals steht,

lauern drei muskelbepackte Konkurrenten vom Beckenrand. Der Sieg ist nur noch möglich, wenn man die drei Muskelpakete aufeinanderhetzt.

»1914 waren es die ›Kanonen im August‹, die den Großen Krieg einläuteten«, schreibt Engdahl: »Dieses Mal könnten die Kanonen im August 2008 leicht zum Auslöser des Dritten Weltkriegs und eines unaussprechlich grausamen atomaren Holocaust werden.« Aber befinden wir uns wirklich schon im Jahre 1914? Der Anlauf zum Krieg erscheint etwas kurz. Deshalb ist es auch gut möglich, dass das Desaster genau einhundert Jahre nach dem Beginn des Ersten Weltkriegs startet, nämlich 2014, so dass wir uns historisch gesehen augenblicklich im Jahre 1909 befänden. »Die Kriege, die die Bush-Administration führte, waren die falschen«, verkündete der Vizepräsidentschaftskandidat von Barack Obama, der Demokrat Joe Biden: »Die neue Administration wird einen effektiven Krieg führen, den Krieg gegen das Erstarken von Russland, China und Indien.«

15. August Siemens und die »Korruption«

Vor den Bürogebäuden des Siemens-Konzerns im argentinischen Buenos Aires tauchen Polizei und Staatsanwaltschaft auf – Hausdurchsuchung. Der Verdacht: Siemens könnte sich Ende des vorigen Jahrhunderts mit Hilfe von Schmiergeldern einen Großauftrag zur Herstellung von computerlesbaren Ausweisen beschafft haben. Mutmaßliche Empfänger der Bestechungsgelder: der frühere argentinische Präsident Carlos Menem und dessen Innenminister Carlos Corach.

Da war er wieder, der Siemens-Dauerskandal. Seit etwa drei Jahren beschäftigt Siemens wie kaum eine andere Firma Staatsanwälte und Medien. Dampfte Deutschlands größter Konzern vorher in eher ruhigen Fahrwassern, kommt das Unternehmen seit 2005 nicht mehr aus den Schlagzeilen heraus. Genauer gesagt: seit dem Amtsantritt von Klaus Kleinfeld als Siemens-Vorstandschef. Über dessen Nähe zum angloamerikanischen Geld- und Geheimdienstmilieu wurde bereits im *Kritischen Jahresrückblick 2007* berichtet. Mit Kleinfelds Einstieg als Vorstandschef Anfang 2005 wurde das deutsche Konzern-Schlachtschiff ein ständiges Thema der Schlagzeilen und ein Zentrum von Skandalen. Es begann 2005 mit großen Sprüchen und neuen Renditezielen für die einzelnen Konzernbereiche, die kurzfristig auch erreicht wurden. Aber zu welchem Preis! Die Siemens-Mobilfunksparte wurde an den taiwanesischen Konzern BenQ verhökert und musste bald darauf Insolvenz anmelden. Etwa 3000 Siemensianer standen plötzlich auf der Straße.

Am 15. November 2006 durchsuchte ein Großaufgebot aus zweihundert Beamten, Steuerfahndern und Staatsanwälten mehr als dreißig Gebäude der Siemens AG wegen des Verdachts der Untreue. Im Januar 2007 wurde Siemens von der EU zu 400 Millionen Euro Geldstrafe wegen illegaler Preisabsprachen verurteilt. Am 27. März 2007 wurde Siemens-Vorstand Johannes Feldmayer im Zusammenhang mit einer Affäre um die Arbeitsgemeinschaft Unabhängiger Betriebsangehöriger (AUB) festgenommen. Es folgte die Demontage Kleinfelds, aber vor allem des großen alten Siemens-Mannes Heinrich von Pierer im Rahmen von quälenden Korruptionsermittlungen gegen den Konzern. Von Pierer legte den Vorsitz des Aufsichtsrats am 25. April 2007 nieder, Klaus Kleinfeld sein Amt als Vorstandsvorsitzender zum 30. Juni 2007. Im Oktober 2007 wurde der Konzern vom Landgericht München zu einer Geldbuße von 200 Millionen Euro verurteilt – wegen Schmiergeldzahlungen im Bereich der Telekommunikationssparte.

Und dann stellte sich heraus: Auch Kleinfelds glänzende Zahlen glänzten nur auf den ersten Blick. »Die Amtszeit des smarten US-Re-Imports Klaus Kleinfeld könnte sich langfristig als Katastrophe für den Konzern erweisen«, hieß es im *Kritischen Jahresrückblick 2007:* »Wie lange seine aus dem Unternehmen herausgeprügelten Zahlen Bestand haben werden, ist ohnehin unsicher. Wie lange überlebt ein Elefant, den man plötzlich auf die Geschwindigkeit eines Rennpferdes peitscht?« Und tatsächlich: Nach Kleinfelds anfänglichen Erfolgszahlen verzeichnete der Konzern bereits im 4. Quartal 2007 einen Verlust von 74 Millionen Euro nach Steuern. Am 17. März 2008 folgte gar eine Gewinnwarnung. Die Erträge seien »auf breiter Front« eingebrochen, schrieb die *Süddeutsche Zeitung*. Die Aktie des Technologiekonzerns habe massiv an Wert verloren: »Am Morgen gab sie um fast 13 Prozent nach. Das entspricht einem Wertverlust von rund zehn Milliarden Euro. Damit ist Siemens allein für gut ein Drittel der Verluste des deutschen Aktienindexes Dax verantwortlich.« Von Januar bis März 2008 verlor der Aktienkurs ein Drittel. War der Aktienkurs nach Kleinfelds Einstieg als Vorstandschef gestiegen, sackte er nun wieder fast auf alte Stände ab.

Dabei war Klaus Kleinfeld doch drei Jahre zuvor mit hochtrabenden Zielen angetreten. Und nun das: Kleinfeld weg, Pierer weg, Reputation weg, Gewinn weg und nicht enden wollenden Ärger am Hals. Die beiden Wörter »Siemens« und »Korruption« gingen im Laufe der Jahre 2007 und 2008 eine feste Verbindung ein. Der Entdeckung immer neuer schwarzer Kassen folgten Anklagen und schließlich Urteile. Zwietracht und Misstrauen beherrschten das Unternehmen. Der Konzern wurde von Zersetzungserscheinungen geschüttelt. Ja, Siemens wollte sich gar auf seine eigenen ehemaligen Vorstandschefs und Aufsichtsräte stürzen, um Schadensersatz von ihnen zu fordern. Angeblich auch von Klaus Kleinfeld.

Irgendwie wurde man den Eindruck nicht los, dass irgendjemand Siemens massiv »auf dem Kieker« hatte. Zumal eine Zeitlang ausschließlich Siemens als das korrupteste Unternehmen der Republik, wenn nicht der ganzen Welt dargestellt wurde. Was natürlich Blödsinn ist. Denn, wie als nahezu einzige kritische Stimme der Schriftsteller Martin Walser anmerkte, »jeder weiß, dass in vielen Ländern Großaufträge ohne Bestechung nicht zu bekommen sind«. So ist es. In sehr vielen Ländern brauchen Unternehmen, die kein »Bakschisch« zahlen, gar nicht erst anzutreten. Bestechung kann man naturgemäß nur in einem sehr engen, gut kontrollierbaren Umfeld, beispielsweise einem hochentwickelten Land wie Deutschland, wirksam bekämpfen. In unterentwickelten, armen und schlecht organisierten Ländern ist das praktisch unmöglich. Sobald auch nur ein Unternehmen besticht, verschafft es sich einen riesigen Wettbewerbsvorteil und zwingt die anderen Unternehmen dazu, nachzuziehen – oder vom Markt zu verschwinden. Der Ehrliche ist der Dumme. Schon ein einziges »schwarzes Schaf« kann also die Bekämpfung der Korruption zunichte machen. Aber auch die Mentalität spielt eine Rolle. In vielen Ländern fehlt bereits das Unrechtsbewusstsein in Sachen Korruption. Bestechungsgelder werden hier eher als legitime Provisionen gesehen. Ein Unternehmen weltweit zum Verzicht auf solche Praktiken zu zwingen heißt umgekehrt, es vom Markt zu werfen.

Um Siemens die schwarzen Kriegskassen wegzunehmen, wurden beträchtliche Anstrengungen unternommen. Um bereits die Einrichtung solcher Kassen unmöglich zu machen, wurde der Straftatbestand der »Untreue« bis zum Zerreißen ausgedehnt. Untreue bezeichnete früher die missbräuchliche Verwendung von Geldern, die einem von jemand anderem anvertraut worden waren, sie also zu »veruntreuen«. Das Problem im Fall Siemens war nur, dass die Kriegskassen in diesem Sinne ja nicht veruntreut worden waren. Vielmehr lag das Geld nach wie vor bei Siemens und sollte auch zum Nutzen des Konzerns verwendet werden. Überdies waren die Kassen auch nicht schwarz, sondern höchstens grau: Viele Mitarbeiter wussten davon. Es fehlte also auch an der kriminellen Energie und den verheimlichenden Machenschaften, die sonst der Untreue eigen sind. In der Logik des Konzerns waren die Kassen für sich genommen nichts Verwerfliches. Und natürlich auch nicht die vollendete Bestechung von Entscheidungsträgern vorwiegend im Ausland. So nutzte Siemens-Manager Andreas K. sechs Millionen Euro aus sogenannten schwarzen Kassen, um in Italien Aufträge im Wert von 338 Millionen Euro zu ergattern. Untreue? Wohl kaum. Schaden? Auch nicht – im Gegenteil. Den Schaden beziehungsweise den »Nachteil« verlangt der Untreue-Paragraph 266 jedoch. Andernfalls liegt keine Untreue im strafrechtlichen Sinne vor.

»Auch die Verteidiger von Andreas K. wollten von Untreue nichts wissen«, berichtete die *Financial Times Deutschland (FTD):* »Von einem Schaden der Siemens AG könne doch gar keine Rede sein: Schließlich haben die Bestechungsgelder Siemens nicht nur Millionengewinne beschert, sondern auch den Zutritt zum italienischen Markt gesichert. Das typische Bild der Untreue – des enttäuschten Vertrauens und der Hintergehung – passt hier jedenfalls nicht.« Tatsächlich handelte es sich ja nicht um untreue, sondern um besonders treue Siemens-Soldaten, die diese Kassen verwaltet hatten. Aber, so die *FTD:* »Für die Staatsanwaltschaft, oftmals zu dünn besetzt, ist es schwierig, eine ›Bestechlichkeit‹ zu beweisen. Zumal, wenn die bestochenen Personen – wie im Fall Siemens – im Ausland sitzen.«

Das würde ja heißen, dass deutsche Staatsanwaltschaften und Gerichte Personalmangel und Beweisschwierigkeiten durch Rechtsbeugung beheben. Ein erstaunlicher Verdacht. Ja, ohne diese mutmaßliche Rechtsbeugung gäbe es den Siemens-Skandal um die »schwarzen Kassen« und die Urteile gegen Siemens-Manager in dieser Form gar nicht. Mit der Verurteilung von Andreas K. wegen Untreue am 29. August 2008 lege der BGH erst »die juristische Grundlage für die Aufarbeitung des aktuellen Korruptionsskandals beim Münchner Elektrokonzern, in dem es um dubiose Zahlungen von rund 1,3 Milliarden Euro geht«, stand bei *focus.de* zu lesen. Das heißt also: Ohne diese, sagen wir, »kreative Auslegung« des Paragraphen 266 Strafgesetzbuch wäre Siemens nicht zu dem »korrupten Konzern« geworden, als der er heute dasteht. Und das heißt zweitens, dass es hier möglicherweise einen unbedingten Willen zur Verurteilung gab – Strafgesetzbuch hin oder her.

29. August Tagesthemen: Schwindel in Onkel Toms Medienhütte

Bei der ARD sitzt man bekanntlich in der ersten Reihe. Allerdings nicht immer, um besser zu sehen, sondern auch mal, um kräftig eingeseift und über den Löffel barbiert zu werden. Am 29. August 2008, also drei Wochen nach Ausbruch der Georgien-Krise, zensiert die ARD ein Interview mit dem russischen Ministerpräsidenten Wladimir Putin – obwohl *Tagesthemen*-Moderator Tom Buhrow den Zuschauern ausdrücklich »das ganze« Interview versprochen hatte.

»Egal, wer in zwei Monaten ins Weiße Haus einzieht«, kündigte Tom Buhrow am 29. August 2008 zunächst einen kurzen Zusammenschnitt des Interviews in den *Tagesthemen* an, »Präsident Bush – der wird sich aus der Politik zurückziehen. So sieht demokratischer Wechsel in den USA aus.«

Beeindruckend – wenn man mal von den manipulierten US-Präsidentschaftswahlen 2000 und 2004 absieht und davon, dass seit nunmehr acht Jahren ein Präsident im Weißen Haus sitzt, der nicht mit der erforderlichen Mehrheit der Stimmen gewählt wurde. Aber so was war in Onkel Toms Medienhütte jetzt kein Thema. Der Auftrag lautete, gegen Wladimir Putin zu hetzen. »In Russland gab Wladimir Putin zwar sein Präsidentenamt ab, aber nicht die ganze Macht«, sagte Buhrow und zog die Augenbrauen hoch: »Lupenreiner demokratischer Wechsel in Moskau«. Die verkrampften Augensignale wären gar nicht nötig gewesen. Der Zuschauer hatte auch so kapiert: USA gut – Russland böse.

»Viele vermuten denn auch Putin hinter dem russischen Einmarsch in Georgien«, fuhr Buhrow fort: »In den drei Wochen seither geht

die Furcht vor einem neuen kalten Krieg um. (…) Thomas Roth befragte heute Ministerpräsident Putin für die ARD«, kündigte der Moderator dann das Putin-Gespräch an: »Das ganze exklusive Interview mit Wladimir Putin sehen Sie gleich im Anschluss an die *Tagesthemen*«, versprach er.
Das war die Unwahrheit. In Wirklichkeit bekamen die Zuschauer nicht »das ganze«, sondern nur ein völlig verstümmeltes Interview mit Putin zu sehen. Schon auf die erste Frage Roths wurde eine ganz andere Antwort Putins gesendet als die, die beispielsweise in einer Langfassung des Interviews auf youtube zu sehen war. Hier die ARD-Fassung:

> ***Thomas Roth:*** Herr Ministerpräsident, nach der Eskalation in Georgien sieht das Bild in der internationalen Öffentlichkeit so aus – damit meine ich Politik, aber auch Presse: Russland gegen den Rest der Welt. Warum haben Sie Ihr Land mit Gewalt in diese Situation getrieben?
> *(…)*
> ***Wladimir Putin:*** Ich bin überzeugt, dass das Ansehen eines jeden Landes, das imstande ist, das Leben und die Würde der Bürger zu verteidigen, eines Landes, das eine unabhängige Außenpolitik betreiben kann, dass das Ansehen eines solchen Landes mittel- oder langfristig steigen wird. Umgekehrt: Das Ansehen der Länder, die in der Regel die Interessen anderer Staaten bedienen, die die eigenen nationalen Interessen vernachlässigen – unabhängig davon, wie sie das auch erklären mögen –, wird sinken.

Ein Klasseschnitt, das muss man zugeben. Denn der Unterstellung, er habe Russland »mit Gewalt in diese Situation getrieben« (was so klingt, als habe Russland den Konflikt angezettelt), widersprach Putin in dieser Fassung gar nicht. Stattdessen schien er sie zu bestätigen, indem er scheinbar antwortete, das Ansehen

eines Landes (also Russlands), das »eine unabhängige Außenpolitik betreiben kann«, werde mittel- oder langfristig steigen.
Da haben wir ihn wieder, den selbstbewussten und militanten Putin!
Dieser Eindruck konnte aber nur entstehen, weil die ARD das Interview skrupellos entstellte. Denn in Wirklichkeit entspann sich nach Roths erster Frage, dort, wo ich oben drei Pünktchen eingesetzt habe, folgender Dialog (geschnittene Passagen erscheinen im Folgenden *kursiv* gedruckt):

> ***Wladimir Putin:*** *Was meinen Sie, wer hat den Krieg begonnen?*
> ***Thomas Roth:*** *Der letzte Auslöser war der georgische Angriff auf Zchinwali.*
> ***Wladimir Putin:*** *[Ich] danke Ihnen für diese Antwort. So ist es auch, das ist die Wahrheit. Wir werden dieses Thema später ausführlicher erörtern. Ich möchte nur anmerken, dass wir diese Situation nicht herbeigeführt haben.*

So rum wird ein Schuh draus. Die ARD-Zuschauer bekamen diese Erwiderung Putins allerdings nicht zu hören. Als nächstes beschwerte sich ARD-Mann Roth bei Putin, dieser habe noch nicht auf die Frage geantwortet, warum er die Isolation seines ganzen Landes riskiert habe.

> ***Antwort Putin:*** Ich dachte, geantwortet zu haben, aber wenn sie zusätzliche Erklärungen brauchen, das mache ich. Unser Land, das die Würde und den Stolz unserer Bürger verteidigen kann und die außenpolitischen Verpflichtungen im Rahmen der Friedensstiftung erfüllen kann, wird nicht in Isolation geraten.

Aha. In der ARD-Fassung kommt nun bereits die nächste Frage.

Thomas Roth: Herr Ministerpräsident …

Stopp! Nicht so schnell! Da war doch noch eine Kleinigkeit. Nämlich das, was Putin in Wirklichkeit weiter geantwortet hatte:

> *... ungeachtet dessen, was unsere Partner in Europa und USA im Rahmen ihres Blockdenkens sagen. Mit Europa und den USA endet die Welt nicht. Und im Gegenteil, ich möchte es noch mal betonen: Wenn Staaten ihre eigenen nationalen Interessen vernachlässigen, um außenpolitische Interessen anderer Staaten zu bedienen, dann wird die Autorität dieser Länder – unabhängig davon, wie sie das auch erklären mögen – nach und nach sinken. Das heißt, wenn die europäischen Staaten die außenpolitischen Interessen der USA bedienen wollen, dann werden sie, aus meiner Sicht, nichts dabei gewinnen.*
>
> *Jetzt reden wir mal über unsere internationalen rechtlichen Verpflichtungen. Nach internationalen Verträgen haben die russischen Friedensstifter die Pflicht, die zivile Bevölkerung von Südossetien zu verteidigen. Und jetzt denken wir mal an 1995 (Bosnien). Und wie ich und Sie gut wissen, haben sich die europäischen Friedensstifter, in dem Fall repräsentiert durch niederländische Streitkräfte, nicht in den Konflikt eingemischt und haben einer Seite damit erlaubt, einen ganzen Ort zu vernichten. Hunderte wurden getötet und verletzt. Das Problem und die Tragödie von Srebrenica ist in Europa sehr bekannt. Wollten Sie, dass wir auch so verfahren? Dass wir uns zurückgezogen hätten und den georgischen Streitkräften erlaubt hätten, die in Zchinwali lebende Bevölkerung zu vernichten?*

Puh – da wurde ja eine ganze Menge unterschlagen, alles in allem folgende Aussagen:

1. Was die USA und die Europäer im »Rahmen ihres Blockdenkens sagen«, ist nicht so wichtig.
2. Europa und die USA sind nicht die (ganze) Welt.
3. Wenn Staaten wie Deutschland (das Putin nicht ausdrücklich nennt, aber meint) und andere europäische Länder ihre eigenen nationalen Interessen vernachlässigen, um anderen Staaten wie den USA in den Allerwertesten zu kriechen (was er auch nicht sagt, aber ebenfalls meint), dann wird die Autorität dieser Länder sinken, und sie werden nichts dabei gewinnen.
4. Durch unterlassene Hilfeleistung der Europäer wurden aus Putins Sicht in Bosnien 1995 ein ganzer Ort vernichtet und Hunderte von Menschen getötet. Dessen habe sich Russland im Falle Südossetiens nicht schuldig machen wollen.

Alles geschnitten! Wie auch große Teile von Putins nächster Antwort. Dort schildert er die Notlage der südossetischen Bevölkerung und ein Treffen des französischen Außenministers mit Flüchtlingen aus dem Gebiet:

> ***Wladimir Putin:*** *Der französische Außenminister war in Nordossetien und hat sich mit Flüchtlingen getroffen. Die Augenzeugen berichten, dass die georgischen Streitkräfte mit Panzern Frauen und Kinder überfahren haben, die Leute in die Häuser getrieben und lebendig verbrannt haben. Georgische Soldaten haben, als sie nach Zchinwali kamen – so im Vorbeigehen –, Granaten in die Keller und Bunker geworfen, wo Frauen und Kinder sich versteckt hatten. Wie kann man so etwas anders nennen als Genozid?*

Genozid? Nicht doch: Das schneiden wir lieber.
Und so geht es munter weiter. Die Fassung der ARD ist nur ein Drittel so lang wie die russische Langfassung (mit englischen Untertiteln) auf youtube: knapp neun statt knapp dreißig Minuten.

»Na und? Es gab eben nicht mehr Sendezeit«, wird mancher jetzt erwidern. Nichts da. Erstens würde es die Lage durchaus rechtfertigen, den Ministerpräsidenten Russlands im deutschen Fernsehen einmal ausreden zu lassen. Für eine mehrstündige Sondersendung über die US-Wahlen war anschließend ja auch Platz. Und zweitens fällt die sorgfältige Auswahl der Schnitte auf. Gekürzt wurde häufig dort, wo es für den Westen unangenehm wurde.
Im Internet-Blog der *Tagesschau* tat WDR-Mann Roth dagegen so, als sei das Interview praktisch frisch aus der Kamera zu den *Tagesthemen* überspielt worden:

> »Die ARD hatte sich zu Recht entschlossen, nicht nur in der Tagesschau und den Tagesthemen darüber zu berichten, sondern nach den Tagesthemen auch noch zehn Minuten zusätzlich zur Verfügung zu stellen. Wer vom Fernsehen was versteht, der weiß, dass das in der äußerst knappen Zeit eine höchst anspruchsvolle Angelegenheit ist und manchmal nicht jedes Gerät immer so mitspielt, wie es soll. Mit etwas »Gerumpel« klappte es aber schließlich doch, und selbst der russische Diplomübersetzer, der mit Staatsmännern und hochrangigen Persönlichkeiten schon viel Erfahrung besitzt und den ich schon lange kenne, konnte mit der ultimativen Spannung bei einer solch aktuellen Fernsehproduktion umgehen. Selbst für solch einen Routinier keine ganz leichte Übung.«

Den aufwendigen Schnitt vergaß Roth leider zu erwähnen. Denn eine Stunde Interview inhaltlich so gezielt auf zehn Minuten zusammenzuschneiden, braucht seine Zeit. Von diesem Schnitt jedoch erfuhr der Zuschauer nichts. Ihm gegenüber wurde so getan, als bekäme er das »ganze exklusive Interview« (so *Tagesthemen*-Buhrow) zu sehen.
Glatter Etikettenschwindel und eine grobe Irreführung der Zuschauer. In Hunderten von Blog-Beiträgen bei *tagesschau.de*

wurde dem Ersten daraufhin Zensur vorgeworfen. Zensur? Nicht doch: alles ganz normal. Außerdem werde man das am 29. August 2008 nach den *Tagesthemen* gesendete Rest-Interview ja auch noch in voller Länge ausstrahlen und zwar am 2. September. Alles klar?
Nichts war klar, denn diese vollständigere Fassung lief nicht etwa im Ersten, sondern im WDR-Fernsehen, also im Dritten. Und die Prime Time war es höchstens für Leute, die gerade von der Nachtschicht kamen, nämlich 6.20 Uhr. Das heißt, selbst für die passte es nicht, weil die eher noch später nach Hause kommen. Fürs Frühstücksfernsehen war es wiederum einen Tick zu früh. Das vollständige(re) Interview wurde also praktisch unter Ausschluss der Öffentlichkeit gesendet.

Das alles sei doch ganz normal gewesen, klagte Roth sich und die gesamte Fernsehlandschaft der gewohnheitsmäßigen Verfälschung und Verdrehung an:

> »Das Interview selbst war erheblich länger, was übrigens durchaus häufig vorkommt. Fernsehen, Radio, aber auch Zeitungen stellen in einem solchen Fall eine redaktionelle Fassung her, die dann in dem vorbesprochenen Rahmen auch veröffentlicht wird. Mit Zensur hat das nicht das Geringste zu tun.«

Aber während sich redaktionelles Kürzen normalerweise dadurch auszeichnet, dass der Charakter und die wichtigen Aussagen eines Interviews erhalten bleiben, wurden hier ausgerechnet kritische Passagen Putins herausgeschnitten und so der kritische Charakter von Putins Antworten entstellt.
»Thomas mit den flinken Scherenhänden« meinte hingegen, die russische Seite habe Kürzungen und eine zehnminütige »Zusammenfassung« ausdrücklich genehmigt. Aber auch eine Zusam-

menfassung ist eben nur eine Zusammenfassung – und keine entstellte Fassung.
Außerdem habe er, Roth, zugelassen,

> »dass das Interview durch mehrere russische Sender begleitet wird und nach einer vereinbarten Sperrfrist (20.00 Uhr Ortszeit) nach eigener Entscheidung veröffentlicht werden kann. Die russischen Sender haben das in sehr unterschiedlichen Längen getan (von 5 bis zu rund 40 Minuten). Einige haben nur das aus ihrer Sicht Wichtigste veröffentlicht. Verpflichtet waren sie nur zur Quellenangabe: Ein Interview der ARD, Erstes Deutsches Fernsehen. Nur zum Verständnis: Hätte die ARD Interesse daran gehabt, irgendetwas nicht zu veröffentlichen, hätten wir uns gar nicht erst auf solche Bedingungen eingelassen. Also nichts durcheinanderbringen!«

Bringen Sie mal lieber nichts durcheinander, Herr Roth. Denn das Russisch des deutschen Fernsehzuschauers ist ungefähr so gut wie sein Chinesisch.
Und natürlich weiß auch Thomas Roth, dass es gar nicht darum geht, irgendetwas wirklich geheim zu halten. Es geht vielmehr um die Millionen Zuschauer, die die entstellte Fassung sehen, und die paar tausend, die die vollständigeren Fassungen sehen und den Humbug durchschauen. Um den Vorwurf des Betruges am Zuschauer kommt die ARD so oder so nicht herum, denn *Tagesthemen*-Mann Buhrow hatte schließlich ausdrücklich angekündigt, dass danach »das ganze Interview« gesendet würde.
Das war in jedem Fall falsch.
Und wen kümmerte es? Niemanden. Obwohl sich dieser krasse Fall von Zensur und Verfälschung zu einem veritablen Skandal auswuchs, nahm fast kein etabliertes Medium Notiz davon. »Die Nachrichtensperre, diesen Skandal betreffend, von Seiten der Mainstream-Medien halte ich für ungeheuerlich«, hieß es

im *Tagesschau*-Blog. »KEIN EINZIGER REDAKTIONELLER BEITRAG ÜBER DIESES THEMA IN KEINEM MEDIUM!!! UNFASSBAR!«, schrieb da am 4. September 2008 ein »Vincent«. Jawohl: unfassbar. Und das ist denn auch eines der wichtigsten Ergebnisse des Putin-Skandals, dass es nämlich hierzulande gelingt, viele Tage lang jeden, aber auch jeden Beitrag über einen Skandal in einem etablierten Medium zu unterdrücken. Am Ende zählte ich bei Google News gerade mal zwei kurze Berichte, einen in der *Frankfurter Rundschau* und einen in der *Westfälischen Rundschau*. Dazu noch die üblichen Verdächtigen: das *Neue Deutschland* und die *Junge Welt*. Das war's dann aber auch schon im Blätterwald.

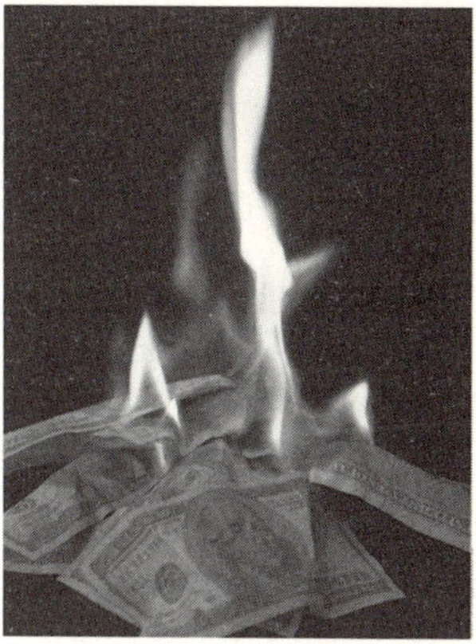

Thema des Monats:
Burn, Wallstreet, burn!

1.9. Einbürgerungstest für Neudeutsche tritt in Kraft **2.9.** Abschiedsspiel für Torhüter Oliver Kahn **7.9.** US-Regierung übernimmt Kontrolle über große Hypothekenbanken ***12.9. Millionen Russen sehen kritischen Film über den 11.9.2001*** / Deutsche Bank steigt bei der Postbank ein ***15.9. Finanzcrash in den USA*** **19.9.** US-Finanzminister Henry Paulson schlägt 700-Milliarden-Rettungsplan vor ***23.9. Amoklauf in Kauhajoki/Finnland*** **28.9.** Bei der Landtagswahl in Bayern verliert die CSU 17 Prozentpunkte der Wählerstimmen und damit zum ersten Mal seit über 50 Jahren die absolute Mehrheit **29.9.** Nach der Ablehnung des Paulson-Plans im US-Kongress stürzt der Dow Jones um 777 Punkte oder acht Prozent ab.

1. September Einbürgerungstest: Deutsch für Dummies – von Dummies

Sie wollen Deutscher werden? Das geht so: Ein paar Spaßvögel haben sich so eine Art Trivial Pursuit für Möchtegern-Deutsche überlegt: den Einbürgerungsfragebogen. Dieser wurde am 7. Juli 2008 mit großem Brimborium der Öffentlichkeit vorgestellt. Ab 1. September 2008 kann nur noch Deutscher werden, wer wirklich eine Ahnung von Deutschland, seiner Kultur und seinen Gesetzen hat. Die Macher des Fragebogens also schon mal nicht. Denn die verlangen zum Teil falsche und ungenaue Antworten von den Bewerbern. Und sie lassen die Deutschen in spe gleich wieder irre werden an ihrer ersehnten neuen Heimat.

Merkwürdig, schließlich sei der Fragebogen (hier zitiert in der Version vom 7. Juli 2008) vom Institut zur Qualitätsentwicklung im Bildungswesen (IQB) der Humboldt-Universität Berlin entwickelt worden, brüstet sich die Website des Bundesinnenministeriums.

Der Fragebogen ist eine PISA-Studie ganz eigener Art. Zum Teil verlangt er falsche Antworten, zum Teil bringt er die Neudeutschen auf ganz dumme Gedanken. Außerdem spricht aus dem Fragebogen ein distanzloser Glaube an staatliche Jubelklischees, die Teile der Bevölkerung schon lange nicht mehr glauben. Der Fragebogen verbreitet ein verlogenes Deutschland-Bild und zwingt die Neubürger zu hemmungslosem Opportunismus und zur Leugnung dessen, was sie wahrscheinlich ebenfalls längst über Deutschland wissen: nämlich, dass viele der im Fragebogen aufgelisteten Klischees nicht mehr stimmen. So geht es letztlich – ähnlich wie in der Kirche – um ein nutzloses Herunterbeten von staatlichen Dogmen, an die ohnehin niemand mehr glaubt.

Die Ungereimtheiten gehen schon mit Frage 3 los:

Deutschland ist ein Rechtsstaat. Was ist damit gemeint?

a) Alle Einwohner/Einwohnerinnen müssen sich an die Gesetze halten.
b) Der Staat muss sich nicht an die Gesetze halten.
c) Nur Deutsche müssen die Gesetze befolgen.
d) Die Gerichte machen die Gesetze.

Wer sich in Deutschland an die Gesetze zu halten hat, ist nicht irgendeine Frage. Es wäre deshalb schon wichtig, dass dem »Neudeutschen« hier eine korrekte Antwortmöglichkeit angeboten wird. Dem ist aber nicht so. Verlangt wird zwar Antwort a. Das Problem ist jedoch, dass diese Antwort, wie alle anderen, ebenfalls falsch ist. Denn an die Gesetze haben sich nicht nur »Einwohner«, sondern *alle* zu halten, die sich in ihrem Geltungsbereich aufhalten, zum Beispiel auch Touristen, Geschäftsreisende, Asylbewerber etc. Wäre Antwort a richtig, könnten alle, die nicht dauerhaft in Deutschland wohnen, hier straflos Gesetze brechen. Bei dieser Frage gibt es also überhaupt keine richtige Antwortmöglichkeit.

Frage 5:
Wen müssen Sie in Deutschland auf Verlangen in Ihre Wohnung lassen?
a) den Postboten/die Postbotin
b) den Vermieter/die Vermieterin
c) den Nachbarn/die Nachbarin
d) den Arbeitgeber/die Arbeitgeberin

Nun ja, den Postboten/die Postbotin lassen wir natürlich nur rein, wenn er/sie zweimal klingelt, und den Nachbarn oder die Nachbarin nur bei sehr starkem Verlangen. Spaß beiseite: Richtig ist natürlich b – beziehungsweise falsch. Denn das klingt so, als müsse man den Vermieter jederzeit auf dessen einfaches Verlangen hin in die Wohnung lassen. Dem ist aber nicht so. Denn mit dem Mietbeginn ist das Hausrecht auf den Mieter übergegangen. Für

Vermieterbesuche gilt eine Reihe von Regeln. So muss der Vermieter »den Besuch rechtzeitig (mindestens 48 Stunden vorher) ankündigen«, heißt es auf 123recht.net: »Er muss dabei Rücksicht nehmen auf die Belange des Mieters (Krankheit, Urlaub, Berufstätigkeit). Der Vermieter muss sich an ortsübliche Zeiten halten. Keine Besichtigung ist (außer in Ausnahmefällen) erlaubt an Sonn- und Feiertagen; an Samstagen nicht in der Mittagszeit.«

Frage 17:

Die deutschen Gesetze verbieten ...

a) Meinungsfreiheit der Einwohner und Einwohnerinnen

b) Petitionen der Bürger und Bürgerinnen

c) Versammlungsfreiheit der Einwohner und Einwohnerinnen

d) Ungleichbehandlung der Bürger und Bürgerinnen durch den Staat

Gefragt ist Antwort d, aber die ist – genau wie die drei Alternativen – falsch, zumindest ungenau. Denn das Grundgesetz der Bundesrepublik Deutschland verbietet nicht nur die Ungleichbehandlung »der Bürgerinnen und Bürger«, sondern aller Menschen, egal, ob Staatsbürger oder nicht. In Artikel 3 heißt es: »Alle Menschen sind vor dem Gesetz gleich.«

Die folgenden Fragen und Antworten entbehren nicht einer gewissen Doppelbödigkeit.

Frage 26:

Deutschland ist eine

a) kommunistische Republik.

Mal ehrlich: Da könnte was dran sein. Immerhin war die Bundeskanzlerin früher mal FDJ-Propagandasekretärin. Außerdem erstickt das Land unter der Regelungs- und Planungswut seiner Gesetzgeber und Behörden.

b) ein demokratischer und sozialer Bundesstaat.

Auf keinen Fall.

c) eine kapitalistische und soziale Monarchie.

Mal überlegen. Kapitalistisch: ja. Sozial: kaum noch. Monarchie: nein.

d) ein sozialer und sozialistischer Bundesstaat.

Sozial: siehe oben. Sozialistisch: sowieso – siehe oben (FDJ-Bundeskanzlerin).

Frage 34:
Was ist Deutschland nicht:
a) eine Demokratie
b) ein Rechtsstaat
c) eine Monarchie
d) ein Sozialstaat

Da ist guter Rat teuer! Ich würde sagen: a, b und d ist Deutschland bei näherem Hinsehen kaum noch. Aber eine Monarchie natürlich auch nicht.

Frage 50:
Die Wirtschaftsform in Deutschland nennt man
a) freie Zentralwirtschaft
b) soziale Marktwirtschaft
c) gelenkte Zentralwirtschaft
d) Planwirtschaft

Nun wird es richtig schwierig. Verlangt wird wohl b, aber c und d sind auch nicht so falsch …

Frage 52:

Was bedeutet Volkssouveränität? Alle Staatsgewalt geht vom ...
a) Volke aus
b) Bundestag aus
c) preußischen König aus
d) Bundesverfassungsgericht aus

a glaubt nur noch, wer selig werden will. Eher b mit Tendenzen zu d.

Frage 64:

Die Bundesrepublik ist heute gegliedert in
a) vier Besatzungszonen
b) einen Oststaat und einen Weststaat
c) 16 Kantone
d) Bund, Länder und Kommunen

a ist falsch, denn die Bundesrepublik Deutschland ist nur eine Besatzungszone. b könnte richtig sein, denn die Teilung ist noch nicht überwunden. c ist falsch, denn Kantone gibt es hauptsächlich in der Schweiz.

Frage 103:

Wer ist in Deutschland »wehrpflichtig«?
a) alle Frauen und Männer, die 18 Jahre alt sind
b) alle männlichen Staatsbürger, die 18 Jahre alt sind
c) alle Männer und Frauen, die 21 Jahre alt sind
d) alle Männer, die 16 Jahre alt sind

Richtig soll b sein. Eine tolle Sache. Denn das würde heißen, dass man schon ab 19 nicht mehr wehrpflichtig ist. In Paragraph 1 des Wehrpflichtgesetzes heißt es aber: »Wehrpflichtig sind alle Männer vom vollendeten 18. Lebensjahr an, die Deutsche im Sinne des Grundgesetzes sind ...«

Frage 132:

Viele Menschen in Deutschland arbeiten in ihrer Freizeit ehrenamtlich. Was bedeutet das?
a) Sie arbeiten als Soldaten/Soldatinnen
b) Sie arbeiten freiwillig und unbezahlt in Vereinen und Verbänden
c) Sie arbeiten in der Bundesregierung
d) Sie arbeiten in einem Krankenhaus und verdienen dabei Geld

Meine Favoriten: a, b und d. c auf keinen Fall.

Frage 140:

Was macht ein Schöffe/eine Schöffin in Deutschland?
Er/Sie ...
a) setzt mit einem Richter/einer Richterin das Strafmaß fest
b) gibt Bürgern/Bürgerinnen rechtlichen Rat
c) stellt Urkunden aus
d) verteidigt den Angeklagten/die Angeklagte

Verlangt wird a, doch das ist so nicht richtig. Denn erstens ist auch ein Schöffe ein Richter, wenn auch ein ehrenamtlicher, und zweitens bestimmt er nicht nur über das Strafmaß mit, sondern kann während der Hauptverhandlung alles machen, was auch ein Berufsrichter macht (also Fragen stellen usw.).
Auch in den Zusatzfragebögen für die Bundesländer fanden sich Patzer, zum Beispiel in dem für Niedersachsen.

Frage:

Wo können Sie sich in Niedersachsen über politische Themen informieren?
a) bei der Landeszentrale für politische Bildung
b) beim Ordnungsamt der Gemeinde
c) bei der Verbraucherzentrale
d) bei den Kirchen

Verlangt wurde die Antwort a, aber leider gibt es in Niedersachsen seit dem 1. Januar 2005 keine Landeszentrale für Politische Bildung mehr.

Anlässlich des Inkrafttretens des Einbürgerungstests Anfang September 2008 warf ich am 9. September noch einmal einen Blick auf den Fragebogen. Nicht in der Erwartung, dass die parodistischen Elemente beseitigt worden wären, aber vielleicht doch die teilweise krassen Fehler. Denn um manche dieser Fehler hatte es immerhin eine breite öffentliche Diskussion gegeben. Diese Erwartung wurde jedoch enttäuscht. Bei Frage 3 (»Deutschland ist ein Rechtsstaat. Was ist damit gemeint?«) wird nun als richtige Antwort verlangt:

»Alle Einwohner/Einwohnerinnen und der Staat
müssen sich an die Gesetze halten.«

Das ist zwar besser, denn der Staat fehlte in der Version vom 7. Juli. Aber richtig ist es noch immer nicht. Denn die Gesetze einhalten muss jeder, der sich in ihrem Geltungsbereich befindet. An Frage 5 (»Wen müssen Sie in Deutschland auf Verlangen in Ihre Wohnung lassen?«) wurde gar nichts geändert. Noch immer sieht es so aus, als müsste man dem Vermieter bei einfachem »Verlangen« Zutritt zur eigenen Wohnung gewähren. Richtiger wäre: nach Absprache. Die verlangte Antwort auf Frage 103 (»Wer ist in Deutschland »wehrpflichtig«?) wurde ebenfalls nicht korrigiert,

obwohl sie sachlich falsch ist: »alle männlichen Staatsbürger, die 18 Jahre alt sind«. Denn die Wehrpflicht gilt für »männliche Staatsbürger« nicht »mit 18«, sondern *ab* dem 18. Geburtstag.
Wobei der Neubürger bei dieser Antwort noch aus anderen Gründen ins Grübeln kommen dürfte: Denn die Wehrpflicht nur für Männer widerspricht offensichtlich dem gerade eben noch im Fragebogen beschworenen Grundgesetz. Dort heißt es nämlich in Artikel 3, Absatz 2: »Männer und Frauen sind gleichberechtigt.« Ja: »Der Staat fördert die tatsächliche Durchsetzung der Gleichberechtigung von Frauen und Männern und wirkt auf die Beseitigung bestehender Nachteile hin.« Zu diesen zu beseitigenden Nachteilen gehört eindeutig die nur für Männer geltende Wehrpflicht. Nur das eine Geschlecht zum Wehrdienst mit der Waffe zu zwingen ist offensichtlich verfassungswidrig. Gerade im Spannungsfall würden sich wohl kaum noch Frauen freiwillig verpflichten, und die Rolle als Kanonenfutter bliebe an den Männern hängen – zweifellos nicht im wohlverstandenen Geiste der Verfassung.
Auch die Antwort auf Frage 140 (»Was macht ein Schöffe/eine Schöffin in Deutschland? Er/Sie …«) wurde zwar verändert, aber nicht in eine korrekte Fassung gebracht. Nun lautet die verlangte Antwort: Er/Sie »entscheidet mit Richtern/Richterinnen über Schuld und Strafe.« Aber richtig ist das noch immer nicht. Denn trotzdem bleibt auch der Schöffe ein Richter. Richtig müsste es heißen: Er entscheidet »mit den anderen Richtern …«
All dies ist keineswegs kleinlich, denn immerhin ist der Fragebogen ein amtliches Dokument, herausgegeben vom Bundesinnenministerium. Umgekehrt heißt das, dass der Staat, der von seinen Neubürgern Loyalität und Gewissenhaftigkeit verlangt, mit dem Thema Deutschland doch recht lax umgeht. Ein gutes Beispiel gibt er den neuen Staatsbürgern damit nicht. Und die Glaubwürdigkeit des Staates fördert es ebenfalls nicht.
Und das, wo das verantwortliche Institut (IQB) »eine von allen

16 Bundesländern gemeinsam finanzierte Einrichtung [ist], die eine hervorragende wissenschaftliche Qualität und nationale und internationale Reputation im Bereich der Entwicklung und Überprüfung von Bildungsstandards (z. B. PISA-Studie) besitzt …«
Alle Achtung …

12. September »Guten Tag, Wahrheit«: 30 Millionen Menschen sehen kritischen Film über 9/11

Einen Tag vorher jährten sich zum siebten Mal die Anschläge des 11. September 2001. Und nun stehen 30 Millionen Zuschauern des ersten Fernsehprogramms die Haare zu Berge. Soeben haben sie den Dokumentarfilm *Zero* des italienischen Journalisten und Europa-Abgeordneten Giulietto Chiesa gesehen, der die offizielle Version der Anschläge in Frage stellt. Und nun verfolgen sie eine Fernsehdiskussion, wie sie in dieser Offenheit noch nie stattgefunden hat. Zahlreiche Experten – Militärs, Journalisten, Geheimdienstler und Bauspezialisten – diskutieren in nie da gewesener Offenheit das Für und Wider der offiziellen Version der Ereignisse vom 11. September.
Natürlich nicht in Deutschland, wo zuletzt ein ARD-Interview mit Wladimir Putin bis zur Unkenntlichkeit verstümmelt wurde. Kaum auszudenken, was passiert wäre, wenn »Thomas mit den Scherenhänden« diese Dokumentation oder die anschließende Fernsehdiskussion in die Hände gefallen wären. Nein, die Ausstrahlung fand im russischen Staatsfernsehen statt. Dort fasste man ein Eisen an, das sich sonst kaum jemand anzufassen traute, und schon gar nicht in dieser Ausführlichkeit und auf einem solchen Sendeplatz. Die Sendung war nicht irgendein weit entferntes Medienereignis, das uns nichts angeht. Vielmehr bedeutete sie, dass eine Weltmacht auf höchster Medienebene den Startschuss zur Diskussion über den 11. 9. 2001 gegeben hatte. Und da nützt es auch nichts, dass die offiziellen Medien hierzulande dieses richtungweisende Ereignis glatt »übersahen«.

Zwar bedeute die Sendung nicht, dass die Kreml-Regierung aus Präsident Medwedjew und Ministerpräsident Putin in Sachen 11.9. eine bestimmte Meinung vertrete, so der Moderator der russischen Talkrunde; die Ausstrahlung stelle lediglich ein Bekenntnis zu einer freien und offenen Debatte dar. Aber auch die war ja bisher in den Medien wichtiger Staaten nicht möglich gewesen. Überall wurden 9/11-Skeptiker mit Häme, Spott und Verleumdung überzogen. Ihre Thesen und Untersuchungen trafen auf ein Sperrfeuer aus manipulierten Nachrichten und Dokumentationen. Wer dennoch auf seinen Recherchen beharrte, lernte seine angeblich demokratische Heimat als repressives System kennen, das ihn mit Ausgrenzung, Stigmatisierung und sogar dem Verlust der Existenz bedrohte. Im Rahmen von Recherchen über den 11.9. konnte man im Westen im wahrsten Sinne des Wortes etwas werden, das man bisher nur im Osten für möglich gehalten hatte – nämlich ein Dissident. Dabei sprach der verkrampfte und oft geradezu hysterische Umgang der offiziellen Politik und der etablierten Medien mit dem Thema für sich. Mit jeder dieser unsouveränen Reaktionen konnte man stärker mit Händen greifen, dass hier etwas nicht stimmte. Jede dieser Attacken riss die Glaubwürdigkeitslücke der offiziellen Politik und Medien ein Stück weiter auf, statt sie zuzuschütten.

Der westliche, zumindest deutsche, Medienboykott dieser Veranstaltung unterstreicht diese Ausführungen nur. Moskau legte den Finger auf die eiternde Wunde, und das wollte man sich auf keinen Fall anmerken lassen. Obwohl die Wunde von Jahr zu Jahr mehr schmerzte. Je mehr Zeit verging, umso absurder erschienen die perfekten Zusammenbrüche der Türme des World Trade Center am 11.9.2001. Umso rätselhafter das Verschwinden von zwei Flugzeugen im Pentagon (Flug 77) und in Pennsylvania (Flug 93). Umso merkwürdiger die Untätigkeit der US-amerikanischen Flugsicherung und Flugabwehr. Und, und, und. Die verheerenden Ungereimtheiten des 11.9.2001 füllen, wie man weiß, ganze Bücher.

In Wirklichkeit gibt es gar keinen anderen Weg, als die Diskussion über 9/11 freizugeben. Das mag ein Motiv der russischen Führung gewesen sein. Aber sicher nicht das einzige. In Wirklichkeit markierte die Sendung einen schwerwiegenden politischen Bruch im Verhältnis Russlands zu den Vereinigten Staaten von Amerika. Denn bei der Frage nach den Hintergründen von 9/11 handelte es sich ja nicht um irgendeine Frage. Vielmehr gehören die Anschläge vom 11. September 2001 – so seltsam sich das anhört – seit einigen Jahren zum wichtigsten geostrategischen Kapital der USA. Mit Hilfe dieser Attentate haben sie den halben Globus zu ihren Gunsten umgekrempelt – oder es zumindest versucht. Damit meine ich nicht nur die regionalen Kriege in Afghanistan und im Irak, sondern auch die Einflussnahme auf fast jeden einzelnen Staat und jeden einzelnen Menschen auf der Erde, sei es durch ein Hineinwirken in die Innenpolitik (Stichwort: Sicherheitsgesetze) und Außenpolitik (Stichwort: Abkühlung zwischen Deutschland und Russland) anderer Staaten, sei es durch die umfassende Durchleuchtung jedes Einzelnen im Rahmen von Flugreisen.
Hatte Russland nach dem 11. 9. 2001 noch artig kondoliert und Solidarität bekundet, hatte es jahrelang den gemeinsamen, aber auf falschen Voraussetzungen beruhenden »Krieg gegen den Terror« mitgetragen und alle drängenden Fragen hintangestellt, war es nun aus mit dieser Rücksichtnahme. Russland legte Hand an den zentralen geostrategischen Mythos der USA und öffnete das Ventil, um ihm die Luft rauszulassen. Die Botschaft: Der 11. September, dieses »schöne Kind« amerikanischer Kriegsplanung, ist in Wahrheit eine Missgeburt mit zahlreichen Geburtsfehlern. Die Vermittlung dieser Botschaft zu diesem Zeitpunkt war zweifellos kein Zufall, sondern ein bedachter Schachzug. Die Öffnung dieser Büchse der Pandora erfolgte zu einem genau kalkulierten Termin. Nicht im Hinblick auf den Tag (das Datum 11. September ist schließlich vorgegeben), aber im Hinblick auf die Zeitläufte. Hätte sich das Verhältnis zwischen Russland und den USA stabil entwickelt, hät-

te vielleicht auch Moskau einen 11. September nach dem anderen verstreichen lassen, ohne auf die klaffenden Lücken der offiziellen US-Version einzugehen. Aber nun schickte sich das amerikanische Imperium fast zwanzig Jahre nach dem Niedergang der Sowjetunion an, es ihr gleichzutun. Es war schlicht in Auflösung begriffen: Schuldenkrise, Bankenkrise, Wirtschaftskrise, militärische Krise (Irak, Afghanistan), politische Krise (Bush!), Infrastrukturkrise – es gab eigentlich keine Krise, die die USA nicht am Bein hatten. Und auch der 11. September, der den USA doch ein »neues amerikanisches Jahrhundert« hätte bescheren sollen, zählt aufgrund seiner stümperhaften Inszenierung in Wahrheit zu diesen Krisen. Und jetzt, etwa um den 11. September 2008, trat das amerikanische Imperium in eine finale Finanzkrise ein, die ich im nächsten Kapitel auch als »Multiorganversagen« bezeichnen werde.
Erst etwa eine Woche nach der Sendung tauchten erste Ausschnitte mit deutschen Untertiteln auf youtube und eine grobe Inhaltsangabe der Diskussion auf 911video.de auf. Demzufolge hatte das russische Fernsehen den Fehler der westlichen Medien, die Thesen über den 11. September diesmal mit umgekehrten Vorzeichen einseitig darzustellen, nicht wiederholt. Vielmehr hatte man auf eine kontroverse und offene Diskussion geachtet. Warum, wenn man doch angeblich den USA und ihren Erzählungen »die Luft rauslassen« wollte? Ganz einfach: Wegen der »Rückstöße«. Während die einseitigen westlichen Schmähungen gegen die unabhängigen 9/11-Ermittler nichts als weiteres Misstrauen und Widerspruch hervorgerufen hatten, hütete sich das russische Staatsfernsehen, dieselben Schmähungen und einseitigen Darstellungen nun der offiziellen Version des 11. September angedeihen zu lassen und auf diese Weise der Sache nur zu schaden. Vielmehr setzte die russische Führung nach der Freigabe der Diskussion eindeutig auf die natürliche Selbsterosion der offiziellen Version und verzichtete darauf, sie mit der in westlichen Medien längst üblichen Plumpheit zu unterstützen.

Aufgrund des umfassenden Boykotts durch die westlichen Medien sickerten Einzelheiten über den Verlauf des Fernsehabends hierzulande nur langsam via Internet durch, ganz wie man es sonst nur von Diktaturen kennt.

Hier einige Ausschnitte (zitiert nach www.redorbit.com):

Der TV-Journalist und Direktor des Instituts für Strategische Studien der Akademie für Diplomatie, Alexej Puschkow, war der Meinung, dass die Terrorattacken von einer »sehr einflussreichen Gruppe von Leuten« organisiert worden seien, die sie »gebraucht« hätte.

Witalij Tretjakow, Chefredakteur einer einflussreichen Tageszeitung, bezeichnete den offiziellen US-Report zu den Attentaten als »Fiktion«. Er könne nicht glauben, dass eine kleine Gruppe von Terroristen diese Attacken habe ausführen können.

Demgegenüber erklärte ein Geheimdienstler, der frühere Kopf der Analyse-Abteilung des KGB, Wladimir Rubanow, er könne nichts Außergewöhnliches an den Ereignissen vom 11. September 2001 feststellen.

Michail Leontjew wiederum, TV-Moderator und Chefredakteur des Magazins *Profil*, sagte, er glaube aus drei Gründen nicht an die offizielle Version. Erstens sei dies ein einzigartiger terroristischer Akt gewesen. Eine bestimmte Organisation habe eine außergewöhnlich perfekt koordinierte Operation durchgeführt. Die Organisation fahre fort zu kämpfen und zu töten und binde die US-Armee seitdem in zwei verschiedenen Ländern der Welt, wobei es keinen einzigen weiteren Terroranschlag auf dem Territorium der USA gab: »Die Tatsache, dass es nicht eine einzige Wiederholung dieses Terroraktes gegeben hat, beweist, dass der erste eine Fälschung war«, so Leontjew. »Warum wurden die Anschläge des 11. September durchgeführt?«, fragte er zweitens. Seine Antwort: Die USA hätten so viel durch sie erreichen können. Gewisse, sicherlich mit der Regierung verbundene Kreise hätten durch sie gewinnen können. Sie seien so sehr in ihrem

Interesse gewesen, dass die Anschläge geradezu unvermeidbar gewesen seien. Drittens seien alle, die als die fiktiven oder auch wirklichen Organisatoren dieser Anschläge bezeichnet wurden, von den amerikanischen Geheimdiensten kontrolliert worden.
Ein Militär, Alexander Scharawin, dagegen fand viele Argumente aus Chiesas Film *Zero* nicht überzeugend.
Alexej Wedinskij, ein Experte für Bauprojekte, unterstützte ebenfalls die offizielle Version. Er war der Ansicht, die Doppeltürme seien durch den Einschlag der Flugzeuge zusammengebrochen, nicht durch Sprengungen, und erläuterte en detail, wie er sich das vorstellte.
Aschot Tamrasian dagegen, ein weiterer Baufachmann, Direktor des Instituts für die Risiken und Sicherheit von Gebäuden, sagte, seine Organisation habe ein Modell hergestellt und zahlreiche Tests durchgeführt, die gezeigt hätten, dass die beiden Türme nicht ohne zusätzliche Faktoren hätten einstürzen können.
Der Architekt Michail Kasanow konnte sich den Zusammenbruch des dritten Gebäudes (Gebäude Nr. 7) nicht erklären.
Der Filmregisseur Wladimir Kotinenko lobte Chiesas Film, weil er Fragen stelle, ohne Urteile abzugeben. Der Zusammenbruch der Türme sei sehr »filmisch« gewesen, im Sinne von Hollywoods besten Blockbustern.
Der Korrespondent des Ersten Programms, Wladimir Suchoi, war in der Nähe der Türme, als sie zusammenbrachen. Er habe die Tragödie mitverfolgt und glaube an die offizielle Version.
Der Chefredakteur der englischsprachigen Moskauer Zeitung *The Moscow News*, Robert Bridge, zweifelte daran, dass eine zivile Boeing-Maschine in das Pentagon gestürzt sei. Bei jedem Flugzeugabsturz gebe es Trümmerteile: Gepäck, Sitze und so weiter: »Warum sah dieser Absturz so anders aus als alle anderen, die wir gesehen haben?«
Der Kosmonaut Wladimir Desurow, der die Ereignisse des 11. September 2001 von Bord der Internationalen Raumstation

aus mitverfolgte, war ebenfalls der Meinung, dass ein Flugzeugabsturz immer Trümmer zurücklasse.
Ein anderer Augenzeuge, der ITAR-TASS-Korrespondent Jurij Kirilchenko, sagte, der Film habe bewiesen, dass eine ernsthafte Untersuchung der Tragödie immer noch erforderlich sei, weil viele Fragen unbeantwortet geblieben seien.
Zum Schluss wurde das Studiopublikum vom Moderator gefragt, wer an die offizielle US-Version der Ereignisse glaube.
Niemand hob die Hand.

15. September **Burn, Wallstreet, burn!**

Es gibt Themen und Entwicklungen, die das Jahr 2008 voll im Griff hatten – nach dem Motto: »Und täglich grüßt das Murmeltier.« Das eine waren diverse Wahlen – hier und in Übersee. Ein weiteres war der neue Ost-West-Konflikt zwischen dem US-System und dem »erweiterten Osten« aus Russland und China (Eurasien). Ein drittes war die Finanzkrise: »Der gesamte Konsum und Pseudo-Boom der USA beruhte im Wesentlichen auf Pump«, schrieb ich schon vor fünf Jahren in meinem Buch *Operation 9/11:* »Und das galt gleichermaßen für die Verbraucher und die Unternehmen, und daher war es nur eine Frage der Zeit, bis alles zusammenbrechen würde.« Im Hinblick auf das bodenlose Haushaltsdefizit der Vereinigten Staaten fragte ich ein Jahr später (2004) in *Mythos 9/11:* »Es stellt sich die Frage, aufgrund welcher Tatsache oder Planung die US-Regierung glaubt, sich eine solche Politik leisten zu können. Entweder ist sie der Meinung, dass es sich bei den USA um ein Perpetuum mobile handelt, das seine Ressourcen aus dem Nichts schöpfen kann. Oder die Regierung weiß etwas, was wir nicht wissen.«
Sprich: Die Regierung Bush und das ganze Land haben Schulden gemacht, als ob es kein Morgen gäbe. Gibt es etwa kein Morgen? Zum Beispiel, weil sämtliche Defizite und Schulden sowieso bald in einem großen Crash untergehen? Oder gar in einem

Krieg? Ende 2007 erklärte ich trotz aller beruhigenden Politiker-Statements in einem Rundfunkinterview, dass wir uns in einer massiven Systemkrise befänden und sich diese Krise 2008 weiter verschärfen werde. Und tatsächlich finden sich in diesem Buch bereits jede Menge Belege für diese These.

»Panik an der Börse – Dax rutscht unter 7000 Punkte«, hieß es am 21. Januar 2008 in den Medien. »Bis Ende Februar gingen Dax und Dow Jones unsicher seitwärts, bevor sie auf neue Tiefststände abstürzten, der Dax auf 6200 Punkte, der Dow Jones auf unter 12 000«, schrieb ich in dem Kapitel »Angriff auf das Gold« im März 2008. Doch am 15. September 2008 erschien all das bereits als »Jammern auf hohem Niveau«. »Dax rutscht unter 6000 Punkte«, verkündete Reuters, und »Dow Jones sinkt unter 11 000 Punkte«. Den »Schwarzen Montag« nannten das die Medien, ein traditioneller Ausdruck für einen katastrophalen Börsentag. Die Indizes nahmen eine Rekordmarke nach der anderen – und zwar nach unten. Die Europäische Zentralbank pumpte zunächst 30 Milliarden Euro in den Markt, dann 70 Milliarden. Am 18. September kündigten die Bank of Canada, die Bank of England, die EZB, die US-Notenbank Fed, die Bank of Japan und die Schweizerische Nationalbank weitere Finanzspritzen in Milliardenhöhe an: 40 Milliarden Dollar von der EZB, 180 Milliarden Dollar von der Fed, 40 Milliarden Dollar von der Bank of England, 27 Milliarden Dollar von der Schweizerischen Nationalbank und 24 Milliarden Dollar von der Bank of Japan. Am 18. September stand der Dow Jones bei 10 600 Punkten.

Nachdem man an der Börse zuletzt auch noch die größten Hiobsbotschaften, wie beispielsweise die staatliche Übernahme der US-Hypothekengiganten Fannie Mae und Freddie Mac, als Grund zum Feiern genommen hatte, sieht man nun eine gigantische Katastrophe auch wirklich als Katastrophe an – nämlich die Pleite der 158 Jahre alten, viertgrößten amerikanischen Investmentbank Lehman Brothers, die bereits einen Tag zuvor, am 14. September, bekannt geworden ist, dem Sonntag vor dem »Schwarzen Montag«. 158 Jahre alt heißt, dass Lehman auch die schlimmsten Krisen bislang nichts hatten anhaben können, auch nicht die große Depression der Dreißigerjahre des letzten Jahrhunderts. Nur die jetzige Krise war zu viel für Lehman. Die Pleite des Traditionsbankhauses ist die größte Finanzpleite der US-Geschichte. Vorerst. Denn nach wie vor ist sie in den Augen einer wachsenden Zahl von Experten erst der Anfang. Gleichzeitig mit Lehman erwischt es den größten Aktien- und Anleihehändler der USA, Merrill Lynch. Auch Merrill Lynch hatte einst die große Weltwirtschaftskrise überstanden, um sich nun unter die Fittiche der Bank of America flüchten zu müssen. Der Bulle im Konzern-Logo ist da nur noch ein Papiertiger.

In Europa spürte man vorerst nur wenig von diesen »Turbulenzen«. Etwa so wenig, wie seinerzeit auf dem Oberdeck der *Titanic* vom Zusammenstoß mit dem Eisberg. In Wirklichkeit aber hatte der Wassereinbruch im Maschinenraum des internationalen Finanzsystems bereits entscheidende Motoren aus der Verankerung gerissen. Wie heißt es doch so schön: »Hat man eine Million Schulden, hat man ein Problem, hat man eine Milliarde Schulden, hat die Bank ein Problem.« Aber hat man – in diesem Fall Lehman Brothers – 613 Milliarden Dollar Schulden, hat das ganze Finanzsystem ein Problem. Erst recht, wenn Lehman Brothers nur der Anfang sein sollte. Denn irgendwo fehlen diese Milliarden ja. Noch während über Lehman diskutiert wurde, erhielten durch die Lehman-Insolvenz offenbar bereits andere den Todesstoß. Doch wie das so ist: Auch ein tödlich Getroffener merkt das nicht unbedingt sofort. Erst wird es vielleicht so aussehen, als sei nichts weiter passiert. Dann gerät er ins Taumeln, und bis er fällt, kann eine Weile vergehen. Und während ein Mensch im Moment des Todes häufig nach Luft ringt, ringt eine Bank um Milliarden. Oder eine Versicherung. Wie zum Beispiel der zweitgrößte Versicherer der Welt, die American International Group (AIG). Die schnappte plötzlich sehr heftig nach Luft: 20, 30, 75 Milliarden

Dollar – stündlich schwirrten neue Zahlen durch den Raum. Die Finanzwelt starrte darauf wie ein Arzt auf die Monitore in der Intensivstation. Schließlich waren es 85 Milliarden Dollar, die der AIG am 16. September von der Fed als Kredit gewährt wurden, wobei letztere im Gegenzug die Kontrolle über den Versicherer übernahm.

Der nächste, der heftig nach Luft schnappte, war dann doch ein deutscher Banken-Saurier, obwohl der vom internationalen Finanzkasino geprägte Name dies gar nicht vermuten ließ: »Hypo Real Estate«, was im schicken Finanz-Denglisch so viel bedeutet wie Immobilien-Hypothekenbank. Die Hypo Real Estate (HRE) war eines von dreißig Dax-Unternehmen und hatte immerhin eine Bilanzsumme von 400 Milliarden Euro. Ende September 2008 wurde das Finanzloch der HRE zunächst auf 35 Milliarden und dann auf 50 Milliarden Euro beziffert; für 2009 wurden gar 100 Milliarden Euro veranschlagt. Kein Zweifel: Damit drohte der erste deutsche Supertanker auf Grund zu laufen. Schuld sei eine Tochter der Hypo Real Estate, nämlich die Deutsche Pfandbriefbank AG (DEPFA), hieß es in den Medien. Die irische Tochter dieser Bank habe »spätestens in den 1990er Jahren« begonnen, »ein riesiges Rad zu drehen«, schrieb *tagesschau.de*. Das Kreditvolumen wurde aufgeblasen, ein undurchsichtiges internationales Netz von Tochterfirmen gegründet. Als dann vor einem Jahr die Bankenkrise kam, musste »das Finanzierungsmodell der DEPFA, langfristige Kredite mit kurzfristigen Anleihen zu refinanzieren«, mit dem Austrocknen der Kreditmärkte »ganz zwangsläufig scheitern«.

So weit, so schlimm. Kaum erwähnt wurde allerdings der merkwürdige Umstand, dass die HRE den Kauf der brisanten DEPFA erst im Oktober 2007 unter Dach und Fach gebracht hatte, zu einem Zeitpunkt, als die Bankenkrise in Deutschland selbst für *BILD*-Leser schon offensichtlich gewesen war. Und dies war denn auch der eigentliche Skandal im HRE-Skandal: Nachdem

die Schwierigkeiten der Deutschen Industriebank (IKB) und des Finanzsystems bereits drei Monate lang durch die Schlagzeilen gegangen waren, holte sich die HRE noch die tief ins internationale Kreditgeschäft verstrickte DEPFA ins Haus. Nur ein Jahr später bekam die schon keinen Kredit mehr, was dazu führte, dass andere Banken und der deutsche Staat mit horrenden Bürgschaften und Kreditzusagen einspringen mussten.
Eine weitere Sensation war schon zuvor völlig untergegangen. Dabei kommt so etwas nur einmal in hundert Jahren vor. Ja, in diesem Fall war es überhaupt noch nie passiert. Auf den Tag genau ein halbes Jahr nach dem Gold-Crash vom 17. März 2008, am 17. September, erzielte das Gold plötzlich mit einem Sprung um 100 Dollar von etwa 780 auf 880 Dollar den höchsten jemals gemessenen Tagesgewinn. Bei Gold handelt es sich um einen Wert, der gerade in dieser fatalen Krise dem kleinen Mann einen Ausweg aus dem Desaster hätte weisen können. Der Hundertersprung des Edelmetalls wäre doch eine Top-Meldung wert gewesen, sollte man meinen. Doch Fehlanzeige: Wenn überhaupt, dann wurde die Sensation nur in einem Nebensatz verkündet. In den Abendnachrichten des 17. September dasselbe Bild. Während wenige Tage später die größte Tagesbewegung des Ölpreises in der Geschichte (zeitweise um 25 Dollar nach oben) sehr wohl Top-Thema wurde, stand am 17. September nicht Gold, sondern ein neues Desaster im staatlichen Bankensystem, nämlich bei der als Teilhaberin der Skandalbank IKB einschlägig bekannten Kreditanstalt für Wiederaufbau (KfW), ganz oben auf der Themenliste. Noch am Montag, den 15. September, hatte sich die KfW mit einer Überweisung von 300 Millionen Euro ebenso rührend wie vergeblich um den Wiederaufbau des US-Pleitiers Lehman Brothers gekümmert, dessen Bankrott da bereits durch die Schlagzeilen ging. Unglaublich? Vielleicht. Aber auf der anderen Seite waren 300 Millionen in diesen Tagen lediglich Peanuts. Auch die 536 Millionen, die wenige Tage später als Schadenssumme genannt wurden. Wäh-

rend also eine vergleichsweise kleine Sau mit einem Riesenspektakel durchs Dorf getrieben wurde, zog ein glänzendes Goldenes Kalb in Gestalt einer noch nie da gewesenen Kursexplosion bei Gold völlig unbehelligt durch die Medienhauptstraße. Nun heißt es zwar schon in der Bibel, dass man um ein Goldenes Kalb nicht tanzen solle. Aber diese Art von Bibeltreue war etwas ganz Neues bei unseren Medien. Die ZDF-Sendung *heute* vom 17. September brachte zwar wie immer einen Börsenbericht, aber der war genauso geschminkt wie die Aktien-Korrespondentin Brigitte Weining. Die redete zunächst mal den 300-Millionen-Flop der KfW klein. Die Bank erziele üblicherweise ja auch Überschüsse, las sie brav vom Teleprompter ab, aber wir hätten derzeit eben auch keine üblichen Zeiten, redete sie die KfW-Banker heraus. *O tempora, o mores!* Was soll da so ein kleiner Staatsbanker schon machen?! Im Folgenden redete Weining zwar von Pillen und vom Arzt, die an diesem Tag grellrot beziehungsweise grellgelb aufleuchtende Fieberkurve des Finanzsystems erwähnte sie jedoch nicht. Der Beitrag endete mit einem freundlichen Kopfnicken und dem Hinweis, dass nur, wenn Bewegung in eine Sache komme, eine Krise auch bewältigt werden könne – schlaf, Kindlein, schlaf.

Bei der *Tagesschau* um 20 Uhr fiel ebenfalls kein Wort über Gold. Auch die *Tagesthemen* verabreichten dem nervösen Publikum eine Beruhigungsspritze, und zwar in Form eines Beitrags über eine verschlafene Familie, die sich, für jeden offensichtlich, nicht in Panik befand und sich eher lustlos durch ihre Finanzunterlagen wühlte. Ob man vielleicht Diamanten kaufen solle?, meinte der Familienvater. Die Erwähnung dieses Wertes mag zufällig gewesen sein oder auch nicht. Als Alternative zum virtuellen Finanzsystem sind Diamanten jedenfalls so abwegig, dass man gar nicht auf den dummen Gedanken kommen konnte, sein Geld vielleicht sicherer in Sachwerten als auf einem Bankkonto, in Aktien oder Lebensversicherungen anzulegen. Diamanten, so die Botschaft, sind als Sachwerte einfach Blödsinn! Also husch, husch, ins

Körbchen – beziehungsweise zurück zu Banken, Sparbüchern und Lebensversicherungen!
Stattdessen stellte jedoch Gold einmal mehr seine Fallschirmfunktion unter Beweis. Mitten im Absturz der Börsen öffnete sich der Gold-Fallschirm beeindruckend schnell und in beträchtlichem Umfang. Der Goldkurs, die Fieberkurve des Finanzsystems, tat einen spektakulären Sprung nach oben. Am Abend des 17. September brach die Website des Goldhändlers pro aurum zusammen. Binnen weniger Stunden waren Klassiker wie der Krügerrand ausverkauft. Am Abend des 18. September war pro aurum fast vollständig ausgeplündert und hatte gerade mal noch eine Handvoll verschiedener Goldmünzen als Kapitalanlage im Programm.
Aber nicht nur dieses Goldene Kalb, sondern auch viel größere, hässlichere und kapitalere Borstentiere wurden von den Medien ignoriert. Zum Beispiel der Putschversuch von US-Präsident George W. Bush und Finanzminister Henry Paulson gegen Verfassung, Volk und Vaterland.
Kritiker der US-Regierung spekulieren praktisch seit dem 11.9.2001 über einen neuen Anschlag oder eine neue Katastrophe vor dem Ende der Amtszeit von Präsident Bush. Da Bush aus ihrer Sicht mit Hilfe von Wahlbetrug ins Amt kam und 2004 mit einem erneuten Wahlbetrug an der Macht gehalten wurde, wollten sie nicht glauben, dass sich die »Bush-Junta« 2008 einfach würde abwählen lassen. Da sie auch die Anschläge vom 11.9.2001 als internen Putschversuch gegen das amerikanische Volk und die Verfassung sahen, rechneten sie fest mit einem neuen Anschlag oder einer neuen Riesenkatastrophe vor dem Wahltermin am 4. November 2008. Ein solches Ereignis könnte den Wahlkampf unterbrechen und die Kandidaten alle an einen Tisch holen, und zwar an den Tisch eines Not-Präsidenten Bush, der aufgrund der Krise dann weiterregieren könnte.
Und siehe da: Gegen Ende der Amtszeit von Präsident Bush und

mitten im Wahlkampf platzte im September 2008 zwar keine Bombe aus Sprengstoff, wohl aber eine Stinkbombe aus faulen Krediten. Auch sie brachte Türme ins Wanken, und zwar diesmal die Glastürme der Finanzindustrie: Lehman Brothers, Merrill Lynch, AIG. Die Rhetorik gab zu denken: Nichts werde mehr so sein wie vorher, war zu hören. »Dies ist ein wirtschaftliches Pearl Harbor«, sagte der Finanz-Tycoon Warren Buffett. Anders als die Ereignisse von 9/11, die letztlich etwa dreitausend Todesopfer forderten, fielen der Finanzbombe zunächst zwar keine Menschenleben zum Opfer, doch mittel- und langfristig könnte sie die Existenzen von Millionen Menschen zerstören. Und siehe da: Die Retter erschienen tatsächlich wie leuchtende Sterne am Börsenhimmel, und zwar in Gestalt von Präsident George W. Bush und US-Finanzminister Henry Paulson. Oder müsste es heißen: von Henry Paulson und seinem Präsidenten George W. Bush? Just in diesen Tagen schlug der US-Finanzminister mit Bushs tatkräftiger Unterstützung ein sogenanntes Rettungspaket für das US-Finanzsystem vor. 700 Milliarden Dollar sollten den Banken für notleidende Hypothekenpapiere geschenkt werden. Wieso »geschenkt«? Sollten die Papiere den Banken nicht abgekauft werden? Schon, aber diese Papiere waren ja nichts oder fast nichts mehr wert, also muss man wohl eher von einem Geldgeschenk für die Banken sprechen. Denn eine staatliche Beteiligung an den betroffenen Instituten war in dem entsprechenden Gesetzentwurf ebenfalls nicht vorgesehen. Laut *Junge Welt* ermächtigte der Gesetzentwurf den Finanzminister, der vor seinem Regierungsamt die Geschicke der Investmentbank Goldman Sachs gelenkt hatte, »hypothekenbezogene Wertpapiere von jedem denkbaren Finanzinstitut, das sein Hauptquartier in den USA hat, zu Bedingungen, die das Finanzministerium festlegt, zu kaufen«.

Wahrlich ein Jackpot für die »armen« Banken! Oder wie heißt es doch so schön bei Bertolt Brecht: »Was ist ein Einbruch in eine Bank gegen die Gründung einer Bank?« Der gute alte Brecht!

Denn was ist ein Einbruch in eine Bank gegen Spekulationen mit zweitklassigen Krediten, gegen den Aufbau einer riesigen Derivatenblase, gegen das Ausrauben eines ganzen Staates, ja eigentlich mehrerer Staaten! Gegen die Akteure im US-Finanzsystem erscheint auch der finsterste Bankräuber wie ein Ehrenmann, denn der begeht ja sozusagen nur finanziellen Mundraub, während man im Falle der Finanzjongleure eher schon von organisiertem Verbrechen sprechen muss.
Wie von vielen befürchtet, versuchte die »Bush-Junta« einschließlich US-Finanzminister Paulson und Notenbank-Chef Bernanke, den Kongress und das amerikanische Volk im allgemeinen Chaos zu überrumpeln und den Finanzminister als eine Art »Finanzdiktator« zu installieren – so das *Wall Street Journal*. Diskussionen über das »Rettungsgesetz« waren nicht gefragt: »Die ganze Welt sieht zu«, mahnte Präsident Bush. »Der Kongress muss dringend handeln, um die Situation zu stabilisieren und die anderenfalls sehr ernsten Folgen für unsere Finanzmärkte und unsere Wirtschaft zu verhindern«, drängelte Notenbank-Chef Bernanke. »Millionen Amerikaner könnten ihren Arbeitsplatz verlieren«, schwang sich Bush am 24. September in einer Fernsehansprache zum Retter der Nation auf. Ohne sofortiges Handeln des Kongresses könne das Land in eine Finanzpanik rutschen, warnte er. Banken könnten vernichtet, Rentenpläne bedroht und Millionen Arbeitsplätze gefährdet werden. Statt stillzuhalten, habe er sich daher für diese »dramatische Aktion« entschieden.
Während der Kongress in dieser Situation als unverantwortlicher Bremser hingestellt wurde, lag die Verantwortungslosigkeit in Wahrheit ganz woanders, versuchte die Regierung doch, das Chaos zu nutzen und Zeitdruck aufzubauen, um den Kongress, den Steuerzahler und das amerikanische Volk zu entmachten, ja zu enteignen und zu versklaven. Denn zahlen müsste das Ganze natürlich der Steuerzahler. Mehr oder weniger unverhüllt wurde der Kongress erpresst: Entweder der Finanzminister erhält die unbe-

grenzten Vollmachten, oder das ganze Finanzsystem geht kaputt. Er habe den Eindruck, »nicht nur unsere Wirtschaft, sondern auch unsere Verfassung ist in Gefahr«, zitierte *faz.net* den Vorsitzenden des Bankenausschusses, Christopher Dodd. »Nur, weil Gott die Welt in sieben Tagen geschaffen hat, müssen wir dieses Gesetz nicht in sieben Tagen beschließen«, wird sogar ein Republikaner zitiert, nämlich Joe Barton aus Texas. In Wirklichkeit ging es gar nicht um die Rettung des Finanzsystems, sondern um einen Staatsstreich. Ex-Goldman-Sachs-Mann Paulson nutzte das immer größere Chaos und das Mulitorganversagen des Finanzsystems, um ein ganz großes Ding zu drehen.

»Wenn es Paulson mit der Hilfe von ›Federal-Reserve‹-Chef Bernanke gelingt, sein Programm als Gesetz durchzupauken, dann erhielte der Finanzminister die größte Macht, die je ein Einzelner in der amerikanischen Finanzgeschichte innehatte«, schrieb F. William Engdahl: Aus diesem Grund bezeichneten bereits einige Gegner das Gesetz als »››finanzielles Äquivalent zum 'Patriot Act' (Heimatschutzgesetz) nach dem 11. September [2001]‹ – dem Gesetz, das in den USA mit einem Federstrich fast alle Verfassungsgarantien für bürgerliche Freiheiten außer Kraft setzte und der Exekutive fast unbegrenzte Vollmachten gab … Theoretisch könnte Paulson (…) die gesamten 700 Milliarden Dollar für die Rettung seiner ehemaligen Firma, Goldman Sachs, verwenden. Wenn ein demokratischer Kongress diese Vollmachten bestätigt, dann verliehe dies Paulson die Macht, die gesamte Finanzmacht der Vereinigten Staaten nach den Plänen eines Einzelnen, des ehemaligen Chefs von Goldman Sachs, zu reorganisieren. Er allein könnte dann entscheiden, wer überlebt und wer untergeht.«

Das war aber noch nicht alles. Während der Öffentlichkeit immer wieder Mantra-artig der Betrag von 700 Milliarden Dollar vorgebetet wurde, war diese Summe keineswegs in Stein gemeißelt. Ob der Finanzminister seinen Kumpanen in der Finanzindustrie in

Wirklichkeit nicht noch viel mehr zuschanzen würde, wäre schwer zu überprüfen gewesen, denn in Abschnitt 8 des Gesetzentwurfs wurde festgelegt, dass »Entscheidungen des Finanzministeriums in Verfolgung dieses Gesetzes« der Geheimhaltung unterliegen und von keinem Gericht und von keiner Regierungsbehörde überprüft werden können. Ade Demokratie und Sozialstaat. Dafür gibt es wirklich nur ein Wort: Diktatur.

1. Nach dem ersten Gesetzentwurf hätte Exbanker Paulson über den Ankauf von Hypothekenpapieren möglicherweise ganz nach eigenem Gusto Geld an die Banken verteilen können.
2. Die Einzelheiten dieser Maßnahmen wären geheim geblieben.
3. Niemand hätte ihn dafür zur Rechenschaft ziehen können.

Vielleicht war das ein bisschen zu direkt. Der Entwurf, zunächst ein dreiseitiges Papier, wuchs daher, nachdem er in einer ersten Abstimmung vom Repräsentantenhaus abgelehnt worden war, auf 110 Seiten und hatte am Ende den vierfachen Umfang von 451 Seiten, die kein Mensch mehr verstehen konnte. Statt dreister Klarheit erwartete Abgeordnete und Bürger plötzlich nur noch ein undurchsichtiger, aber umfangreicher Gesetzesnebel. Klar daran waren eigentlich nur diverse soziale Verbesserungen, die man nun mit dem Rettungsplan verknüpft hatte. Den Rettungsplan für die Banken abzulehnen hieß also gleichzeitig, Erleichterungen für die Bevölkerung abzulehnen. Der US-Senat stimmte dem »Senate Emergency Economic Stabilization Act of 2008« am 1. Oktober 2008 denn auch zu, obwohl die Senatoren das nun sehr komplizierte und umfangreiche Gesetz zu diesem Zeitpunkt gar nicht gelesen haben konnten. Und auch sonst niemand, denn veröffentlicht wurde der Entwurf ebenfalls erst am 1. Oktober. Am 3. Oktober hieß es dann auch im US-Repräsentantenhaus: »US-Rettungspaket verabschiedet, Krise verschärft« *(aktienmarkt.*

net): Die Börsen reagierten kaum auf diese »gute« Nachricht. Am 6. Oktober fiel der Dow Jones auf unter 10 000 Punkte.
Hier sollten eiligst Tatsachen geschaffen werden, welche die USA und die ganze Welt auf den Kopf stellen würden. In der Krise hieß es »anything goes«, »alles geht« oder »alles ist erlaubt«. Und das bedeutete nichts Gutes, denn auch bisher war ja schon einiges »gegangen«, zum Beispiel die Umwandlung des Finanzsystems in ein Kasino nach dem Motto: »Enrichez vous!« (»bereichert euch«; ein berühmter Ausspruch des französischen Königs Louis-Philippe). Nun aber waren die politischen und die Finanzeliten der USA völlig außer Rand und Band und wollten sich ihre Zockerei in unbegrenzter Höhe vom Steuerzahler bezahlen lassen.
Und eine Weltmacht, die außer Rand und Band gerät, ist nun wirklich eine schlechte Nachricht. Das »anything goes« bezieht sich ja möglicherweise nicht nur auf das Finanzsystem. Was könnte also noch »gehen«? Nun, es gibt auch noch andere Wege aus der Finanzkrise, und einer davon heißt Krieg. Denn dass es US-Präsident Roosevelt in den Dreißigerjahren des letzten Jahrhunderts gelungen sei, die Große Depression und die Weltwirtschaftskrise mit seinem New Deal zu überwinden, ist nur ein hübsches Mäntelchen für eine hässliche Wirklichkeit. Erst die durch den Eintritt der USA in den Zweiten Weltkrieg erzwungene Ankurbelung der Rüstungsproduktion schuf die Grundlagen für eine dauerhafte Erholung der US-Wirtschaft und für den endgültigen Aufstieg der USA zur Weltmacht Nummer eins nach 1945.

23. September Kauhajoki: He's a real nowhere man …

Eine milde Herbstsonne scheint an diesem Tag auf das finnische Städtchen Kauhajoki, 350 Kilometer nordwestlich von Helsinki. Um 10.46 Uhr befinden sich etwa 150 Menschen in der örtlichen Berufsschule, als nach offiziellen Angaben ein gewisser Matti Juhani Saari das Gebäude betritt. Der 22-Jährige sei mit einer

Pistole vom Typ Walther P22, Sprengsätzen und Chemikalien bewaffnet gewesen. Bevor er sich selbst die Kugel gegeben habe, habe er neun Schüler und Lehrer an Ort und Stelle getötet, ein weiteres Opfer sei später im Krankenhaus gestorben.
Schon im *Kritischen Jahresrückblick 2007* habe ich mich ausführlich mit diesen seltsamen Massenmorden auseinandergesetzt, die immer nach demselben Schema abzulaufen scheinen. Prominenteste Beispiele waren Littleton 1999 (Columbine High School), Erfurt 2002, Emsdetten 2006 und Blacksburg 2007. Seit etwa zehn Jahren vergeht kein Jahr ohne einen spektakulären Amoklauf, oft sind es auch zwei derartige Ereignisse. Und fast immer sind Schulen die Schauplätze. Zur Erinnerung hier eine kleine Typologie:

Die Amokläufe sind häufig
- nicht spontan,
- nicht willkürlich,
- nicht von Raserei oder sinnloser Wut, sondern
- von extremer Kälte gekennzeichnet,
- akribisch geplant.

Die Täter
- sind nicht unkontrolliert, sondern extrem kontrolliert,
- werden nach dem Amoklauf meist von der Polizei in irgendeinem Raum tot aufgefunden,
- wurden bei ihrem Suizid von niemandem beobachtet (keine Zeugen).

Die Polizei
- kommt häufig zu spät,
- findet den oder die Täter meistens bereits tot oder tödlich verletzt vor, sodass sie ihn bzw. sie nicht mehr befragen kann,
- kurz: versagt eigentlich immer.

Die finnische Polizei setzte alldem noch insoweit die Krone auf, als sie den angeblichen Attentäter noch am Tag zuvor nicht nur verhört, sondern außerdem sogar seinen Wohnsitz durchsucht hatte. Man ließ ihn jedoch laufen, ohne ihm seine Waffen abzunehmen.

Und:

- Die Amokläufe der letzten Jahre gleichen sich wie ein Ei dem anderen, als handele es sich um Operationen von der Stange, aus einem Handbuch oder nach ein und demselben Operationsplan.
- Jedes dieser Massaker gibt uns eine volle Dosis Emotionen und setzt politisch genehme Denkmechanismen in Gang. Am Ende steht immer die Forderung nach neuen, schärferen Waffengesetzen.

Man fragt sich, ob es wirklich nur um die Anschläge fehlgeleiteter Jugendlicher auf verhasste Lehrer und Mitschüler handelte.

Denn ein solcher Hass macht sich nun mal an bestimmten Personen fest – an Lehrern, die einen schikaniert, oder an Mitschülern, die einen gehänselt haben. Hass ist aber ein gebündeltes Gefühl. Je individueller (»unteilbarer«) der Adressat, desto brennender der Hass. Je diffuser der Adressat, desto schwächer der Hass. Einzelpersonen kann man aus konkreten Gründen sehr viel intensiver hassen als ganze Gruppen (tendenziell – Ausnahmen sind immer möglich). In letzterem Fall verteilt sich der Hass auf viele und wird entsprechend abgeschwächt oder durch positive individuelle Kontakte mit der »verhassten« Gruppe »durchlöchert«. Zwar sprechen wir durchaus von uns verhassten Gruppen, aber wenn wir uns genau beobachten und dieses Gefühl mit unserer Ablehnung verhasster Einzelpersonen vergleichen, müssen wir doch einräumen, dass der Hass gegen letztere meistens viel intensiver ist. Und für einen Mord ist wahrscheinlich eine ganze Menge Hass nötig. In der

Regel entstehen nur aus sehr intensiven Beziehungen die mächtigen Motive, die zu einem Mord führen können. Deshalb sind die allermeisten Morde auch »Beziehungstaten«. Mord ohne intensive Beziehung ist daher die große Ausnahme. Darum hat es die Polizei bei Mordermittlungen auch so leicht: Etwa 95 Prozent aller entdeckten Morde werden aufgeklärt. Denn findet man ein Mordopfer, heißt es normalerweise nur, auch die dazugehörige intensive Beziehung zu finden. Das Muster der intensiven Emotionen ähnelt den konzentrischen Kreisen, die entstehen, wenn man einen Stein ins Wasser wirft. Nur Beziehungen zu besonders nahestehenden Personen schlagen sozusagen hohe Wellen:

1. Im Zentrum befinden sich Ehemann, Ehefrau und Geliebte(r).
2. Dann folgen sekundäre Beziehungen zu Kindern, Eltern und anderen Verwandten.
3. Schließlich weniger enge Beziehungen, zum Beispiel zu Geschäftspartnern.

Schulkameraden und Lehrer tauchen in diesem Schema normalerweise eher am Rande auf. Umgekehrt heißt das, dass die Amokläufer der letzten Jahre alle über ein paradoxes Beziehungsmuster verfügt haben müssen: Während sie ihre Geliebten, Eltern, Geschwister und Verwandten unbehelligt ließen, mordeten sie an ihren Schulen. Äußerst ungewöhnlich. Und äußerst unwahrscheinlich: So etwas mag ganz selten einmal vorkommen, aber nicht ständig und nicht in dieser Stereotypie. Das weiß natürlich auch die Polizei. Deswegen versuchte sie beispielsweise in dem jüngsten finnischen Fall diese Ungereimtheit zu beseitigen, indem sie angab, »dass der Amokläufer offenbar gezielt ihm bekannte Mitschüler aus der eigenen Klasse oder dem eigenen Jahrgang getötet hat« (so die *Basler Zeitung Online*). Namen oder Beweise dafür wurden allerdings nicht genannt: Wen genau hat er gehasst und warum? Welcher Lehrer hat ihn schikaniert und wie? Welcher

Mitschüler hat ihn gehänselt und wie? Welches Mädchen hat ihn zurückgewiesen? »Wie er seine Opfer auswählte, war auch am Mittwoch noch nicht geklärt«, hieß es am 24. September 2008 bei *focus.de*.

Statt solcher konkreter Motive wurde nur ein ebenso monströses wie allgemeines Gestammel des angeblichen Täters präsentiert, ganz so, als hätte er gar nicht gewusst, wen er töten sollte, oder als hätte er in Wirklichkeit keine der Zielpersonen gekannt: »Ich wollte immer so viele Menschen wie möglich töten«, soll in handschriftlichen Notizen des angeblichen Amokläufers gestanden haben. »Hass auf die Menschheit« habe er genauso geäußert wie Platitüden: »Das ganze Leben sei ein Krieg, und jeder kämpfe für sich allein« (*rp-online*, 24. 9. 08). Statt konkreter Motive und Anklagen nur kryptische Andeutungen, wohin man auch blickte: »Die Lösung ist eine Walther 22« oder: »You will die next« (»Du wirst als Nächstes sterben«). Wer aber war damit gemeint? Wenn der Hass sich gegen alles und jeden richtete – warum schoss der Attentäter dann nicht auf die erstbesten Menschen, die ihm über den Weg liefen, sondern suchte sich ausgerechnet Lehrer und Mitschüler aus? Und warum taten das fast alle Amokläufer der letzten Jahre mit ihrem angeblich ungerichteten Hass? Warum sucht sich jemand mit einem ungerichteten Hass überhaupt irgendetwas und irgendjemanden aus? Woraus schöpfen all diese Attentäter, anders als gewöhnliche Mörder, ausgerechnet in ihrem weiteren Umfeld den Hass, um solche Mordtaten zu begehen?

Rätsel über Rätsel. Wie man sieht, ergibt die Geschichte des Amoklaufs von Kauhajoki, so wie sie erzählt wird, keinen Sinn. Genauso wenig wie die Geschichten der anderen Amokläufe auch. Die wichtigsten Auffälligkeiten:

- Die angeblichen bekennenden Selbstmordattentäter treten vermummt auf, als ob sie nicht erkannt werden wollen (was angesichts einer solchen Tat gar keinen Sinn ergibt).

- Zeugen sehen folgerichtig meistens nicht den später Beschuldigten schießen, sondern einen oder sogar mehrere (!) Maskierte(n), der/die später als der/die Beschuldigte(n) bezeichnet werden.
- Sie tragen Ohrenstöpsel gegen den Schusslärm, entfernen diese vor ihrem angeblichen Selbstmord und werfen sie weg (was ebenfalls keinen Sinn ergibt, wenn man sich ohnehin umbringen will).
- Im Internet und in Briefen äußern sie meistens einen diffusen, ungerichteten Hass und nennen keine konkreten Personen oder Gründe (so bei den Attentaten von Blacksburg, Virginia, und Kauhajoki).
- Auch während der Tat beschuldigen oder klagen die Täter niemanden an (was bei Racheakten naheliegend wäre), sondern fallen eher durch sorgfältiges Schweigen auf.
- Konkrete Feinde des angeblichen Todesschützen werden sogar ausgespart (so die Direktorin und der Lehrer H. des Gymnasiums in Erfurt), als ob der oder die Schütze(n) die Menschen in der Schule gar nicht kenne.
- Die angeblichen Einzeltäter feuern in kürzester Zeit enorm viele Schüsse ab und erreichen eine enorm hohe Treffer- und Todesquote (in der Norris Hall in Blacksburg, Virginia, wurden durch 170 Schüsse in neun Minuten 31 Menschen getötet und 29 verletzt).

Im Fall Kauhajoki glaubt man sicher zu wissen, dass ein gewisser Matti Juhani Saari seine Schule stürmte und das Feuer eröffnete – richtig? Das ist jedoch bereits eine Interpretation von Polizei und Medien. In Wirklichkeit war der Attentäter mit einer Skimaske vermummt. Warum – wenn er nach seinem Selbstmord doch ganz sicher identifiziert werden würde? Und wenn es irgendwelche persönlichen Motive gegeben haben sollte, warum wollte er dann seinen Opfern sein Gesicht nicht zeigen? Aufgrund der Maske erkannten Mitschüler und Angestellte der Schule den Schützen jedenfalls nicht:

> »Hausmeister Jukka Forsberg berichtete, zunächst Schüsse und Schreie gehört zu haben. ›Dann kamen zwei Mädchen in mein Zimmer und sagten, dass ein unheimlicher Mann um sich schießt‹, sagte Forsberg. Er habe einen Mann gesehen, der eine große schwarze Tasche in einem Korridor abstellte, in einen Klassenraum ging und die Tür hinter sich schloss. ›Ich habe durch das Fenster geschaut, und er hat sofort auf mich geschossen‹, sagte Forsberg.« (*Zürcher Tagesanzeiger*, 23.9.2008)

Bei fast allen Schulmassakern der letzten Jahre gab es einen auffallenden Bruch zwischen den professionell vorgehenden, schweigsamen Vermummten und den posthum Beschuldigten. Niemand hätte den Toten eine solche Tat vorher zugetraut. Deshalb behalf man sich mit dem Modell der »zwei Gesichter« oder eines »Doppellebens«:

> »›Er war offenbar ein junger Mann mit zwei Gesichtern‹, sagte Tapio Varmola, Direktor der Universität, zu der die betroffene Schule gehörte. ›Ein unauffälliger Junge im Unterricht, aber in seinem Studentenwohnheim lebte er mit seinem Laptop ein anderes Leben.‹« (*morgenpost.de*, 25.9.08)

Eine Doppelleben oder »zwei Gesichter« sind eine Möglichkeit. Dass Täter und Beschuldigter in Wirklichkeit verschiedene Personen waren, eine andere. Schließlich könnte der angebliche Selbstmordattentäter ja auch zu den Opfern gehört haben und nur mit Hilfe von posthum bei ihm abgelegten Waffen zum Täter erklärt worden sein. Weit hergeholt? Vielleicht. Aber nachdem diese Möglichkeit aus vielen guten Gründen in Erwägung gezogen worden war (u.a. im *Kritischen Jahresrückblick 2007)*, wurde diese Spekulation durch den Fall Kauhajoki gewissermaßen »beantwortet«.

So präsentierte das finnische Wochenmagazin *7 päivää* plötzlich einen angeblichen Freund von Saari namens »Rauno«. »Rauno« habe angegeben, dass Saari ihn nach den Todesschüssen um etwa 11.53 Uhr angerufen und seinen Selbstmord angekündigt habe: »Wir grüßten uns normal, und ich fragte ihn ebenso normal, was so anliegt«, sagte »Rauno« laut *7 päivää.* Saari »verkündete mit vollkommen ruhiger Stimme, dass er in der Schule zehn Menschen erschossen habe und mich nun anrufen würde, um sich zu verabschieden«.

Diese Geschichte machte schnell die Runde. *Spiegel Online* berichtete ebenso darüber wie der britische *Daily Telegraph* und zahlreiche andere Medien auf der ganzen Welt. Das Problem war nur:

- »Rauno« hatte keinen Nachnamen. Jedenfalls wurde der nirgends erwähnt.
- »Rauno« hatte auch kein Zuhause, denn auch das wurde nirgends erwähnt: »Rauno« studiere »irgendwo anders, nicht in Kauhajoki«, berichtete schwammig die englische Ausgabe von *Helsingin Sanomat.*
- »Rauno« hatte auch kein Gesicht, zumindest konnte ich nirgends ein Foto oder eine Videoaufnahme von ihm finden.

Wenn man bis jetzt noch nicht misstrauisch geworden war: Dieser »real nowhere man« (The Beatles) machte einen nun erst richtig stutzig. Sollte hier irgendjemand die Absicht gehabt haben, ein Problem zu beheben (nämlich die fragwürdige Identität der/des Schützen mit dem posthum beschuldigten Matti Juhani Saari), war das gründlich misslungen. Die »Rauno«-Geschichte machte alles nur noch schlimmer. Denn sollte »Rauno« wirklich existieren, warum wurde er dann nicht eindeutig identifiziert? Angst musste er vor dem toten Matti Saari ja wohl keine mehr haben.

Kurz und gut: Der Fall Kauhajoki ist genauso dubios wie die anderen Schulmassaker zuvor. Ja, nicht nur dubios, sondern regelrecht verdächtig. Wie immer in solchen Fällen muss man fragen: Was waren die konkreten Folgen? Was wurde damit bewirkt? Um diese Fragen zu beantworten, muss man sich genau die dem Attentat folgenden Diskussionen ansehen. Und dabei stellt man fest, dass den Schulmassakern regelmäßig weitere Anschläge folgten, und zwar auf

- die jeweils geltenden Waffengesetze,
- die geltenden Datenschutzgesetze,
- die Freiheit des Internets.

Die Verschärfung der Waffengesetze ist politisch korrekt bis zum Abwinken und ein globales Vorhaben ähnlich dem Rauchverbot. Begleitet von immer neuen Schulmassakern breitet sich in rasender Geschwindigkeit eine neue Waffengesetzgebung über den Globus aus. Durch die Schulmassaker wird sie ähnlich konsensfähig gemacht wie das Rauchverbot durch immer neue Bilder von krebszerfressenen Lungen. Der angebliche Amoklauf von Robert Steinhäuser in Erfurt erfolgte just an demselben 26. April 2002, als im Deutschen Bundestag ein neues Waffengesetz unter Dach und Fach gebracht werden sollte. Durch das Schulmassaker von Erfurt wurde das Ruder herumgerissen und das Waffengesetz noch einmal »überdacht« und verschärft. Auch der Amoklauf von Kauhajoki war mit der finnischen Waffengesetzgebung verzahnt. Schon nach dem Amoklauf vom November 2007 im finnischen Jokela (neun Tote) sollte das Waffenrecht verschärft werden. Dieses Massaker hatte aber gewissermaßen überhaupt nichts »gebracht«: Die nachfolgenden Verschärfungen des Waffenrechts waren bereits vorher geplant gewesen. Durch den neuerlichen Amoklauf sei der Druck auf die Politik, etwas zu verändern, aber gestiegen, berichteten die Medien. Anders als wahllose Attentate in Supermärkten, U-Bahnhöfen oder Betrieben entfalten Massaker an Kindern natürlich den maximalen psychologischen Druck. Aber von wem geht dieser Druck letztlich aus? Von der Öffentlichkeit? Von dem Attentäter? Oder von wem sonst? Nun wolle die Politik schnell reagieren, kündigte Innenministerin Anne Holmlund laut *Die Welt* an. Es gebe noch »eine EU-Direktive, die die Angleichung der Regeln für Waffenbesitz fordert«. Diese »muss Finnland allerdings ebenfalls noch erfüllen«. Und tatsächlich gelobte Ministerpräsident Matti Vanhanen Besserung: Der Privatbesitz von Handfeuerwaffen müsse verboten werden, sagte er.

Diese Äußerung ist insoweit interessant, als die meisten bisherigen Amokläufe mit den bereits geltenden Waffengesetzen hätten verhindert werden können. Der angebliche Kauhajoki-Amokläufer beispielsweise wurde noch am Tag zuvor von der Polizei »verhört«. Anhand der zu diesem Zeitpunkt vorliegenden Informationen hätte man ihm die Waffe bereits abnehmen können. Aber auch in Deutschland, das seine Waffengesetze ebenfalls unter dem Druck von Schulmassakern verschärfte, konnte man unzuverlässigen Zeitgenossen schon immer die Waffe abnehmen. Auf dem Campus der Universität von Blacksburg, Virginia, wo 2007 33 Menschen erschossen wurden, herrschte sogar ein totales Waffenverbot. Was dazu führte, dass die Attentäter die einzigen Waffenträger auf dem Gelände waren (abgesehen von äußerst dünn gesätem Sicherheitspersonal). Das heißt: Die Verschärfungen der Waffengesetze greifen ins Leere, denn wer sich von keiner menschlichen Hemmschwelle mehr bremsen lässt, der lässt sich auch von einem läppischen Waffengesetz nicht bremsen und besorgt sich die Waffen, die er braucht, auf jeden Fall.

Wozu dann aber die Gesetzesänderungen? Besonders interessant ist bei dieser Frage eine weitere nach dem Kauhajoki-Massaker erhobene Forderung, nämlich die nach einer zentralen Waffenbesitzer-Datei in Finnland. Der Kontrolle des einzelnen Waffenbesitzers kann sie kaum dienlich sein, denn diese Kontrolle muss dezentral erfolgen. Aufgrund der größeren Nähe haben die lokalen Behörden einen besseren Überblick und einen schnelleren Zugriff über/auf den jeweiligen Waffenbesitzer. Was da eine zentrale Datei bringen soll, bleibt rätselhaft – es sei denn, man stellt sich den Waffenbesitzer ausnahmsweise einmal nicht als durchgeknallten, verschrobenen Waffennarren vor. Zugegeben: ein anstrengender Perspektivwechsel, wird uns doch seit Jahren eingebleut, dass privater Waffenbesitz eigentlich nur dem Ego komplexbeladener Soziopathen diene. Aber denken wir einmal einen Moment darüber hinaus. Tatsache ist: Die Bürger Finnlands sind schwer bewaffnet. 1,6 Millionen Schusswaffen befinden sich in Privatbesitz. Einer Studie zufolge besitzt etwa jeder zweite Finne eine Schusswaffe. Legt man die reinen Bevölkerungszahlen zugrunde, kommt man so auf die Armee einer Großmacht beispielsweise in der Größenordnung der früheren Sowjetunion, nämlich auf 2,6 Millionen Waffenbesitzer. Natürlich kann diese Tatsache auf friedliche (und unbewaffnete) Bürger beängstigend wirken. Aber auch den Staat könnte es beunruhigen. Der verfügt im Fall Finnlands nämlich in Friedenszeiten nur über ein Häuflein von 35 000 Mann unter Waffen. Im Krisenfall bringt er zwar 520 000 Mann auf die Beine, aber auch nur dann, wenn sich die privaten Waffenbesitzer für die Sache des Staates mobilisieren lassen, etwa für die Landesverteidigung gegen einen äußeren Feind.

Käme es dagegen zu inneren Unruhen, etwa im Rahmen der Finanzkrise, und zu einer Konfrontation zwischen Staat und Bevölkerung, sähe der Staat schlecht aus. Die geforderte zentrale Waffenbesitzer-Datei wäre daher eine Form der Vorsorge für den Tag einer solchen Auseinandersetzung. Sie würde die Erfassung dieser privaten Bürgerarmee und gegebenenfalls ihre Entwaffnung durch zentrale Polizei- oder Militärkräfte ermöglichen. Die Situation ist in vielen Staaten der Welt ähnlich, vor allem in den USA, wo die private Bürgerarmee – pardon: die durchgeknallten Waffennarren – nicht nur zahlenmäßig weitaus stärker, sondern

auch besser bewaffnet ist als irgendwo anders auf der Welt. Dort beläuft sich allein die Zahl der registrierten Waffenbesitzer auf 100 Millionen – mit etwa einer halben Milliarde Schusswaffen. Die Dunkelziffer liegt noch viel höher. Verschwiegen wird, dass die amerikanischen Verfassungsväter, die den privaten Waffenbesitz erlaubten, nicht etwa Freunde von durchgeknallten Waffenfreaks, komplexbeladenen Gernegroßen oder Serienkillern waren. Vielmehr sollte der private Waffenbesitz dem Volk die Möglichkeit geben, sich gegen eine diktatorische Zentralregierung zu verteidigen. Nur wird dieses Anliegen in der Diskussion erstens totgeschwiegen und zweitens andauernd durch jede Menge professionell auftretender Amokläufer diskreditiert.
Cui bono – wem nützt es?

Oktober 2008

Thema des Monats: *Der plötzliche Tod des Jörg H.*

1.10. Der bayerische Ministerpräsident Günther Beckstein gibt nach dem Debakel bei der Landtagswahl seinen Rücktritt bekannt ***3.10. 20. Todestag von Franz Josef Strauß*** / US-Repräsentantenhaus billigt im zweiten Anlauf ein 700-Milliarden-»Rettungspaket« ***5.10. Neuer Finanzbedarf bei der Hypo Real Estate*** **6.10.** Bekanntgabe des amtlichen Endergebnisses der österreichischen Nationalratswahl **8. bis 10.10.** Schwere Kurseinbrüche an den Börsen / Konzertierte Leitzinssenkungen ***11. 10. Der plötzliche Tod des Jörg H.*** **17.10.** Eilgesetz zur Stabilisierung der Finanzmärkte wird verabschiedet ***25.10. Anti-NPD-Veranstaltung »Bochum gegen Rechts«*** **27.10.** Horst Seehofer wird neuer bayerischer Ministerpräsident

3. Oktober Franz Josef Strauß: Todesursache Oktoberfest

Der gute, alte Franz Josef Strauß! Zwanzig Jahre nach seinem plötzlichen Tod und viele Politikergesichter später beginnt man allmählich auch diese Figur wie mit einem Weichzeichner zu sehen. Waren das nicht noch bessere Zeiten als unter jenen »Pappnasen«, die am 28. September 2008 die bayerische Landtagswahl für die CSU in den Sand setzten? War das Bayern von Strauß im Vergleich zu der heute grassierenden Instabilität nicht jahrzehntelang ein ähnlich stabiler und berechenbarer Faktor wie auf einer anderen Ebene zum Beispiel die Sowjetunion? Waren beide nicht feste Pfeiler des globalen und regionalen politischen Systems, auf die man sich verlassen konnte – im Guten wie im Bösen? Ob er sich nun, Ende September/Anfang Oktober 2008, wohl im Grabe umdrehte? Zum ersten Mal seit über fünfzig Jahren war der Stimmenanteil der CSU am 28. September nicht nur unter fünfzig Prozent gerutscht. Nein, er war regelrecht abgestürzt – auf 43,4 Prozent. Die Quittung für eine rücksichtslose Politik gegenüber der eigenen Klientel, die noch unter dem Ministerpräsidenten Edmund Stoiber durchgesetzt worden war – angefangen beim radikalsten deutschen Rauchverbot im bier- und qualmseligen Bayern bis hin zur überstürzten Einführung des achtjährigen Gymnasiums (G8). Fehler, die Strauß, der König der verqualmten Bierzelte und Besitzer einer umfassenden humanistischen Bildung, so wohl nicht gemacht hätte. So aber wurden Stoibers Nachfolger Beckstein und Huber aus ihren Posten als Ministerpräsident und Parteivorsitzender herausgekegelt; der zuvor geschasste Horst Seehofer übernahm als Chef einer CSU/FDP-Koalition am 27. Oktober beide Ämter in Personalunion.

Doch zurück zu Strauß: Am Samstag, den 2. Oktober 2008, flatterte mir die Münchner Tageszeitung *tz* ins Haus. Eher oberflächlich las ich einen Artikel über den Tod des früheren bayerischen Ministerpräsidenten Franz Josef Strauß, dessen Ableben sich am darauf folgenden 3. Oktober 2008 zum 20. Mal jährte. Gleich als Erstes wurde ich mit der Antwort auf eine Frage überrumpelt, die zu diesem Zeitpunkt noch kein Leser gestellt hatte, nämlich die Frage nach der Todesursache. Zwar habe sich Strauß selbst »pumperlgsund« gefühlt, und nur der Alterszucker und die Hüfte hätten ihn manchmal geplagt. Aber: »Die Ärzte, die ihn betreuten, fürchteten bei jedem seiner öffentlichen Auftritte das Schlimmste: Oft redete er sich in Rage, dabei lief sein Kopf knallrot an, und der Schweiß floss in Strömen.« Er selbst habe den Beruf eines Politikers zu den ungesündesten gezählt. Und genau das habe sich am 1. Oktober 1988 bewahrheitet, als er zum Fürsten Thurn und Taxis auf die Jagd nach Regensburg flog und dort plötzlich zusammenbrach.

Noch Fragen? Erst mal nicht. Erst mal las ich weiter: Wie der Polizeihubschrauber mit Strauß an Bord gegen 15.50 Uhr im »fürstlichen Thiergarten« gelandet sei, wie sich Strauß für die Jagd umgezogen habe und wie ihn der fürstliche Chauffeur schließlich zum Jagdschloss Aschenbrennermarter mitgenommen habe. Wie er noch im Wagen »Halt« gesagt habe, »der Flug war ein bisschen anstrengend … Warten Sie noch.« Und wie er dann plötzlich zusammengebrochen sei.

Dabei hatte Strauß so was schon mal gesagt, nämlich ein Dreivierteljahr vorher. Da hatte der damals 72-Jährige eine zweistrahlige Cessna Citation auf dem vereisten Flugfeld von Moskau gelandet. Kommentar: »War 'n bisschen schwierig, der Flug.« Oder sein letzter Flug als Düsenpilot von Varna in Bulgarien nach München nur wenige Tage vor seinem Tod: »In 10 000 Meter Höhe versagte plötzlich die Regulierung des Kabinendrucks, und der Sauerstoff wurde knapp«, erzählte später sein Sohn Franz Georg Strauß. »Der Copilot sackte bewusstlos zusammen, weil seine Sauerstoffmaske defekt war. Mein Vater reagierte lehrbuchmäßig und brachte die Maschine in einer Art kontrolliertem Absturz auf 3000 Meter Höhe, wo ausreichend Sauerstoff vorhanden war.«

Und nun: Tod nach Hubschrauberflug?
»Ich glaube, sein Herztod Tage später hing mit dieser Beinahekatastrophe zusammen. Es muss ein traumatischer Schock für Kreislauf und Psyche sein, wenn ein Pilot nur um Haaresbreite den Tod aller Mitreisenden verhindert«, meinte Franz Georg Strauß in der *Süddeutschen Zeitung*. So kann man es natürlich auch sehen. Oder auch so: Strauß war nicht nur ein politisches, sondern auch ein gesundheitliches Urgestein. Den Mann warf einfach gar nichts um.
Wobei Franz Georgs Zitat eine weiche (»traumatischer Schock für Kreislauf und Psyche«) und eine falsche Diagnose enthält: »Herztod«. Von letzterem konnte überhaupt keine Rede sein. Allenfalls, lässt die Familie aus dem Obduktionsprotokoll durchsickern, habe Strauß drei Jahre zuvor »wahrscheinlich« einen stillen Herzinfarkt erlitten. Der Satz, der nach einer Todesursache klingt, schließt in Wirklichkeit eine Todesursache aus – nämlich den akuten Herzinfarkt. Denn sonst würde man ja nicht den drei Jahre alten Herzinfarkt bemühen.
Sodann schilderte die *tz*, wie Franz Josef Strauß an seinem Todestag ohnmächtig wurde, wie er sich erbrach, wie sein Unterleib anschwoll und wann welcher Notarzt mit welchem Hubschrauber eintraf. Wie er anschließend nach Regensburg ins Krankenhaus geflogen worden sei, wo man zwei Tage um sein Leben gekämpft habe, bis er schließlich am 3. Oktober 1988 verstarb. Bis zu diesem Punkt hatte ich immer noch keine Fragen. Ein Fragezeichen tauchte bei mir erst am Schluss auf, als ich erfuhr, dass der Bericht des damals behandelnden Notarztes heute ein »Staatsgeheimnis« sei und dass dieser Arzt damals viel Post erhalten habe – darunter viele »Verschwörungstheorien«: »Die verrückteste: Prinz Albert hat Franz Josef Strauß getötet! Mit dem Nervengift E 605. Das soll er ins Kräuterlikörglasl von Franz Josef Strauß gefüllt haben!«
Bevor ich mir jedoch vor Lachen über diese unverbesserlichen

Verschwörungstheoretiker auf die Schenkel klopfen konnte, blieb mir das Lachen im Halse stecken. Die Gliederung des *tz*-Artikels gab mir irgendwie zu denken:

- Warum musste der Autor gleich im ersten Satz die nicht gestellte Frage nach der Todesursache von FJS (scheinbar) beantworten, und zwar mit dem Hinweis, dass der Beruf des Politikers nun mal ungesund sei?
- Und warum musste er im letzten Absatz ungefragt »Verschwörungstheorien« über einen angeblichen Giftmord an Franz Josef Strauß ins Lächerliche ziehen?

Artikel werden nicht zufällig gegliedert. Und nach der Lektüre dieses Artikels war mir sofort klar, worum es wirklich ging: Mit der Todesursache von Franz Josef Strauß stimmt irgendetwas nicht, und das soll vertuscht werden. Am Schluss tritt der Autor die Flucht nach vorn an, indem er ungefragt Vergiftungsgerüchte lächerlich macht. Ohne diese plumpen Methoden wäre ich freilich nie auf diese Idee gekommen. Also machte ich mich auf die Suche nach der Wahrheit über den Tod von Franz Josef Strauß. Zunächst fand ich die Quelle für die *tz*-Diagnose »Tod durch ungesunden Lebenswandel«: *Der Spiegel* vom 10. Oktober 1988. Dort findet sich praktisch die Vorlage dessen, was man zwanzig Jahre später in der *tz* lesen konnte:

> »Ein Mann im achten Lebensjahrzehnt – wie verkraftet der das Umherziehen, die Jetlags, die Kalbshaxen und den Alkohol? Die kalte Nässe bei der Jagd? Den Schlafentzug? Und dazu den permanenten Ärger? Aus Straußens Sicht: gut, sehr gut. Der Bayer hat alles genossen, vieles im Übermaß, wovor die meisten seiner Altersgenossen sich nur noch fürchten. Strauß fühlte sich kerngesund – ›pumperlgsund‹, bis zu diesem Sommer. Nur die Hüfte tat ihm manchmal weh, und ein Alters-

zucker reduzierte seinen Alkoholkonsum, zumindest tagsüber. An ärztlichem Rat lag ihm wenig, um die Doktoren machte er meist einen Bogen.«

Zu Beginn des Artikels bietet *Der Spiegel* auch noch eine weitere Todesursache an. Und zwar habe Strauß »die geballte Kraft des medizinischen Rettungswesens« nicht überlebt. Sprich: An dem Ministerpräsidenten sei viel intensiver herumgedoktert worden als an jedem normalen Patienten, so dass seine Lebenssysteme schließlich versagt hätten.
Anschließend beschrieb *Der Spiegel* aber die vergebliche Suche nach der wirklichen Ursache für den plötzlichen Zusammenbruch von Franz Josef Strauß: »Warum ist der Patient bewusstlos?«, habe sich Dr. Rolf Manz, Chefarzt der Intensivstation des Regensburger Krankenhauses, gefragt.
Tja – warum? Der Blutkreislauf bricht schließlich »nicht in Sekundenschnelle aus heiterem Himmel zusammen«. Wie wahr. »Es muß eine Ursache geben.« Und weiter: »›Akuter Herzinfarkt‹ ist die naheliegende Erklärung.« Doch daraus wird nichts: »Im EKG finden sich keine Infarktzeichen, die Labordiagnose ist unauffällig. Vielleicht ein ›stummer Infarkt‹ ohne EKG-Veränderungen? Oder doch ein Schlaganfall?«
Doch daraus wird auch nichts, denn: »Die Computertomographie des Gehirns zeigt keine Auffälligkeiten. Kann eine akute Herzrhythmusstörung vorgelegen haben? Ein Herzrasen oder eine lebensbedrohliche Verlangsamung der Schlagfolge, wie sie vor Jahren den Bundeskanzler Schmidt fast umgebracht hätte? Ein solches ›Adam-Stokes-Syndrom‹ ohne jede Vorwarnung wäre mit Alter und Zustand des erweiterten Straußschen Herzmuskels durchaus zu vereinbaren.«
»Zu vereinbaren« heißt aber nicht diagnostiziert.
Da auch diese Spur offenbar im Sande verläuft, beginnen Manz und seine Kollegen »zu fürchten, dass ein Magen- oder Darm-

durchbruch vorliegen könnte, vielleicht ein ›Streß-Ulkus‹. Solch ein Geschwür kann sich innerhalb von Stunden bilden. Dann entleert sich der Magen-Darm-Inhalt in die von Natur aus keimfreie Bauchhöhle, nur die sofortige Operation rettet den Kranken.«
Aber: »Nach einem Loch, nach irgendeinem krankhaften Befund im Bauchraum suchen die Operateure fast zwei Stunden vergebens.« »Man muß eingestehen«, habe der Intensivmediziner Professor Klaus Peter erklärt, »dass auch die Medizin den schicksalhaften Verlauf nicht hat aufhalten können.«
»Sie hat ihn wohl nicht einmal durchschaut«, folgerte *Der Spiegel* damals trocken: »Nach dem Tod des starken Mannes blieb ungesichert, welches Leiden dem Sterben ursächlich zugrunde lag – wahrscheinlich ein Adam-Stokes-Anfall bei vorgeschädigtem Herzen – und woher die viele Luft im Bauchraum kam.«
Eine Verlegenheitsdiagnose also – nix Genaues weiß man nicht, wie der Bayer sagt. Am 3. Oktober 1988 starb Franz Josef Strauß. Für solche Fälle gibt es die Obduktion. Die fand laut *Spiegel* im Falle Strauß auch statt. Merkwürdig daran war nur, dass Strauß' behandelnde Ärzte, die sich nach dem dramatischen Geschehen sicher brennend für die wirkliche Todesursache interessiert hätten, laut *Spiegel* an der Autopsie nicht teilnehmen durften – »entgegen kollegialem Brauch«. Ja, nicht einmal das Ergebnis der Leichenschau habe die Bayerische Staatsregierung mitteilen wollen. »Dafür bestehe kein Anlaß«, gab *Der Spiegel* die Auffassung der Staatsregierung wieder.
Seltsam – denn dafür gab es natürlich jeden Anlass. Der plötzliche und unerwartete Tod eines so hochrangigen Politikers ist ein Politikum von höchstem öffentlichem Interesse. Und auch die Anteilnahme der Bevölkerung verlangte nach einer seriösen Antwort auf die Frage, woran FJS denn nun gestorben war.
Strauß sei an akutem Herz-Kreislauf-Versagen gestorben, meinte die katholische *Tagespost* anlässlich des zwanzigsten Todestages von Strauß. Nun, daran stirbt letztlich jeder. Deswegen fährt

das Blatt auch fort: »Mehr ist über die Todesursache selbst für gewiefte Journalisten nicht in Erfahrung zu bringen – bis heute nicht.« Nicht einmal für »hartnäckige Biographen«.

Wirklich? Also besorgte ich mir gleich ein paar Strauß-Biographien. Und tatsächlich: Nirgends wird der eigentlichen Todesursache auch nur ansatzweise auf den Grund gegangen. In allen – stichprobenartig herausgegriffenen – Quellen findet sich aber nicht nur nichts über die Todesursache von FJS. Es wird auch peinlich genau vermieden, darauf einzugehen, *was* Franz Josef Strauß an diesem 1. Oktober 1988 eigentlich *vor* dem Hubschrauberflug zum fürstlichen Anwesen gemacht hat – und mit wem. Könnte es sein, dass wir hier einem regelrechten Tabuthema auf der Spur sind?

Also beauftragte ich ein großes Zeitungsarchiv, nach Artikeln über den letzten Tag von Franz Josef Strauß zu suchen, und zwar vor allem über den letzten Vormittag. Denn während der Zeitraum ab dem Hubschrauberflug häufig haarklein beschrieben wird, herrscht über die Zeit davor Schweigen im Walde. Normalerweise bekommt man von dem besagten Zeitungsarchiv zu praktisch jedem Thema dicke Mappen, doch in diesem Fall tröpfelte auch nach mehreren Rücksprachen mit dem Archivar nur ein dünnes Rinnsal aus sieben Seiten aus meinem Faxgerät.

Ergebnis: Mit 73 Jahren habe Strauß »den Preis für ein intensiv geführtes Leben« gezahlt, zitieren die *Nürnberger Nachrichten* vom 3. Oktober 2008 die bekannte Sprachregelung. Eigentlich war das Oktoberfest schuld. »Das Oktoberfest bedeutete schließlich den Tod für Franz Josef Strauß«, diagnostizierte die *Frankfurter Allgemeine Sonntagszeitung* vom 22. September 2002. Besonders Hendl und Schweinshaxen bergen offenbar ein bislang unerkannt hohes tödliches Risiko: »An jenem verhängnisvollen 1. Oktober des Jahres 1988« habe Strauß »beeindruckende Mengen gegrillter Speisen und alkoholischer Getränke zu sich genommen«, so das Blatt. Nun, das erklärt natürlich einiges. Schließlich brechen alljährlich nach dem Wies'n-Besuch ganze Zeltbesatzungen mit einem tödlichen Kreislaufkollaps zusammen.

»Wie eine Eiche ist er vor uns gestanden«, befand der damalige Joseph Kardinal Ratzinger bei der Trauerfeier – »kraftvoll, lebendig, unverwüstlich, so schien es, und wie eine Eiche ist er gefällt worden.« Ein Schelm, wer Böses dabei denkt: Denn um eine Eiche zu fällen, braucht es natürlich auch einen Holzfäller. Einerseits wählt ein Kardinal seine Worte sorgfältig; andererseits wäre das vielleicht etwas überinterpretiert. Wir kommen nicht darum herum: Wir müssen herausfinden, mit wem Franz Josef Strauß sein letztes Mittagessen eingenommen hat. Und tatsächlich lüftet das dünne Zeitungsrinnsal aus dem Archiv dieses Geheimnis: Der damalige Bundesverteidigungsminister Rupert Scholz war's! Natürlich hat er Franz Josef Strauß nicht ermordet, sondern zunächst einmal nur an jenem 1. Oktober 1988 mit ihm am Tisch gesessen. Scholz habe sich an jenem Tag mit Strauß zum Mittagessen getroffen, konnte man der *BILD-Zeitung* seinerzeit entnehmen. »Zweieinhalb Stunden später kletterte Strauß in einen Polizeihubschrauber.«

Weil ich mich damit nicht zufrieden geben wollte, schrieb ich eine E-Mail an Strauß' letzten Tischgenossen Scholz und fragte ihn:

1. Waren Sie an diesem Tag mit Franz Josef Strauß beim Mittagessen. Wenn ja, wann und wo?
2. Was haben Sie und Herr Strauß gegessen?
3. Wer war dabei?
4. Können Sie mir den Ablauf des Essens kurz schildern?
5. Hat sich Herr Strauß irgendwie aufgeregt? Wie war er gelaunt?
6. Welche Themen wurden erörtert?
7. Hatten Sie den Eindruck, dass er physisch angegriffen war?
8. Kennen Sie die eigentliche Todesursache von Herrn Strauß?
9. Haben Sie das Mittagessen bereits irgendwo schriftlich geschildert?

Antwort:

> »Ich war mit Franz Joseph Strauss zu einem fachlichen Gespräch in München als Bundesverteidigungsminister verabredet. Anschließend hatte Franz Joseph Strauss im Käfer-Zelt auf dem Oktoberfest einen Tisch zum Mittagessen reserviert. Dort haben wir gegessen. Strauss ist anschließend mit dem Hubschrauber nach Regensburg geflogen, wo ihn leider der Tod ereilte. Zum Ablauf des Essens ist wenig mitzuteilen. Strauss war gut gelaunt. Wir haben vor allem über Fragen der Bundeswehr gesprochen. Strauss wirkte weder physisch noch psychisch angegriffen. Die eigentliche Todesursache von Strauss kenne ich nicht.«

Allerdings fehlten noch Antworten auf die Fragen, was gegessen wurde und wer sonst noch an dem Mittagessen teilnahm. Deshalb hakte ich am 28. Oktober 2008 nach – ohne eine Antwort zu erhalten. Ganz ähnliche Fragen stellte ich in einer weiteren E-Mail an Strauß' Tochter Monika Hohlmeier. Zusätzlich wollte ich von ihr noch wissen, ob sie den Obduktionsbericht über ihren Vater habe einsehen können, ob sich dort Angaben bezüglich der Todesursache fänden und ob eine toxikologische Untersuchung durchgeführt worden sei. Schließlich fragte ich den Ende Oktober 2008 frischgebackenen Ministerpräsidenten von Bayern Horst Seehofer, ob es stimme, dass die Staatsregierung den Obduktionsbericht und die Todesursache von FJS geheim halte. Und wenn nicht, was dann die eigentliche Todesursache von FJS gewesen sei.
Eine Antwort erhielt ich auf diese Anfragen nicht.
Ich weiß nicht, wie es Ihnen geht, aber mir war jedenfalls nicht klar, dass auch zwanzig Jahre nach dem Tod von FJS niemand so recht damit herausrücken will, woran der bayerische Ministerpräsident eigentlich gestorben ist. Und damit ist Franz Josef Strauß schon mindestens der zweite Herrscher in der bayerischen

Geschichte, dem es so erging. Der erste war König Ludwig II., an dessen angeblichem Selbstmord erhebliche Zweifel bestehen. Eine Exhumierung wurde bis heute nicht gestattet.

5. Oktober Der Kuss des Eisbergs: Das Protokoll der »Hypo Real Estate«-Pleite

Es ist wieder einmal etwas im Busch im Finanzsystem. Bewegende Dinge passieren in der Finanzkrise häufig am Wochenende. Manchmal bahnen sie sich auch schon am Freitagnachmittag an. Wenn die Börsen schließen oder geschlossen sind, nimmt das Finanzsystem eine Auszeit, und diese Atempausen werden gerne für Krisenmanagement genutzt. Auch diesmal ist es wieder so weit. Bei dem Immobilienfinanzierer Hypo Real Estate Group (HREG) ist zwar schon eine Weile Feuer unterm Dach, aber noch nie brannte es so lichterloh wie an diesem Wochenende. Überraschend braucht die Hypo Real Estate weitere 15 Milliarden Euro Staatshilfe, sonst gehen die Lichter aus.
Sagte ich »real estate«? Früher, als deutsche Sparer noch bieder, deutsche Sparkassen noch vertrauenswürdig und deutsche Banken noch seriös waren, sagte man einfach »Immobilien«. Heute, da deutsche Banken das Geld ihrer Kunden und Kreditgeber in Übersee verzocken, heißt das »real estate«. Was zwar auch nichts anderes bedeutet als »Immobilien«, aber irgendwie professioneller und nach großer weiter Welt klingt. In die Welt gesetzt wurde die »Hypo Real Estate Gruppe«, pardon: Group, von zwei grundbiederen Eltern, nämlich der Bayerischen Vereinsbank und der Bayerischen Hypotheken- und Wechselbank, die sich 1998 zur Hypovereinsbank (HVB) zusammentaten. Im Frühjahr 2003 wurde das gewerbliche Immobiliengeschäft der HVB abgespalten und als neue Firma wiedergegründet: Die Hypo Real Estate war geboren. In weiser Voraussicht? Wer weiß. Jedenfalls setzte nach der Trennung vom gewerblichen Immobiliengeschäft der Aktienkurs der HVB zunächst zum Höhenflug an, während das

verstoßene Kind mit den ausgelagerten Immobilienkrediten der HVB, die Hypo Real Estate, im Herbst 2008 beinahe baden ging. Die HREG repräsentierte den zweiten großen Einschlag der Finanzkrise im deutschen Bankensystem. Der erste war im Sommer 2007 die IKB Deutsche Industriebank (siehe *Kritischer Jahresrückblick 2007*). Diesmal jedoch ging es nicht nur um die erste große Privatbank, sondern auch um andere finanzielle Größenordnungen. Nachdem Bund und Banken für die HRE erst Ende September ein Krisenpaket aus Kreditzusagen und Bürgschaften in Höhe von 35 Milliarden Euro geschnürt hatten, wurde nun bis Ende des Jahres ein weiterer Finanzbedarf in Höhe von 15 Milliarden Euro offenbar. Im nächsten Jahr, 2009, könnten es 100 Milliarden werden. Mehr als ein Drittel der Ausgaben im Bundeshaushalt. Das war schon kein Finanzloch mehr, sondern ein Krater, der alles Mögliche zu verschlingen drohte. In erster Linie natürlich die Hypo Real Estate, aber auch Banken, die von der Hypo Real Estate abhängen. Ja, sogar das ganze deutsche Bankensystem. Denn hat die Bank Milliardenschulden, hat das ganze System ein Problem.
Warum es ausgerechnet die HREG als Erstes so schwer erwischte, war im Oktober 2008 natürlich längst vergessen; schließlich lag nicht alles an der Finanzkrise, vielmehr gab es auch individuelle Faktoren. Weil diese Geschichte ziemlich unglaublich ist, sei sie hier schnell erzählt: Das Problem bestand darin, dass die Hypo Real Estate meinte, selbst noch in der ausbrechenden Immobilienkrise zwei höllische Zwillinge adoptieren zu müssen, und zwar die DEPFA (Deutsche Pfandbriefbank AG) im hessischen Eschborn und die DEPFA Bank plc in Dublin. Diese beiden, die ich hier der Einfachheit halber DEPFA nennen will, bezeichnete die Website der *Tagesschau* im Oktober 2008 als »das Schwarze Loch der Hypo Real Estate«. Die DEPFA, die von der »Hypo Real Estate« vor drei Jahren gekauft worden sei, habe ein großes Rad gedreht, ein riesiges Kreditvolumen und ein undurchsichti-

ges Netz von Tochterfirmen aufgebaut. Das mag stimmen. Falsch ist, dass die »Hypo Real Estate« dieses »Schwarze Loch« vor drei Jahren kaufte. In Wirklichkeit, und davon redet heute kein Mensch mehr, brachte die HREG den Kauf erst genau ein Jahr vor ihrer eigenen Krise unter Dach und Fach, nämlich am 2. Oktober 2007: zwei volle Monate nachdem die Finanzkrise in Deutschland schon mit ganzer Kraft zugeschlagen hatte …

Blenden wir zurück: Im Juli 2007 herrschte die Ruhe vor dem Sturm. Im deutschen und internationalen Bankensystem schien (fast) alles in Ordnung zu sein. Am 10. Juli 2007 traf ich mich in München mit einem New Yorker Banker. Bei Cappuccino und Mineralwasser fragte ich ihn ein bisschen aus, was denn demnächst so anstünde: »Die Kreditkrise«, meinte er und malte ein dramatisches Bild der Lage am Hypothekenmarkt. Als ich das Café verließ, hatte ich den Eindruck, schlecht geträumt zu haben: Die Sonne schien, fröhliche Menschen liefen über die Straße, und im Finanzsystem sollte die Kernschmelze begonnen haben? Kaum zu glauben. Allerdings waren im Juni bereits zwei mit 20 Milliarden Dollar verschuldete Hedge-Fonds der Investmentbank Bear Stearns in Schwierigkeiten geraten.

Die Café-Episode zeigt, dass die Spatzen im Juli 2007 das Platzen der Kreditblasen längst von den Dächern pfiffen. Jeder spürte, dass noch mehr in der Luft lag.

Am 23. Juli 2007 berief der Vorstandsvorsitzende der HREG, Georg Funke, überraschend eine Pressekonferenz ein. »Ich denke aber, dass der Anlass die kurzfristige Einladung zu dieser Pressekonferenz voll und ganz rechtfertigt«, heißt es in Funkes Redemanuskript zu dieser Pressekonferenz (»Es gilt das gesprochene Wort«). Der Mann hat es also eilig – aber warum? Weiß er zu diesem Zeitpunkt schon, dass ihm die Zeit davonlaufen könnte? Nur eine Woche später wird als erste deutsche Bank die IKB Deutsche Industriebank in der Kreditkrise in die Knie gehen.

Während es im Finanzsystem bereits knisterte und den Bankern die Schweißperlen auf der Stirn standen, wollte Funke sich kurz vor Toresschluss noch einen Berg neuer Kredite ins Haus holen. Bei der erwähnten Pressekonferenz kündigte er die Akquisition der Deutschen Pfandbriefbank AG (DEPFA) für 5,7 Milliarden Euro an, jenes Unternehmens, das ihm genau ein Jahr später um die Ohren fliegen sollte. Laut Funke entstünde damit nach Bilanzsumme und Marktkapitalisierung »eine der größten deutschen Banken«. »Vor allem aber schaffen wir Wert für die Aktionäre beider Gesellschaften. Und das steht immer im Vordergrund.«

Wer das glaubte, wurde nicht selig, sondern arm. Die Aktien der HREG waren ein Jahr später praktisch nichts mehr wert. Von 58 Euro 2006 sackte der Kurs auf bis zu vier Euro im Oktober 2008 ab.

Wie gesagt, durch den Zusammenschluss mit der DEPFA mitten im sichtbaren Aufbrechen der Kreditblase holte sich die HREG einen Berg neuer Kredite ins Haus. Diese sollten zwar laut Rating-Agenturen eine »exzellente Qualität« haben, in Wirklichkeit wusste man aber schon seit Jahren, wie dubios solche Ratings waren. Die Agenturen, die diese Noten vergeben, sind private und gewinnorientierte Unternehmen. Wie ihre Bewertungen zustande kommen, ist undurchsichtig. Interessenkonflikten sind Tür und Tor geöffnet. Dem US-Schwindelkonzern Enron wurde noch wenige Tage vor seinem Zusammenbruch eine erstklassige Bonität bescheinigt. Das war 2001.

2007, als sich die Hypo Real Estate einen Berg neuer, bestens und gut bewerteter Kredite ins Haus holte, hätte man von einem Vorstandsvorsitzenden erwarten können, dass er über diese Dinge Bescheid weiß. Aber selbst wenn er davon keine Ahnung gehabt hätte: Ende Juli 2007 war die IKB Deutsche Industriebank ein für alle deutlich sichtbares Menetekel. Damals wurde ein erster Finanzbedarf der IKB von rund acht Milliarden Euro bekannt. Und zu diesem Zeitpunkt war der Deal mit der DEPFA noch nicht unter Dach und Fach.

Ebenso bekannt war, dass die Probleme der IKB mit Schwierigkeiten auf dem US-Markt zu tun hatten. Während die IKB nach immer mehr Milliarden schnappte wie ein Erstickender nach Luft, verschlechterte die Hypo Real Estate mit dem Erwerb der DEPFA sehenden Auges ihr Kreditportfolio. Der Anteil der deutschen Finanzierungen am gesamten Finanzierungsportfolio reduzierte sich von 56 Prozent auf 34 Prozent.

»Offenheit, Fairness und Transparenz kennzeichnen die Unternehmenskultur der Hypo Real Estate Group«, heißt es auf ihrer Website. Der undurchdringliche Finanzdschungel der DEPFA ließ den Bankern aber keineswegs die Haare zu Berge stehen – auch nicht im Angesicht der sich entfaltenden Kreditkrise. Die DEPFA unterhielt Filialen in aller Herren Länder und mischte auch bei hochkomplexen Derivate-Geschäften mit. Ihr Kreditvolumen in der Größenordnung von knapp 50 Milliarden Euro (2007) finanzierte die DEPFA selbst auf dem Kapitalmarkt; ein Austrocknen dieses Marktes konnte also in kürzester Zeit zum Kollaps führen.

Aber HREG-Vorstandschef Funke sah durch den Erwerb nicht etwa eine Verschlechterung, sondern eine »Verbesserung des Risikoprofils«, »neue Wachstumschancen« und eine »Erhöhung der Profitabilität«. »Eine klassische Win-win-Situation für beide Banken«, meinte Funke. Von wegen. Dass das Ganze in Wirklichkeit eine klassische Lose-lose-Situation werden könnte, konnte jeder erkennen, der Augen hatte zu sehen.

Blicken wir noch einmal zurück:

Der gesamte August 2007 wurde von immer neuen Horrormeldungen und Finanzlöchern bei der IKB bestimmt. Die Alarmzeichen häuften sich: Neben der IKB gerieten im Spätsommer 2007 auch große Landesbanken wie die WestLB und die BayernLB, aber auch die SachsenLB wegen ihres Engagements hauptsächlich auf dem Markt amerikanischer Subprime-Kredite in Schieflage. Im September 2007 gab es gar den ersten Banken-Run: Die Kunden der britischen Bank Northern Rock stürmten die Schalter.

Selbst um die HREG und ihre bevorstehende, angeblich vorzügliche Neuerwerbung DEPFA gab es Spekulationen. Nur zehn Tage nach der großspurigen Ankündigung der Fusion am 23. Juli 2007 kursierten an der Börse erste Gerüchte um eine Verwicklung der HREG in die Subprime-Krise; der Börsenkurs sackte bereits um sieben Prozent ab. Die HREG und ihr Chef Funke machten jedoch weiter, als wäre nichts geschehen.

Am 2. Oktober 2007 lagen bereits zwei Horrormonate hinter der Finanzbranche, als die HREG tatsächlich den Abschluss des DEPFA-Deals bekanntgab.

»Zwischen Ankündigung und Abschluss des Erwerbs liegen somit gerade einmal gut zwei Monate«, freute sich Funke Anfang November 2007: »Dies ist eine für eine Transaktion dieser Größenordnung sehr kurze Zeit.« In der Tat – vor allem wenn man bedenkt, was für eine Zeit das war. Aber statt angesichts der sich entfaltenden Kreditmarkt-Krise einen Gang zurückzuschalten, behielt Funke das hohe Tempo bei.

Man fragt sich unwillkürlich, ob denn die Krisenmonate überhaupt nicht genutzt wurden, um das Geschäft zu überdenken oder Rat einzuholen? Anscheinend nicht. Immobilienfinanzierungen für Privatanleger in den USA betreibe man ja schließlich nicht. Eine blauäugige Auskunft. Denn der Kreditmarkt ist natürlich interdependent, die Banken sind interdependent, der ganze Finanzmarkt ist interdependent, und zwar so interdependent wie das Wasser in einer Badewanne, aus der jemand den Stöpsel zieht. Den seltsam übereilten Zusammenschluss in der offensichtlichen Krise wertete HREG-Vorsitzender Funke nicht etwa als katastrophale Fehlentscheidung. Die Hypo Real Estate Group sei aus der Marktkrise der vergangenen Monate gestärkt hervorgegangen, meinte Titanic-Kapitän Funke im November 2007 nach dem Kuss des Eisbergs: Die Geschäftsergebnisse des dritten Quartals zeigten, »dass in einer Zeit, in der viele Konkurrenten hart getroffen sind, die Hypo Real Estate Group beständig und unbeirrt ihren

Wachstumskurs beibehält. Trotz der Spuren der Krise der letzten Wochen befindet sich die Hypo Real Estate Group voll auf Kurs für die Erreichung der Ziele des Geschäftsjahres 2007.«

Der Rest ist Geschichte. Ende September 2008 ging erst der DEPFA und dann der Mutter HREG die Luft aus. Das DEPFA-Geschäft beruhte auf einem äußerst sensiblen Gleichgewicht. Während man Milliarden verlieh, musste man sich diese Milliarden selbst auf dem Markt leihen. Gibt der Markt kein Geld mehr her, schnürt das der Bank in kürzester Zeit die Luft ab. Das hohe Kreditvolumen der DEPFA ließ sich auf dem Markt nicht mehr refinanzieren. Das heißt, die DEPFA bekam selbst nicht mehr in ausreichendem Maß Kredite.

Nach Ansicht von Erich Samson, Wirtschaftsstrafrechtler an der Bucerius Law School, drohte dem inzwischen zurückgetretenen HREG-Chef Funke im Oktober 2008 gar die Verhaftung: Es stelle sich die Frage, ob Funke als Vorstand der HREG »seine Vermögensbetreuungspflicht« verletzt habe, sagte Samson dem *Handelsblatt:* »Hat Herr Funke wie ein umsichtiger Kaufmann gehandelt oder hat er gezockt.« Sollte Funke die Lage der Bank zu optimistisch dargestellt und die wahren Zustände verschleiert haben, hätte er sich auch »gemäß Aktiengesetz strafbar gemacht«.

Ob die Bank irgendetwas gelernt hat, ist die Frage. Den zuletzt erneut gestiegenen Geld- und Bürgschaftsbedarf der HREG führte das Institut auf Ereignisse zurück, »die nicht vom Management zu beeinflussen sind«.

Waren die Finanzlöcher der Hypo Real Estate im September 2008 noch ein Skandal, regte die jüngste Geldforderung der HREG im allgemeinen Chaos der Kreditkrise niemanden mehr auf. Nach der Einigung der Bundesregierung auf das sogenannte Bankenrettungspaket (Finanzmarktstabilisierungs-Fonds, SoFFin) in Höhe von 470 Milliarden Euro meldete die Hypo Real Estate einen Finanzbedarf von weiteren 15 Milliarden Euro an – macht zusammen 65 Milliarden im Jahr 2008.

11. Oktober Der plötzliche Tod des Jörg H.

Als Helios, der Sonnengott, seinen Sohn Phaeton im Palast aufnimmt und als Sohn anerkennt, verpflichtet er sich durch einen Eid, dem Sohn ein Geschenk seiner Wahl zu gewähren. Phaeton bittet darum, für einen Tag den »Sonnenwagen« lenken zu dürfen. Phaeton besteigt, als die Nacht zu Ende geht, den kostbaren und reichverzierten Sonnenwagen des Vaters. Das Vierergespann rast los und gerät bald außer Kontrolle. Phaeton verlässt die tägliche Fahrstrecke zwischen Himmel und Erde und löst eine Katastrophe universalen Ausmaßes aus. Zeus schleudert einen Blitz. Der Wagen wird zertrümmert und der Wagenlenker Phaeton stürzt in die Tiefe … (nach: Wikipedia)

Vom Zorn getroffen wurde in der Nacht zum 11. Oktober 2008 auch der VW Phaeton des österreichischen Rechts-Politikers Jörg Haider. Nur ob dieser Zorn wirklich göttlich oder vielmehr allzumenschlich war, war am Anfang noch nicht ganz klar. Nachts um Viertel nach eins stand der Wagen des frischgebackenen Wahlsiegers und Vorsitzenden des Bündnisses Zukunft Österreich (BZÖ) plötzlich total zerschmettert wenige Fahrminuten hinter Klagenfurt auf der Loiblpass-Bundesstraße. Darinnen die übel zugerichtete Leiche des 58-Jährigen. Genau wie den Sonnenwagen des Helios schien eine Art über- oder außerirdisches Phänomen das Fahrzeug und seinen Insassen getroffen zu haben.

Der kometenhafte Aufstieg im Sonnenwagen und dann der brutale Absturz – der Mythos, nach dem das Volkswagenmodell Phaeton benannt worden war, passt erstaunlich gut auf Haider. Der Aufstieg, das war für ihn immer der Sprung von der Landes- in die Bundespolitik, zwei Pole, zwischen denen sein politisches Leben schwankte. Die Fahrt im Sonnenwagen, das war die Regierungsmacht, die für den umstrittenen Politiker erst seit wenigen Tagen wieder zum Greifen nahe zu sein schien. Mehrmals war Haider bereits verzweifelt von der Macht im Bund ferngehalten worden; nun griff er wieder danach. Nur zwei Wochen zuvor hatte sein BZÖ bei den Nationalratswahlen seinen Stimmenanteil fast verdreifachen können – auf über zehn Prozent. Genau wie in Deutschland die FDP und die Grünen kann man bei der Regierungsbildung in Österreich mit zehn Prozent der Stimmen durchaus ein Wörtchen mitreden. Wie Phönix aus der Asche war der in die Kärntner Landespolitik abgedrängte Haider Ende September 2008 wieder am politischen Himmel über Österreich aufgegangen und streckte den Arm nach der Regierungsbeteiligung aus. Just in diesem Moment traf ihn der Bannstrahl – von wem auch immer. Um sich darüber zu wundern, muss man kein Haider-Anhänger sein.

Begonnen hatte die Karriere des Senkrechtstarters im Jahr 1971. Haider wurde mit 21 Jahren Mitglied des Bundesvorstandes der Freiheitlichen Partei Österreichs (FPÖ). 1979 wurde er Nationalratsabgeordneter, 1986 Bundesvorsitzender der FPÖ. Durchstarter Haider legte einen unaufhaltsamen politischen Aufstieg hin, der meistens erst dann ins Stocken geriet, wenn er Regierungsmacht auf Bundesebene zu erringen hoffte – oder drohte, je nach Perspektive. Stand Haider in Wien *ante portas*, wurden hurtig ganze Regierungen aufgelöst und Neuwahlen anberaumt. Auch Morddrohungen waren beim Rückzug Haiders in die Landespolitik in Kärnten im Spiel.

Dieser Hintergrund und die noch zutage tretenden Ungereimtheiten ließen ein Attentat auf Jörg Haider als nicht unmöglich erscheinen und veranlassten mich weiterzufragen. Aber während ich recherchierte und auch im Internet darüber schrieb, wurde ich mit der knallharten Doppelmoral aller politisch Korrekten konfrontiert, die da lautet: Ist es denn nicht egal, ob ein Rechter ermordet worden ist? »Ich bin seit zwanzig Jahren mit einer Österreicherin verheiratet und weiß deshalb durch enge Kontakte zu Österreich, was Haider war: ein Neonazi«, schrieb mir zum Beispiel ein Leser, der mich fragte, warum ich mich überhaupt mit diesem

Fall beschäftige. Offenbar gilt für »Rechte« oder gar »Neonazis« das Recht auf Leben nicht; sollte sie jemand ermorden, so ist es ganz in Ordnung, wenn hinterher kein Hahn danach kräht. Wer so argumentiert, vertritt genau jene menschenverachtende Ideologie, die er anderen vorwirft. Davon abgesehen erfordert bereits die korrekte politische Geschichtsschreibung die Klärung der Frage, ob die hochpolitische und brisante Figur des österreichischen »Rechtspopulisten« Haider in der gegebenen historischen Situation eines natürlichen Todes starb oder nicht. Ein Journalist, der diese Frage ausblendet, ist wie ein Gerichtsmediziner, der die Obduktion einer ihm nicht genehmen Leiche verweigert.

Die offizielle Version

Etwa um 1.15 Uhr nachts soll sich Haider also auf dem Weg nach Hause in »sein« Kärntner Bärental befunden haben, wo er über große Besitzungen verfügte. An diesem 11. Oktober würde seine Mutter dort ihren 90. Geburtstag begehen. Doch in dem kleinen Weiler Lambichl, ein paar Fahrminuten hinter Klagenfurt, auf einer nur leicht geschwungenen, trockenen und breiten Straße, soll es dann passiert sein:

> »Haider fährt auf dem zweiten Fahrstreifen, vorbei am Auto einer 37-jährigen Klagenfurterin«, schildert die *Kleine Zeitung der Steiermark* den Unfall: »Dann reiht sich der Politiker wieder auf den ersten Fahrstreifen ein. Dabei geschieht das Unfassbare. Ein Rad der allradgetriebenen Limousine gerät rechts über den Asphaltrand auf das Grasbankett. Jörg Haider versucht zu korrigieren. Der Wagen kommt auf die grasbewachsene Böschung, dreht sich 360 Grad um die eigene Achse, wird zum unlenkbaren Geschoss.«

»Mit der Fahrerseite ›rasiert‹ das Auto einen Betonpfeiler, Thujen und Gartenzaun eines Einfamilienhauses, einen Hydranten, überschlägt sich und bleibt schließlich nach 36 Metern total zertrümmert auf den Rädern im rechten Winkel zur Fahrbahn stehen.«

So weit die gängige Version, die so oder so ähnlich immer wieder von den Medien verbreitet wurde. Insbesondere der »Betonpfeiler«, der die totale Zertrümmerung des Fahrzeugs plausibel erscheinen ließ, wurde in der Berichterstattung immer wieder erwähnt, so dass die Begriffe »Haider« und »Betonpfeiler« eine assoziative Verbindung eingingen – so ähnlich wie die Phrasen in einem Werbespot.

Das Problem:

1. Die »37-jährige Klagenfurterin«, die Haider überholt haben soll, existiert nur als Behauptung. Gezeigt oder mit Namen genannt wurde diese Zeugin bisher nicht.
2. Der rechte Fahrstreifen, auf den sich Haider nach dem angeblichen Überholvorgang eingeordnet haben soll, führt in die falsche Richtung. Um nach Hause ins Bärental zu kommen, hätte Haider auf der mittleren Spur fahren müssen.
3. Das Auto verfügte über ein Elektronisches Stabilitätsprogramm (ESP), mit dem man sogar über Eis fahren kann, ohne ins Schleudern zu geraten. Aus einem solchen Phaeton ein »unlenkbares Geschoss« zu machen ist gar nicht so einfach. Ein Rad auf einem »Grasbankett« reicht da normalerweise nicht.
4. Der Betonpfeiler, der in sämtlichen Medien erwähnt wurde, existiert schlicht und einfach nicht. In der kleinen, ländlichen Siedlung gibt es keine Brücken oder ähnliche Bauwerke, an denen man normalerweise Betonpfeiler findet.

Dass ganz Kärnten und sogar die Menschen darüber hinaus der Geschichte vom »tragischen Verkehrsunfall« *(nachrichten.at)* von Anfang an skeptisch gegenüberstanden, ist da kein Wunder. Ein weiterer Grund: Niemand konnte sich erklären, wie der Landeshauptmann nachts um kurz nach eins plötzlich von seiner Hausstrecke abkommen konnte – einer breiten, nur leicht geschwungenen und in dieser Nacht trockenen Straße –, um sich anschließend zu überschlagen und in einem Fahrzeug, das als eines der sichersten der Welt gilt, mausetot liegen zu bleiben.
Deshalb entwickelte sich der Fall Haider zu einem Frage-und-Antwort-Spiel zwischen Staatsanwaltschaft und Medien auf der einen und dem Internet und der Bevölkerung auf der anderen Seite. Immer wenn auf Seiten der Bevölkerung Fragen auftauchten, wurden plötzlich neue Antworten nachgeschoben.

Ein nettes Frage-und-Antwort-Spiel

Auf die Frage, wie dieser schreckliche Unfall überhaupt passieren konnte, kam die Antwort, Haider sei mit 142 (statt, wie normalerweise an dieser Stelle erlaubt, mit 70) Stundenkilometern unterwegs gewesen. Später wurden daraus 172 Stundenkilometer, schließlich 184.
Auf die Frage, warum Haider denn so gerast sein soll, kam Tage später die Antwort, der Landeshauptmann habe 1,8 Promille Alkohol im Blut gehabt. Damit wurden der einprägsamen Assoziativkette »Haider – Betonpfeiler« noch die Begriffe »Alkohol« und »Promille« hinzugefügt, wodurch die Geschichte plötzlich schlüssig erschien.
Auf die Frage, wann Haider am Abend des 10. Oktober 2008 denn solche Mengen Alkohol in sich hineingeschüttet haben soll, kamen als Antwort sich wandelnde Versionen. Das Problem: Haider stand fast den ganzen Abend unter der Beobachtung öffentlicher Veranstaltungen. Die Partygesellschaft, die Haider an diesem Abend verlassen hatte, schwor Stein und Bein, dass Haider höchstens mal

an einem Glas genippt und das Fest stocknüchtern verlassen habe. Das ist auch logisch: Denn bei der Party handelte es sich um einen offiziellen Termin, nämlich die Vorstellung einer neuen Zeitschrift. Auch ein deutscher Ministerpräsident (das Äquivalent zum österreichischen Landeshauptmann) würde sich in Gegenwart von Medien und Dutzenden von Gästen wohl kaum volllaufen lassen.

Tatsächlich bezeugten die Partygäste aus der Veldener Diskothek »Le Cabaret« zunächst, dass Haider das Fest erst kurz vor Mitternacht verlassen habe. Um sich 1,8 Promille anzutrinken, wären ihm dann bis zu seinem Unfall um etwa 1.15 Uhr nur noch anderthalb Stunden geblieben. Zieht man die Autofahrt von Velden bis zum Unfallort ab (während deren der Landeshauptmann wohl kaum eine Flasche Schnaps geleert haben dürfte), sogar nur etwa eine Stunde. Als Nächstes folgte daher die Version, Haider habe das Fest doch schon früher verlassen, nämlich um 22.30 Uhr. Diese Uhrzeit wurde schließlich noch auf 22.20 Uhr korrigiert.

Auf die Frage, was er denn in der plötzlich viel längeren Zeitspanne seit Verlassen des »Le Cabaret« und dem Unfall gemacht habe, lautete die Antwort, er sei in ein »Szenelokal« in Klagenfurt gefahren, wo er sich um 23.15 Uhr mit einem jungen Mann getroffen und eine Flasche Wodka geleert habe. Das Problem: Haider war, zumindest bislang, in der Öffentlichkeit noch nicht durch Wodka-Konsum aufgefallen, die Identität des »jungen Mannes« wurde ebenso geheim gehalten wie die von Zeugen, die das Saufgelage beobachtet haben sollen. Ein angebliches Foto von der Situation ist ziemlich verschwommen und zeigt weder Datum noch Uhrzeit (die Uhrzeit war nur auf einer Uhr auf einem anderen Foto aus der Kneipe zu sehen). Und schließlich hätte es, sollten diese Schilderungen stimmen, zwei Haiders geben müssen: einen um 23.15 Uhr im »Szenelokal« und einen um 23.15 Uhr auf dem Fest in Velden, das er um diese Zeit angeblich längst verlassen hatte. Denn just um 23.15 Uhr führte dort der Radiosender Antenne Kärnten ein Interview mit dem Landeshauptmann.

Auf die Frage, warum der gegenüber Alkohol als sehr zurückhaltend bekannte Haider an diesem Abend so viel Alkohol getrunken haben soll, blieb man die Antwort schuldig. Auf Fotos und in dem erwähnten Interview aus seinen letzten Lebensstunden wirkte der Landeshauptmann gut gelaunt und gelöst. Selbst wenn man sich das geschilderte Besäufnis einen Moment lang vorstellt, ergibt auch das Verhalten des Landeshauptmanns währenddessen und danach überhaupt keinen Sinn:

- Denn warum ist Haider – wenn er denn tatsächlich einmal in Trinklaune war – in der Kneipe nicht versumpft, sondern nach strammem Alkoholkonsum hurtig wieder aufgebrochen?
- Warum ist Haider in diesem Zustand anschließend noch ins Bärental aufgebrochen und in etwa einhundert Meter Entfernung direkt an seinem Klagenfurter Stadthaus in der Lemischgasse 4 vorbeigefahren, statt sich dort aufs Ohr zu hauen? Die etwa 1,5 Kilometer Wegstrecke von dem »Szenelokal« aus hätte er sogar laufen können.
- Wäre der Polit-Profi Haider stattdessen wirklich »stinkbesoffen« durch die Nacht gefahren – vorbei an der einen oder anderen Polizeistation? Direkt neben dem Unfallort, an dem Haider betrunken auf 184 Stundenkilometer beschleunigt haben soll, befindet sich im Ziegeleiweg 5 die Polizeiinspektion Lambichl – was natürlich auch der Landeshauptmann wusste.
- Wollte der Politiker auf diese Weise wirklich seine vielleicht letzte Chance im Leben aufs Spiel setzen, in der österreichischen Bundespolitik wieder eine herausragende Rolle zu spielen?

Bei einem Polit-Profi wie Haider schlicht nicht vorstellbar.
Und warum sollte er in diesem Zustand überhaupt nachts um Viertel nach eins hektisch zum Geburtstag seiner 90-jährigen Mutter brausen? Wartete die alte Dame wirklich nach der Geister-

stunde mit dem Geburtstagskuchen? Und hätte sie sich wirklich über ihren sternhagelvollen Sohn gefreut? Und hätte sich der professionelle Politiker wirklich in der Nacht vor dem 90. Geburtstag seiner Mutter derart betrunken, dass er am nächsten Tag wohl kaum eine gute Figur gemacht hätte?

Massaker im Luxusauto

Trotz all dieser Ungereimtheiten stand der Phaeton am 11. Oktober morgens um Viertel nach eins nun mal wie von Geisterhand zermatscht auf der Fahrbahn, wie eine Fliege, deren vorderer Teil von einem riesigen Stiefel zertreten wurde. Der Bug des Fahrzeugs wirkte wie an den Boden gequetscht, die Vorderreifen waren geplatzt. Der linke Pneu war gar zerrissen und seitwärts von der Felge gedrückt worden, aus der ein großes Stück herausgebrochen war. Das Heck dagegen war weitgehend unbeschädigt und formstabil geblieben. Die Hinterreifen hatten noch Luft. Das rechte Hinterrad schien sogar fast über dem Boden zu schweben. Das hintere Dach war unbeschädigt, nur genau über dem Fahrersitz klaffte ein rundes Loch. Daneben, weiter zur Fahrertür hin, wurde das Dach nach unten durchbrochen und tief heruntergerissen. Die A-Säule war abgerissen, die B-Säule nach außen gedrückt.

Der Zustand des Fahrzeugs und seines Insassen verwunderte, denn die VW-Luxuskarosse gilt laut *Standard* »als sehr sicheres Fahrzeug«: »Das Portal *Auto Motor und Sport* bescheinigte der Limousine nach einem Crashtest ›besten Insassenschutz‹.« Das ist nicht übertrieben. In einem Phaeton sitzt man so sicher wie in Abrahams Schoß, jedenfalls, wenn man nicht Haider heißt: »16 unterschiedlichen Metalle, Spezialkunststoffe und eine computeroptimierte Rahmenkonstruktion« sorgen laut Phaeton-Werbung »für ein Höchstmaß an Stabilität und Crash-Sicherheit sowie für eine konkurrenzlos hohe Torsionssteifigkeit«. Beim Flankenschutz setze der Phaeton im Seitencrash Maßstäbe; im Innern würden Passagiere von zwei Frontairbags, vier Seitenairbags sowie zwei innovativen Kopfairbags geschützt – gesteuert von »Early-Crash-Sensoren«: »Jeder einzelne Airbag reagiert dann selbständig und punktgenau. Und in perfektem Zusammenspiel« mit den Sicherheitsgurten und ihren Gurtstraffern: »Der Gurt liegt in jeder Situation straff am Körper an und wirkt Fliehkräften schneller entgegen.« (Phaeton-Prospekt)

Bei einem Crash werden die Insassen also in ihren Sitzen festgezurrt, der erste schwere Schlag wird von den gezielt reagierenden Airbags aufgefangen. Danach bleiben die Insassen in den Sitzen fixiert. Die »konkurrenzlose hohe Torsionssteifigkeit« verhindert, dass sich der Rahmen des Autos verformt. Weiche abgerundete Formen im Wageninneren sind seit Jahrzehnten Standard im Automobilbau. Die gepolsterte und abgerundete Inneneinrichtung soll schwere Verletzungen verhindern; weit und breit nichts, was den Körper hätte aufspießen können. Auch die Zeiten, da Fahrer von der Lenksäule erdolcht wurden, gehören der Vergangenheit an, erst recht bei einem solchen Fahrzeug.

Erstaunlicherweise soll Haider laut übereinstimmender Medienberichterstattung trotzdem schwere Kopf- und Brustverletzungen sowie Verletzungen der Wirbelsäule erhalten haben, von denen jede für sich tödlich gewesen sei. Außerdem sei der linke Arm fast abgerissen worden. »Ich habe die Leiche gesehen«, präsentierte sich ein Anonymus in einem medienkritischen Internetforum als Augenzeuge am Unfallort. Bei aller berechtigten Skepsis solchen Aussagen gegenüber präzisierten seine Ausführungen die offiziellen Darstellungen jedoch in sinnvoller Weise:

> »Der Brustkorb war zerfetzt, und zwar vom Thorax weg nach unten bis zum Nabel offen. Man konnte innere Organe sehen. Die Kleidung war voller Blut getränkt. Der Kopf hing rechts seitlich hinter dem Schulterblatt hinunter; die Augen waren fast zu. Der linke Arm war unter der Schulter abgerissen und hing nur mehr an wenigen Muskelfasern. Im Schritt des Opfers

war auch eine riesige Wunde. Der Schädel war gebrochen und die linke Hälfte des Kopfes verrutscht, die Unterlippe war eingerissen. Das linke Ohr blutete auch.«

Sollte das stimmen, war Haiders Körper durch bislang unbekannte Faktoren wie folgt betroffen:

- Kopf (abgeknickt)
- Schädel (gebrochen)
- Brust/Bauch (aufgerissen)
- linker Arm (fast abgerissen)
- Schritt/Genitalbereich (»riesige Wunde«)

Das kann eigentlich nur heißen: Haider hatte keinen Unfall, sondern wurde massakriert. Die Medien, der Staatsanwalt – niemand bot jedenfalls eine schlüssige Erklärung für diese außergewöhnlichen Verletzungen an. Allenfalls wurde gemutmaßt, der Phaeton könne mit dem Dach auf einen spitzen Gegenstand geprallt sein, etwa einen Zaunpfosten, der sich dann in das auf der Seite oder dem Dach liegende Fahrzeug gebohrt habe. Sicher kann so etwas einmal passieren, aber nicht mehrmals – es sei denn, der Phaeton wäre dachüber wie ein Gummiball immer wieder auf einen Pfosten gehüpft, so lange, bis sein Insasse tot war. Außerdem sollte man den großen Zufall nicht vergessen, dass dies genau über dem Fahrersitz hätte passieren müssen. Ansonsten sind in einem derart gepolsterten Fahrzeuginnern eher stumpfe Verletzungen zu erwarten.
Dessen ungeachtet behauptete die Rechtsmedizinerin von der Uni Graz, Kathrin Yen, gegenüber der *BILD-Zeitung,* die Todesursache von Haider sei eindeutig gewesen: »Die todesursächliche Verletzung war eine Dissektion, ein Abriss des Hirnstamms – eine Verletzung, die zum sofortigen Tod führt«, räumte Yen laut *BILD* »mit Verschwörungstheorien auf«. In Wirklichkeit ist gar nichts aufgeräumt. Denn die Todesursache ist ja schließlich nicht die

Unfallursache. Trotzdem wurde so getan, als sei der Fall damit aufgeklärt, denn diese Verletzung komme bei Verkehrsunfällen häufig vor, so die Gerichtsmedizinerin. Würde man jetzt mit Statistik zurückargumentieren, könnte man sagen, dass die Suche nach »Hirnstammabriss+Verkehrsunfall« bei Google nur drei Fundstellen zutage fördert, zwei davon beziehen sich auf Frau Yen selbst. Bei der Suche nach »Abriss des Hirnstamms« und »Verkehrsunfall« gibt es gerade mal sechs Fundstellen, die sich alle auf die Aussagen von Frau Yen beziehen, was fast so aussieht, als hätte sie den häufigen Zusammenhang von abgerissenem Hirnstamm und Verkehrsunfällen glatt erfunden. Wer die in die Tausende und Abertausende gehenden Suchergebnisse bei Google kennt, wird wohl zustimmen, dass der Abriss des Hirnstamms bei einem Verkehrsunfall ein eher seltenes Ereignis zu sein scheint. So selten, dass es fast nur Frau Yen bekannt zu sein scheint.

Die weitere Recherche ergab, dass der Hirnstamm sozusagen der Hauptanschluss des Gehirns an den übrigen Körper ist. Zwar kann der Hirnstamm bei einem schweren Schädel-Hirn-Trauma infolge eines Verkehrsunfalls durchaus beeinträchtigt und zum Beispiel indirekt in Mitleidenschaft gezogen werden; dass er jedoch regelrecht abreißt, ist äußerst selten und kommt eher einer Dekapitation – einer Enthauptung – gleich. Bei einem Hirnstammabriss reißt das Gehirn, das sich wie ein Gewächs über den aus der Wirbelsäule herauswachsenden Hirnstamm wölbt, praktisch von seiner aus dem Rückenmark ragenden »Wurzel« ab. Für den Insassen eines Phaeton, der sich lediglich überschlagen haben soll, eine wahrlich bizarre Verletzung. Es mag solche Verkehrsunfälle geben; auf Anhieb zu finden sind sie aber nicht.

Das Autowrack als Botschaft

Warum ließ mir der Fall Haider keine Ruhe? Ganz einfach: Es war wie bei einem Bild, in das der Künstler ein paar Fehler eingebaut hat. Wenn man das Bild sieht, weiß man genau, dass irgendetwas nicht stimmt, ohne die Fehler gleich benennen zu können. Um nachzuvollziehen, was der Künstler genau gemacht hat, muss man das Bild eine ganze Weile betrachten und zufällige von bewussten Pinselstrichen unterscheiden lernen. Genau das passierte bei dem Haider-»Unfall«; Hunderttausende von Österreichern redeten sich die Köpfe heiß über diesen Todesfall.

Auf den Bildern vom Unfallort war mir die ganze Zeit über immer wieder etwas aufgefallen, dem ich zunächst keine große Bedeutung beigemessen hatte. Zum Beispiel standen an dem Wrack die beiden Scheibenwischer senkrecht vom Fahrzeug weg. Außerdem waren die beiden Türen auf der Fahrerseite herausgerissen, und die beiden Nummernschilder fehlten; ebenso die beiden Scheinwerfer. Plötzlich bekam ich ein mulmiges Gefühl: Waren das nicht einige Zweier-Paare zu viel für ein durch einen Unfall entstandenes Autowrack? Schließlich waren da noch die beiden fehlenden vorderen Kotflügel und die beiden parallelen Löcher in der Motorhaube … Insgesamt kam ich auf folgende »Zweier-Pärchen«:

- zwei fehlende Nummernschilder
- zwei fehlende Kotflügel
- zwei fehlende Scheinwerfer
- zwei Löcher nebeneinander in der Motorhaube
- zwei senkrecht hochstehende Scheibenwischer
- zwei fehlende Türen am Fahrzeug, die auf der anderen Seite neben dem Fahrzeug parallel nebeneinanderlagen
- zwei Reifenspuren im Grasstreifen statt einer

Eines oder zwei dieser Phänomene konnten natürlich durch einen Unfall entstanden sein, vielleicht auch drei, aber nicht alle. Auch die größten Überschlag-Verschwörungstheoretiker werden mir wohl zustimmen, dass dies kaum ein Zufall sein kann. Ein Unfallfahrzeug in einem solchen Zustand dürfte etwa so wahrscheinlich sein wie ein Sechser im Lotto.

Das Bizarrste war aber etwas anderes. Es trat mitten in der Trauerfeier für Jörg Haider in Klagenfurt zutage. »25 000 Menschen haben in einer Trauerfeier Jörg Haider die letzte Ehre erwiesen«, schrieb *Focus* am 18. Oktober 2008. Im Mittelpunkt des Interesses stand natürlich der Sarg. Er wurde teils getragen, teils auf einer Lafette gefahren und war vollständig mit einem Gesteck aus roten Rosen bedeckt. Am Fußende hing ein großer Kranz mit einer violetten Schleife und einem Abschiedsgruß von Haiders Witwe Claudia. Nur wenn man seitlich auf das Fußende des Sarges blickte, sah man die Messingplakette mit dem Namen und dem Geburts- und Todesdatum des Verstorbenen. Und dann wurde es richtig unheimlich. Denn dort stand auch der Todesmonat Jörg Haiders zweimal geschrieben: »11.10.10.2008«. Obwohl dieser Fehler auch auf Pressefotos zu sehen war, ging kein einziges nennenswertes Medium auch nur mit einem Wort auf diese Merkwürdigkeit ein.

Man wird mir wohl erneut zustimmen, dass dies ein bisschen viel Zufall ist. Einen derartigen Lapsus würde sich wohl kein Bestatter bei einem so prominenten »Kunden« leisten – es sei denn, es wäre gar kein Lapsus, sondern Absicht. Von dem zuständigen Bestattungsinstitut »Bestattung Kärnten« wollte ich am 4. November 2008 denn auch wissen, wie es zu der »Panne« kommen und wie die fehlerhafte Plakette auf den Sarg gelangen konnte. Am 10. November 2008 erhielt ich eine ausführliche und freundliche Antwort, aus der hervorging, dass das Unternehmen nur für die »thanatopraktische Versorgung« des Leichnams (zum Beispiel die Kosmetik) zuständig war. Für den »Kondukt«, also den Trauerzug, sei »das Unternehmen PAX, ein im deutschen Mehrheitsbesitz von Andre Bloch befindliches Bestattungsunternehmen, beauftragt« worden. Am selben Tag schickte ich daher auch eine Anfrage an PAX, auf die ich bis Redaktionsschluss dieses Buches jedoch keine Antwort erhielt.

Profiler gesucht

Bestimmt hat jeder schon einmal von einem »Profiler« gehört. Profiler sind Ermittler, welche die bewussten und unbewussten Zeichen des Täters am Tatort analysieren und daraus Rückschlüsse auf den Täter ziehen. Normalerweise werden sie an Tatorten eingeschaltet, um den Modus Operandi, die Symboliken, die Rituale und die »Botschaften« des Täters auszuwerten. Und dass es sich bei den oben genannten Zweier-Paaren um bewusst gesetzte Symboliken handelte, ergab sich aus der Unwahrscheinlichkeit ihres zufälligen gemeinsamen Auftretens, insbesondere im Verein mit der fehlerhaften Sargplakette, die dem Bestatter natürlich auch untergejubelt worden sein kann. Von der Einschaltung eines Profilers habe ich trotzdem nichts gehört.
Versuchen wir es daher auf eigene Faust:

1. In erster Linie ist das total zerstörte Fahrzeug eine Machtdemonstration und eine Botschaft an andere elitäre Personen. Die Botschaft besagt: Seht her, wir können unter den Augen des ganzen Landes, ja der ganzen Welt jeden beseitigen, der uns missfällt, und kein Hahn wird danach krähen.
2. Eine Machtdemonstration in dieser Form war anscheinend nötig; ansonsten hätte man Haider ja auch bei einem Badeunfall, durch eine Lebensmittelvergiftung, an einem Herzinfarkt oder Ähnlichem sterben lassen können. Anders gesagt: Macht wird dann demonstriert, wenn sie einem zu entgleiten droht.
3. Des Weiteren weisen die Zweierpaare darauf hin, dass die Zahl Zwei eine Rolle spielen könnte. Interpretationen der Zwei werden sehr schnell schwammig und beliebig, aber die naheliegendste könnte wohl sein, dass zwei auch zwei heißt. Das heißt, hier sollte auf eine Zweiheit oder etwas Doppeltes hingewiesen werden (zum Beispiel »Zwietracht«). Es könnte aber auch sein, dass die Zweierpaare als 1&1 zu lesen sind, also 11 – wie 11.10.2008.

4. Die ständige Betonung eines Friedhofsgewächses (der Thujenhecke, die Haider überfahren haben soll) weist auf eine weitere Botschaft hin, nämlich: Es war kein Unfall, sondern ein Begräbnis. Natürlich kann es auch Zufall sein, dass ein Unfallauto eine Thujenhecke überfährt; kein Zufall sind die eindeutig symbolischen Bilder vom »Unfallort«, welche die Polizei bald darauf verbreitete. Darauf sieht man Haiders Brille fein säuberlich mit einem Thujenzweig arrangiert. Dass diese Bilder inszeniert wurden, sieht man auch an der Packung »Sunny Soul«-Tabletten auf der Mittelkonsole des Fahrzeugwracks. Da würden sie nach einem mehrfachen Überschlag garantiert nicht mehr liegen.

Eine bewusste Zerstörung

Auch die nicht symbolische Zerstörung des Fahrzeugs beruht auf künstlichen Eingriffen. Das erkennt man an der Zielgerichtetheit. Es fiel ja auf, dass ausgerechnet sämtliche Strukturen rund um den Fahrer zerstört oder schwer beschädigt waren:

- das Dach über dem Fahrer
- die A-Säule vor dem Fahrer
- die B-Säule hinter dem Fahrer
- der Türschweller unter dem Fahrer
- die Tür neben dem Fahrer

Kurz: Die gesamte Zelle rund um den Fahrer war durchlöchert, zerdrückt und verbogen. Auch diese Zerstörung sämtlicher (Schutz-)Strukturen rund um den Fahrer konnte, zusammen mit den symbolischen Zerstörungen, wohl kaum das Ergebnis eines Zufalls sein. (Wobei die fehlende Fahrertür zusammen mit der fehlenden Hintertür auch in die Reihe der Zweierpaare passt).
Für Reinhard Feldmann, einen erfahrenen Fahrzeugrestaurator, war diese offensichtlich gezielte Demolierung das Ergebnis des

Wirkens eines »Gegenstandes«. Seit 25 Jahren schweißt der heute 52-Jährige in dem Eifelörtchen Reifferscheid Autos zusammen. Auch mit Kunststoffkarossen kennt er sich aus (der Phaeton besteht zum Teil aus Kunststoff). Zwei von ihm restaurierte Volkspolizei-Wartburgs schafften es sogar einmal in einen Schimanski-Tatort. Am 15. Oktober 2008 teilte Feldmann mir seine Beobachtungen anhand von Fotos des Autowracks mit:

> »Wer sich ein wenig mit Fahrzeugkarosserien auskennt und die Fotos genau ansieht, wird feststellen, dass von der Fahrerseite vorne etwas auf den Wagen eingeschlagen hat. Dieses Etwas hat die A-Säule im unteren Bereich getroffen. Diese hat nachgegeben und wurde nach unten weggedrückt. Das Dach, mit der A-Säule verbunden, wurde auch auf der Fahrerseite nach unten gezogen. Der Gegenstand schrammte die A-Säule entlang und blieb an der heruntergezogenen Dachkante hängen. Durch den weiteren Druck des Gegenstandes wurde das Dach an der oberen Ecke der A-Säule abgerissen. Das nun freihängende Dach wurde durch den Gegenstand auf ca. 20 cm aufgefaltet. Hierdurch entstand auch die deutliche Beule über dem Fahrersitz. Der Gegenstand traf anschließend [durch das Dach von innen] auf die Fahrertür, die durch den Aufprall abgetrennt wurde. Der nächste Treffer war der Fahrer selbst. Daher der abgerissene linke Arm. Dann kam die B-Säule. Sie wurde seitlich im oberen Bereich getroffen und durch die Wucht nach außen und hinten gebogen. Die hintere linke Tür war als Nächstes dran und drückte sich vor ihrem Abriss noch in die C-Säule. Der Abdruck ist deutlich zu erkennen. Dies alles kann an Hand der Unfallfotos selbst nachgeprüft werden.«

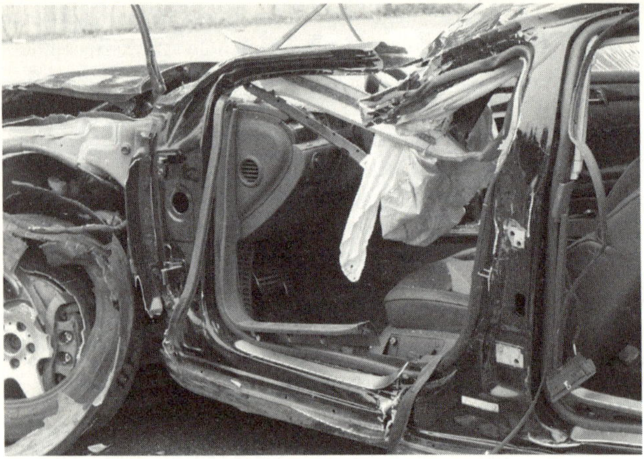

Total zerstörte Fahrerzelle von Haiders Wagen

Hydraulik-meißel

Nur habe er »keine Ahnung«, so Feldmann, welcher Gegenstand in den Phaeton eingeschlagen haben könnte. Diese Ahnung hatte dafür ein Bauleiter, der im Zuge meiner Recherchen mit mir Kontakt aufnahm. Seine Überlegungen scheinen perfekt auf Feldmanns Beschreibung zu passen. Er glaubte felsenfest zu wissen, welche Art von Fahr- oder Werkzeug den Phaeton zerstört hatte. Seit zehn Jahren sehe er dieses Gerät tagtäglich in Aktion. Er könne sich genau vorstellen, wie die Tat abgelaufen sei.

Und zwar habe ein sogenannter Hydraulikhammer auf das Fahrzeug eingeschlagen bzw. -gestochen. Einen solchen Hydraulikhammer oder -meißel hat bestimmt jeder schon einmal

in Aktion gesehen: Ein spitzer Stahlmeißel an einem Hydraulikarm, mit dem man beispielsweise Straßen aufmeißeln oder Gestein zertrümmern kann. Diese Meißel können an allen möglichen Fahrzeugen montiert werden, zum Beispiel an einem Baggerlader oder auch an einem Raupenfahrzeug. Der Baggerlader, so der Bauleiter, könne den Hammer in das Fahrzeug hineinschlagen, das Fahrzeug dann zu sich heranziehen und die Front an seinen beiden quer verlaufenden Stahlträgern am Heck zermalmen.
An einem Raupenfahrzeug montiert, könnte man mit dem Hydraulikhammer von rechts vorne in Richtung Fahrerseite halb auf die Motorhaube fahren und sie so zum Auffalten bringen. Sollten die Angaben über Jörg Haiders schwere Verletzungen im Kopf-, Brust- und Armbereich stimmen, könnten diese Verletzungen sehr gut mit einem solchen Angriff durch einen Hydraulikmeißel erklärt werden. Ebenso die rätselhaften Löcher in der Karosserie: im Dach und – parallel – in der Motorhaube. Tatsächlich gibt es an Haiders Fahrzeug weitere Anhaltspunkte für die Benutzung eines solchen Hydraulikmeißels:

1. Das relativ große Loch im Dach über dem Fahrersitz (Durchmesser schätzungsweise 10 bis 20 cm) befand sich im Zentrum einer großen, kreisförmigen Delle – so als wäre der Meißel hier nur »bis zum Anschlag« hineingefahren und hätte das Dach dabei kreisförmig heruntergedrückt. Tatsächlich gehen die meisten Hydraulikmeißel am oberen Ende in eine Manschette über. Diese Manschette könnte beim Eindringen das Dach nach unten gedrückt und so die kreisförmige Delle verursacht haben.
2. Unterhalb des großen Lochs erkennt man ein weiteres Loch in einer darunterliegenden Dachschicht. Dieses Loch ist jedoch viel kleiner und könnte gut dem Querschnitt des eigentlichen Meißels entsprechen. Das würde bedeuten, dass die obere Dachschicht zwar auch von der Manschette ausgestanzt und

heruntergedrückt, die darunterliegende Schicht aber nur noch von dem schmalen Stahlmeißel durchlöchert wurde.

3. Die beiden Löcher in der Motorhaube, die zunächst für Einschusslöcher gehalten wurden, erscheinen bei größerer Auflösung rechteckig. Auch das würde passen, denn die Spitze des runden Hydraulik-Meißels läuft ebenfalls rechteckig zu. Was bedeuten würde, dass der Meißel hier nur wenige Zentimeter in die Motorhaube eindrang, ein Schluss, der auch aufgrund des darunterliegenden massiven Motorblocks naheliegt.

Natürlich bleiben einstweilen noch viele Fragen offen, zum Beispiel, wo das Auto so zugerichtet wurde: tatsächlich am sogenannten Unfallort selbst? Oder fing man Haider vorher ab und erledigte dieses schmutzige Geschäft irgendwo abseits der Straße? Genügend Gelegenheit dazu gab es: beispielsweise eine große Freifläche nur wenige Dutzend Meter von der Straße entfernt. Eine »Verschwörungstheorie«? Vielleicht. Aber besser als die Theorie von einem Fahrzeug, das sich an einem nicht vorhandenen Betonpfeiler überschlägt, ist sie allemal.
Das Motiv wäre unschwer erkennbar. Seit Jahrzehnten gab es ein zähes und erbittertes Ringen um eine Regierungsbeteiligung von Jörg Haider und seiner jeweiligen Partei. Um eine solche zu verhindern, wurden zur Not auch ganze Bundesregierungen versenkt. Schließlich verhängte gar eine Reihe von EU-Staaten Sanktionen gegen Österreich. Da dies alles nichts fruchtete, Haider vielmehr im Oktober 2008 schon wieder an die Türen der Bundesmacht klopfte, hat man ihm möglicherweise ein Begräbnis erster Klasse besorgt. Die von der Sage überlieferte Inschrift auf dem Grabstein des Phaeton passt ganz gut zu Haiders spektakulärem Ende: »Hier ruht Phaeton, der Lenker des väterlichen Wagens. Zwar konnte er ihn nicht steuern, doch starb er als einer, der Großes gewagt hatte.«

25. Oktober Bochum: Willkommen in der Demokratur

Bochum, Dr.-Ruer-Platz, ca. 11.00 Uhr. Die Veranstaltung ist politisch korrekt bis zum Abwinken: »Bochum gegen Rechts«, lautet das Motto. Es geht wieder einmal – man ahnt es schon – um den Untergang des Abendlandes. Die Rechten stehen vor der Tür: Der NPD-Landesverband Nordrhein-Westfalen hat für diesen Tag eine Demonstration unter dem Motto »Deutsche wehrt Euch – Gegen Überfremdung, Islamisierung und Ausländerkriminalität!« angemeldet. Und obwohl man spätestens seit dem 2003 gescheiterten NPD-Verbotsverfahren weiß, dass diese rechte Partei im Grunde genommen vom Staat gelenkt wird, ist es wieder einmal Zeit für politisch korrekte Reflexe. Kein Witz: Das damalige Verbotsverfahren gegen die Partei vor dem Bundesverfassungsgericht war wegen der fehlenden Freiheit der NPD von staatlichen Einflüssen gescheitert. Niemand geringerer als der nordrhein-westfälische Landesvorsitzende der NPD und sein Stellvertreter wurden vom Verfassungsschutz geführt. Deshalb sahen Verfassungsrichter »ein nicht behebbares Verfahrenshindernis«. Denn: »Staatliche Präsenz auf der Führungsebene einer Partei macht Einflussnahmen auf deren Willensbildung und Tätigkeit unvermeidbar.«

Obwohl sich am staatlichen Einfluss auf die NPD wohl kaum etwas geändert hat, sind an diesem 25. Oktober 2008 etwa 2000 Menschen auf dem Dr.-Ruer-Platz angetreten, um gegen ein Häuflein von 100, vielleicht auch 150 dubiosen »Nazis« zu demonstrieren. Eingeladen von einem »breiten Bündnis« aus DGB, Parteien, Kirchen und Organisationen. Ja, selbst der Rat der Stadt Bochum hatte zu der Veranstaltung aufgerufen und trat »für ein demokratisches Miteinander« ein, das auch »bei Konflikten die Menschenwürde des Anderen achtet«.

Die Stimmung ist gut. Für die Musik sorgt die Multikulti-Band Tapesh 2012, eine Band, deren Mitglieder aus fünf Nationen stammen. Heute ist bei Tapesh 2012 auch Marcel Wojnarowicz dabei, Bandleader der befreundeten Hip-Hop-Gruppe *die bandbreite*, so eine Art BAP für Fans des politischen Hip-Hops. Auch die Songs von bandbreite sind politisch korrekt, zum Beispiel der Titel »Kein Sex mit Nazis«:

Kein Sex mit Nazis – lass dat lieber bleiben
Kein Sex mit Nazis – da kannse lieber selber reiben
Kein Sex mit Nazis – Ey, dat würdest du bedauern
Wer weiß, wat für Gefahren hinter braunen Löchern lauern.

Sehr schön. Allerdings hat Wojnarowicz die Demokratie noch nicht so ganz richtig verstanden. In einer kurzen Ansprache bei der Kundgebung erklärte er, nicht nur die NPD würde eine »Dämonisierung von Muslimen in Deutschland betreiben, sondern auch unsere etablierten Mainstream-Medien, die somit den Rassismus schüren«. Außerdem verwies er, wie er sich später erinnerte,

> »auf das neue Buch von Jürgen Elsässer *Terrorziel Europa* und seine Erkenntnis, dass bei allen islamistischen Terroranschlägen in den Neunzigerjahren V-Leute der Geheimdienste immer ein Rolle gespielt hatten, auch wenn verwirrte jugendliche Islamisten dann die Tat ausführten. Auch brachte ich zur Sprache, dass nach dem Zusammenbruch des Kommunismus dem militärisch-wirtschaftlichen Komplex der Absatzmarkt fehlte und der ›Kampf gegen den Terror‹ da nun wie gerufen kommt.«

Wie gesagt – dieser Wojnarowicz hatte die Demokratie einfach noch nicht richtig verstanden. Schließlich hatte er mit seinem DJ Torben auch schon mal ein Lied namens »Selbst gemacht?« getextet, in dem er die wahren Hintergründe der Attentate des 11. September 2001 beleuchtete:

Ja, da war im Pentagon dieses Fünf-Meter-Loch,
in dat sich angeblich eine Boeing verkroch,
Auf die Frage, wo sind doch die Turbinen verblieben.
War die Antwort, der Aufschlag tät sie pulverisieren.
Doch wie eruiert man aus dem Pulver, dem gleichen,
einwandfrei Identitäten von über 100 Leichen?
Warum zeigen sich keine Wrackteile auf dem Rasen,
Warum verbirgt dat FBI, wat die Kameras sahen?
Warum ist denn auf den veröffentlichten Kamera-Frames,
dann kein einziges Mal eine Boeing zu sehen?
Und wat is mit dem Erdbeben, datt Columbia misst,
wat typisch im Zusammenhang mit Sprengungen ist.
Es ist noch niemals ein Hochhaus, egal wie stark es brennt, ja
zusammengefallen wie die drei World Trade Center,
Der Stahl hat sich verbogen, is dat nich glatt gelogen?
Warum strebte dat Hochhaus dann im freien Fall zu Boden?
Ja das Ding klappt zusammen wie ein Kartenhaus,
und nur »Controlled Demolition« räumt da hinterher auf?
Und wat taucht denn eigentlich die 911-Kommission?
Tut sie was außer Leuten hier die Augen zu wischen?

Refrain:
Habt ihr dat vielleicht selbst gemacht?
Den Terror selber in die Welt gebracht?
Ja, ihr hattet doch damals diesen Think Tank
isset drin, datt ihr da an dieses Ding denkt?
Habt ihr dat vielleicht selbst gemacht?
Habt ihr dabei an dat Geld gedacht?
Habt ihr dafür die eigenen Leute getötet,
weil ihr dat Öl da drüben so dringend benötigt?

Ab Mitte 2007 entwickelte sich der schmissige Hip-Hop-Song zum Bestseller im Internet und auf CD. Und zum Gegenstand von Denunziationen. Nein, halt: Sagen wir von »Berichten«, zum Beispiel in der *WAZ, Der Westdeutschen Allgemeinen Zeitung*, die versuchte, einen Auftritt von *die bandbreite* im Sommer 2008 zu verhindern: »Trotz ihres Hangs zu Verschwörungstheorien soll die Gruppe *die bandbreite* im Kulturzentrum ›Parkhaus‹ auftreten«, beschwerte sich da ein Autor namens Zlatan Alihodzic über die Musiker. »Einige Texte von Sänger Marcel Wojnarowicz finden auch bei Neonazis großen Anklang.«

Waren deswegen etwa auch die 150 NPDler am 25. Oktober 2008 nach Bochum gekommen? Um ihren eigentlichen Idolen von bandbreite zuzujubeln? Und die 2000 Demonstranten bei »Bochum gegen Rechts« dienten in Wirklichkeit nur dazu, die Musiker einzukesseln und von ihrem eigentlichen Publikum fernzuhalten? Mensch: Warum wird einem das nicht gleich gesagt?

Tja, aber es kommt noch besser. Denn wir alle haben das Problem bandbreite bisher unterschätzt: die Gewerkschaften, das Publikum im Ruhrgebiet, aber selbst die UNO, die US-Regierung und die NATO. Denn, so das Fazit des Anti-*bandbreite*-Artikels in der WAZ, *die bandbreite* ist eigentlich für alles verantwortlich, bis hin zur iranischen Atombombe. Das geht so:

Erstens komme bandbreite-Mann Wojnarowicz an verschiedenen Punkten »mit den Rechten in ideologischen Kontakt«.

Eine mutige Innovation. Da es einen realen Kontakt natürlich nicht gibt, tut es auch ein »ideologischer Kontakt«, der dadurch entsteht, dass irgendwelche »Rechten« *die bandbreite*-Texte auch zitieren oder gut finden. Zwar müsste man nach dieser Logik alle Medien der Bundesrepublik verbieten, da sie alle immer wieder von Rechten auf deren Seiten zitiert und dort einzelne Artikel gut gefunden werden. Aber das tut natürlich niemand.

Zweitens: Nachdem nun ein Kontakt, wenn auch nur ein »ideologischer«, zwischen den Musikern und den Rechten hergestellt wurde, kann man richtig in die Vollen gehen: Denn selbstverständlich »ist der Schritt nicht groß von Neonazis zur iranischen Außenpolitik«.

Klar, da hätte man auch selbst draufkommen können: Von der kleinen Hip-Hop-Band bandbreite ist es also nur ein Katzensprung zu dem Oberbösewicht Ahmadinedschad! Dass wir das nicht schon früher gemerkt haben! Und der wiederum »zweifelt das Faktum des Holocaust an, und seine antisemitischen Tiraden lassen wenig Zweifel daran aufkommen, welche Ziele er mit einer ihm zur Verfügung stehenden Atombombe verfolgen würde«.

Also, ich weiß nicht, wie es Ihnen geht, aber mir wird jetzt erst die globale Dimension des bandbreite-Problems klar! Nämlich, dass die bandbreite Nordkorea in der Achse des Bösen ersetzt hat, die man deshalb also fortan Iran, Irak und bandbreite buchstabieren muss.

Aber, noch schlimmer: »Für SPD, Die Linke und DGB in Duisburg sind Wojnarowicz' Äußerungen und Theorien kein Grund«, das böse Reich von *bandbreite* »nicht für Veranstaltungen zu buchen«.

Unglaublich. Aber gut, dass wir unsere demokratischen Medien haben, die uns auf solche Missstände aufmerksam machen: »Wüste Verschwörungspolemik«, wetterte auch *Spiegel online* am 28. November 2007 gegen die bandbreite anlässlich eines Auftritts der Gruppe bei einem Gewerkschaftsfest: »Auf dem Aktionstag in Nürnberg hat die DGB-Jugend der Polemik des Rappers gegen die USA und Bush ein Forum geboten« – aber »wohl zum letzten Mal«, notierte das ehemalige »Sturmgeschütz der Demokratie« befriedigt.

Zu früh. Denn nun, am 25. Oktober 2008, stand die bandbreite in Gestalt von Wojnarowicz schon wieder *ante portas* – beziehungsweise auf einer gewerkschaftlichen Bühne. Zwar stehe der öffentliche Raum »allen Bürgerinnen und Bürgern für Diskussion und Interessenvertretung auf der Grundlage unserer Verfassung offen«, hatte der Rat der Stadt Bochum in seinem Aufruf zu der Demo betont. In der Vielfalt sehe man »keine Bedrohung, sondern eine Bereicherung«.

Die bandbreite und die Meinungsvielfalt waren damit aber wohl nicht gemeint. Und so ermannte sich laut Wojnarowicz eine Mitarbeiterin des Deutschen Gewerkschaftsbundes (DGB) die Demokratie zu retten. Gerade als Wojnarowicz sich erfrechte, das Lied »Selbst gemacht« anzustimmen – sei die DGB-Frau »wie panisch zu den Entscheidern« gerannt und habe darauf gedrängt, »dass uns sofort der Ton abgestellt würde«, erinnert sich Wojnarowicz. »Gleich nach den ersten Tönen wurde mein Mikro runtergezogen und die Kundgebung für beendet erklärt.« »Echt unglaublich«, fand das der Sänger.

Otto Ruer, nach dem der Dr.-Ruer-Platz benannt worden war, hätte das wahrscheinlich auch gefunden. Der Bochumer Oberbürgermeister von 1925 bis 1933 wurde von den Nazis mit Hilfe einer Diffamierungskampagne von der politischen Bühne gejagt und beging 1933 aus Verzweiflung Selbstmord. Die DGB-Mitarbeiterin hatte jedoch offenbar kein Problem, 75 Jahre später auf dem Dr.-Ruer-Platz einem Künstler das Mikrophon wegzunehmen.

Weil auch ich das unglaublich fand, schickte ich ein paar Fragen an die Gewerkschaftsfrau, die Veranstalter und auch die Erstunterzeichner des Aufrufs zur Veranstaltung. Unter anderem wollte ich wissen, ob der bandbreite wirklich mitten in der Darbietung des Mikro abgedreht worden war, wie man diese Maßnahme begründe, ob sie von dem jeweiligen Adressaten mitgetragen werde, wie sie sich mit dem demokratischen Anstrich der Veranstaltung vertrage oder ob es sich in Wirklichkeit etwa um eine undemokratische Veranstaltung gehandelt habe. Das Ergebnis bestand in einem gesammelten, schon fast unheimlichen Schweigen. Die CDU Bochum, die FDP im Rat der Stadt Bochum, die Pressestelle der Evangelischen Kirche Deutschland, der DGB Bochum – niemand antwortete. Damit wurde der Vorgang auch nicht in Abrede gestellt. Von einem guten Dutzend Adressaten antwortete nur der grüne Landtagsabgeordnete Ewald Groth, der den Aufruf zur Veranstaltung unterzeichnet hatte: Er selbst sei nicht vor Ort gewesen, könne sich aber schon vorstellen, »dass Veranstalter auch mal Fehler machen«. Schon, aber das war schließlich nicht irgendein Fehler, sondern einer, der sich mit dem Prinzip der Meinungsfreiheit nicht vereinbaren lässt – und das während einer Veranstaltung, die vorgab, die Demokratie zu verteidigen. Im Übrigen verwahrte er sich gegen den Zensurvorwurf sowie »Unterstellungen in Frageform« und verabschiedete sich mit »grünen Grüßen«.

Aber warum soll man sich denn auch groß aufregen? Ist so eine Maßnahme mit unserer Demokratie denn wirklich so schwer zu vereinbaren? Eben nicht. Vielmehr ist das mit der Demokratie doch ganz einfach: Mal gilt sie, und mal gilt sie nicht. Das klingt zwar kompliziert, ist es aber nicht. Merken muss man sich nur: Für alles, was von oben kommt, gilt die Demokratie. Zum Beispiel für erwünschte Reflexe gegen staatlich gesteuerte Hassfiguren, die von den wirklich totalitären Gefahren ablenken – zum Beispiel von den totalitären Tendenzen des Staates. Und für alles, was nicht von oben kommt, gilt die Demokratie nicht – zum Beispiel für Kritik an gefährlichen Entwicklungen ebenjenes Staates und seiner Verbündeten. Seien es nun die mutmaßliche Verwicklung der US-Eliten in die Anschläge von 9/11 oder die ständige Propaganda der Mainstream-Medien gegen die islamische Religion. In Wirklichkeit ist die Sache mit dem abgedrehten Mikrophon eine Lappalie, denn schließlich wurde Künstlern hierzulande schon öfter mal der Ton abgedreht. Und es gab Zeiten, da wurde ihnen später dann der Hals umgedreht.

Wahrscheinlich ist Wojnarowicz ja ein Opfer radikaler Literatur, zum Beispiel des Grundgesetzes. Ja, im Grunde genommen ist das Grundgesetz verfassungsfeindlich, nämlich ein Feind jener Verfassung, in der sich der deutsche Staat heute befindet. Im Grundgesetz, aber auch nur dort, gehört die Freiheit der Kunst zu den wichtigsten Grundrechten (Artikel 5 Absatz 3). Ja, in der Rechtsprechung ist die Kunst eigentlich noch besser geschützt als die freie Meinungsäußerung – und zwar, weil der menschlichen Kreativität und Phantasie (fast) alles erlaubt sein muss. Grenzen soll es nur dort geben, wo andere Rechtsgüter erheblich verletzt werden.

Utopische Literatur eben. Genauso wie der Paragraph 241a StGB. Dieser wurde in das Strafgesetzbuch aufgenommen, um politische Verdächtigungen und Denunziationen zu verhindern, die im Dritten Reich Hunderttausende von Menschen die Existenz und manchmal auch das Leben kosteten. Mit Freiheitsstrafe bis zu fünf Jahren oder mit Geldstrafe wird bestraft, wer einen anderen durch eine Anzeige, eine Mitteilung oder Verdächtigung auch nur »der Gefahr aussetzt«, »aus politischen Gründen verfolgt zu werden«: zum Beispiel

- durch Gewalt- oder Willkürmaßnahmen Schaden an Leib oder Leben zu erleiden,
- der Freiheit beraubt oder
- in seiner beruflichen oder wirtschaftlichen Stellung empfindlich beeinträchtigt zu werden.

Und wird »die Tat in der Absicht begangen«, eine dieser Folgen herbeizuführen, »oder liegt sonst ein besonders schwerer Fall vor, so kann auf Freiheitsstrafe von einem Jahr bis zu zehn Jahren erkannt werden«. Ja, sogar der Versuch, einen anderen diesen Gefahren auszusetzen, ist strafbar.

Das heißt,

- die Gefahr muss sich keineswegs in konkreten Nachteilen für den Betroffenen manifestiert haben,
- der Denunziant muss die Tat keineswegs »erfolgreich« vollendet haben.

Nicht auszudenken, wenn das ein Staatsanwalt ernst nehmen würde. Zum Glück tut das keiner, denn sonst müsste man womöglich noch *Spiegel*- und *WAZ*-Redakteure wegen politischer Verdächtigung anklagen. Das ist in unserer Demokratie natürlich Unsinn. Genauso wie eine Anklage gegen einen gewissen »AK Dialoge«, der *die bandbreite* seit einiger Zeit mit Hetzbriefen, nein: Mitteilungen verfolgt, die in ihrer Stoßrichtung den oben zitierten Artikeln auffällig ähneln. Darin beschwert sich der »Arbeitskreis«, dass eine Gruppe wie *die bandbreite* ausgerechnet bei »einer Kundgebung gegen autonome Nationalisten und andere Neonazis in Bochum aufgetreten ist«: »Letztere teilen die politischen Ansichten der Gruppe *die bandbreite* in fast allen Punkten.«
Eben: Genau deshalb wurde die Gruppe ja auch von ihrem wahren Publikum ferngehalten und von etwa 2000 Zuhörern eingekesselt, die versuchten, die verschwörungstheoretische Musik mit lautstarkem Applaus zu übertönen. Die USA und eine Verschwörung der Geheimdienste würden von der *bandbreite* »hinter allen (!) islamistischen Terroranschlägen, insbesondere dem 11. September vermutet. Die israelische Politik, zu Recht oft von israelischen Menschenrechtsaktivisten kritisiert, wird von *die bandbreite* und Neonazis dämonisiert, geschichtsrelativierende Vergleiche mit Massenmördern oder deutschen Verbrechen werden gezogen.«
Die bandbreite sei antisemitisch, rechts, paranoid und der Bandleader Wojnarowicz schlicht »verrückt«, meint der dialogbereite Arbeitskreis. Beweise? Wieso Beweise? Haben Sie den »ideologischen Kontakt« denn schon vergessen? So hätten der *bandbreite* im Gästebuch ihrer Website auch irgendwelche Nazi-Gruppen applaudiert. Und nicht nur das. Wie sich das für eine Gruppe modernen demokratischen Zuschnitts gehört, hat der »AK Dialoge« selbst ein Herz für Nazis. Denn die seien von der *bandbreite* in ihrem Song »Kein Sex mit Nazis« schließlich als »Arschficker« »diffamiert« worden. Unerhört. »Homophobe Ressentiments« seien das. Denn das politisch korrekte Einmaleins besagt: Ein

10

Nazi ist ein Nazi, also schlecht. Ein schwuler Nazi aber ist zwar auch schlecht, aber auch wieder nicht so – da schwul sein politisch »voll korrekt« ist.

Des Weiteren regt sich der »AK Dialoge« darüber auf, dass der »antisemitische« Sänger Wojnarowicz »Werbung für verschwörungstheoretische Bücher« habe machen können, nämlich für *Terrorziel Europa* von Jürgen Elsässer – einen früheren Autor der Zeitung *Jüdische Allgemeine*. Der ehemalige französische Innenminister Jean-Pierre Chevènement, wahrscheinlich ebenfalls Antidemokrat und -semit, nannte das Buch »eine Goldgrube an Enthüllungen«.

Seit Jahren protestierten antifaschistische Gruppen »gegen die Auftritte der paranoiden Verschwörungstheoretiker von ›Die Bandbreite‹«, schreibt der »AK Dialoge«, der sich selbst keineswegs zu den Paranoikern zählt – sondern zu den »zivilgesellschaftlichen Kreisen«. Ein bisschen allgemein, aber genauer geht es einfach nicht. Die tapferen Demokratiefreunde bleiben nämlich lieber anonym, da denunziert es sich einfach besser. So fehlen unter den Denunziationsbriefen handschriftliche Unterschriften. Die Unterzeichnernamen lassen sich keiner realen Person zuordnen. Eine heiße Spur wäre wohl nur die E-Mail-Adresse akdialoge@gmx.de. Und weil ich eben auch keine Ahnung von Demokratie habe, erstatte ich gegen diese Dunkeltruppe hiermit schon mal Strafanzeige wegen politischer Verdächtigung nach Paragraph 241a bei jedem Staatsanwalt oder Polizeibeamten, der diese Zeilen liest. Und auch wegen versuchter Nötigung – denn sollte man ihren Forderungen nicht nachkommen, drohen die Dunkelmänner mit dem Gang an die Öffentlichkeit: »Wir hoffen, dass die Gruppe ›die bandbreite‹ nicht in Ihrem Kulturprojekt auftreten wird, und behalten uns anderenfalls den Gang an die Öffentlichkeit vor, da nach den Inhalten von Kultur und Utopie im Verständnis ihres Bildungsträgers zu fragen sein wird.«

November 2008

Thema des Monats: *Die Massen für Obama*

3.11. Die hessische SPD-Vorsitzende Andrea Ypsilanti scheitert bei ihrem Versuch, sich zur Ministerpräsidentin wählen zu lassen ***4.11. Barack Obama wird zum amerikanischen Präsidenten gewählt*** **10.11.** Die Außenminister der EU befürworten die Wiederaufnahme der Verhandlungen um ein neues Partnerschaftsabkommen mit Russland

4. November Barack Obama: Hallo Chicago, hallo Welt!

Hurra – die Welt wird gerettet! Der demokratische US-Präsidentschaftsbewerber Barack Obama siegt mit etwa 52,6 Prozent der Stimmen über seinen republikanischen Konkurrenten John McCain (ca. 46,1 Prozent; die Zahlen schwankten bei Redaktionsschluss noch etwas). Obama feiert seinen Sieg vor 100 000 Fans in Chicago; überall im Land jubeln Menschen, fallen sich in die Arme und weinen. Es ist die Nacht der Superlative: »Das ist einer der größten Momente, den ich mir je vorstellen konnte«, schluchzt die Talkshow-Queen Oprah Winfrey. Auch Hollywood-Star Brad Pitt drückt die eine oder andere Träne weg, und Oscar-Preisträger George Clooney spricht von einem »historischen Wahlsieg«. Insbesondere die Jugend habe diesen Sieg möglich gemacht, heißt es allenthalben, und tatsächlich werden die jubelnden Massen stark von jungen Menschen dominiert, die vor allem über das Internet mobilisiert worden sein sollen, wie zu hören ist. Aber auch der Rest der Welt jubelt mit, als sei der Wahlsieg Obamas die Befreiung von einem düsteren Alptraum, nämlich der Regierung Bush. Albtraum ja, aber die Befreiung fällt wahrscheinlich aus, wie ich schon an anderer Stelle in diesem Buch angedeutet habe. Denn zu glauben, die von Militärs und Finanz-Tycoonen total kontrollierten USA ließen sich mal eben von einer Volksbewegung revolutionieren, ist natürlich sehr blauäugig. Pentagon hin, Wallstreet und Rüstungsindustrie her – da kommt ein junger Farbiger, krempelt den ganzen Laden um, und alle liegen sich in den Armen? Nicht doch. Das ist bloß eine Illusion. Die Rosenrevolution des Obama ist nur eine fromme Lüge.

Das zeigte auch seine Siegesfeier vor 100 000 Menschen in Chicago, die eigentlich gar keine Siegesfeier war, sondern so eine Art Hochamt. Schauen wir uns die Siegesrede von Obama mal etwas genauer an:

»Hallo, Chicago. Wenn es da draußen irgendjemand gibt, der noch zweifelt, dass Amerika ein Ort ist, wo alles möglich ist, der sich noch fragt, ob der Traum unserer Gründer heute lebendig ist, der Fragen zur Kraft unserer Demokratie aufwirft, hat heute eine Antwort bekommen.« (*Financial Times Deutschland*, 5.11.2008)

Die Wahrheit ist: Der Traum der Gründer ist tot, die amerikanische Demokratie nach acht Jahren Bush nur noch ein Wrack. George W. Bush war nie der ordentlich gewählte Präsident der Vereinigten Staaten, sondern kam mittels Wahlfälschung und durch beeinflusste Gerichtsurteile an die Macht. Während der Amtszeit dieses illegalen Präsidenten erlebten die USA nie dagewesene Katastrophen, angefangen bei den Attentaten des 11. September 2001 über die Kriege in Afghanistan und im Irak bis hin zum desaströsen Krisenmanagement während des Hurrikans »Katrina« in New Orleans und zur größten Finanzkrise seit der Weltwirtschaftskrise von 1929. Mit notorischen Lügen verspielte die Regierung der USA jegliches Vertrauen nach innen und außen. Zahlreiche demokratiefeindliche Gesetze und Verordnungen, vor allem der sogenannte Patriot Act, und ein neues Stasi-Ministerium (»Homeland Security«) sorgten für einen umfassenden Abbau von Bürgerrechten und eine historisch beispiellose Überwachung der Bürger. Ja, selbst vor dem Aufbau eines Folter-Camps in Guantánamo und der Verschleppung Tausender »Verdächtiger« schreckte die US-Regierung nicht zurück. Die Folge war nicht nur ein Zusammenbruch der amerikanischen Demokratie, sondern sogar des gesamten amerikanischen Traums, mit dem die USA jahrzehntelang die Welt fasziniert hatten. Aus dem Land von »Democracy«, Straßenkreuzern, Coca-Cola und Tellerwäschern, die zu Millionären wurden, war das Land von Lügen, Krieg und Menschenrechtsverletzungen geworden. Und natürlich von Millionären, die plötzlich zu Tellerwäschern wurden.

In dieser kaputten, von Rüstungskonzernen, Militärs und Finanzoligarchen beherrschten »Demokratie«, in der schon lange keine ordnungsgemäßen Präsidentschaftswahlen mehr durchgeführt wurden, sei er nun an der Spitze von einer Art Volksrevolution an die Macht getragen worden, machte Obama seine Anhänger glauben.
Seine – Obamas – Wahl sei

> »die Antwort, die von den Warteschlangen vor Schulen und Kirchen gegeben wird, in Zahlen, die diese Nation nie gesehen hat, von Leuten, die drei Stunden und vier Stunden gewartet haben, viele zum ersten Mal in ihrem Leben, weil sie glaubten, dass es dieses Mal anders sein muss, dass ihre Stimmen diesen Unterschied ausmachen können. Es ist die Antwort, die von Jungen und Alten gegeben wird, von Reichen und Armen, Demokraten und Republikanern, Schwarzen, Weißen, Hispanics, Asiaten, Indianern, Schwulen und Heterosexuellen, Behinderten und Nichtbehinderten.«

Tatsächlich wollte er seine Wähler glauben machen, sein Aufstieg sei nicht das Ergebnis einer der professionellsten Wahlkampagnen aller Zeiten, sondern einer Graswurzel-Bewegung aus den Hinterhöfen Amerikas – ganz so, als hätte jemand einen Mülltonnendeckel zum Schild umfunktioniert, um Obama daraufzuheben:

> »Unser Wahlkampf entstand nicht in den Sälen in Washington. Er begann in den Hinterhöfen von Des Moines und in den Wohnzimmern in Concord und den Vorgärten von Charleston. Er wurde gestaltet von arbeitenden Männern und Frauen, die in ihre kleinen Ersparnisse gegriffen haben, um 5 oder 10 oder 20 $ für die Sache zu geben.«

Das ist natürlich Humbug. In Wirklichkeit handelte es sich um eine am Reißbrett entworfene Massenbewegung nach dem Muster der schon früher von Obamas »außenpolitischem Berater« Zbigniew Brzezinski gesteuerten bunten Revolutionen – finanziert mit den Mitteln der Wall Street. Das vergaß Obama bloß zu erwähnen. »Ich nehme kein Geld von den Lobbyisten in Washington. Ich arbeite nicht für sie«, hatte Obama in einem Video auf seiner Homepage verkündet. »Millionen Dollar kommen von Euch, von ganz normalen Leuten. Und nur Euch bin ich als Präsident Rechenschaft schuldig.« Nochmals Hurra: Wir, die kleinen Leute, sollte das heißen, haben also »unseren« Präsidenten direkt an den mächtigen Lobbys vorbeifinanziert!
Nichts weiter als Wahlkampfrhetorik, meinte ein Blatt, das auch die begeisterten Massen hierzulande garantiert nicht lesen – das deutsche *Handelsblatt*:

> »Zwar kommt die Mehrheit der Spenden von Anhängern, die minimale Beträge geben. Obamas spendabelster Finanzier aber ist, siehe da, die Investmentbank Goldman Sachs, mit bisher 627 730 Dollar.
> Dahinter rangieren JPMorgan Chase (398 021 Dollar), Citigroup (393 899 Dollar), UBS (378 400 Dollar), Google (373 212 Dollar) und auch Microsoft (276 925 Dollar). Die Liste hat das unabhängige Center for Responsive Politics im Internet unter www.opensecrets.org veröffentlicht. Sie enthüllt: Obama pflegt seine Kontakte in die Wirtschaft genauso, wie er Kleinspender bei seinen Großveranstaltungen animiert.« (*Handelsblatt*, 8. 8. 2008)

Selbst Amerikas Hedge-Fonds »setzten voll auf Obama. Bis Juli erhielt er aus der Branche 822 375 Dollar. Auf das Konto seines republikanischen Konkurrenten John McCain gingen lediglich 348 300 Dollar ein.«

Die Herausforderungen seien »die größten unseres Lebens«, sagte Obama am Abend seiner Wahl: »Zwei Kriege, ein Planet in höchster Gefahr, die schwerste Finanzkrise in einem Jahrhundert.« Nun, die beiden Kriege und die Finanzkrise haben die USA, wie gesagt, selbst angezettelt; bei der Klimakatastrophe, auf die Obama hier wahrscheinlich anspielt, handelt es sich um einen Mythos zur weiteren Globalisierung und zentralen Regierung der Menschheit unter dem Deckmantel des »guten« Umweltschutzes (siehe auch *Kritischer Jahresrückblick 2007*).

> »Es müssen neue Energien genutzt, neue Arbeitsplätze geschaffen und neue Schulen gebaut werden, auf Bedrohungen muss reagiert werden, und Bündnisse müssen erneuert werden.«

Das heißt: Dies wird mitnichten die friedliche Präsidentschaft, von der Millionen Wähler träumen. Nicht, dass Obama irgendjemanden zuerst bedrohen will – Gott bewahre. Nein, genau wie sein Vorgänger Bush will auch er natürlich nur »auf Bedrohungen reagieren« und zu diesem Zweck »Bündnisse erneuern« – das heißt Verbündete und alle, die es eigentlich nicht werden wollen, noch fester in die Machtmaschine der USA einbinden. Die Bedrohung oder »Krise« kommt dann schon noch dazu, wie sein Vize Joe Biden bereits angedeutet hatte.
Laut dem Autor F. William Engdahl sagte Biden am 19. Oktober 2008 bei einer Spendengala in Seattle im US-Bundesstaat Washington:

> »Merken Sie sich meine Worte. In nicht einmal sechs Monaten wird die Welt Barack Obama auf eine harte Probe stellen, genauso wie damals John F. Kennedy. Die Welt beobachtet uns. Wir stehen kurz davor, einen brillanten 47-jährigen Senator zum Präsidenten der Vereinigten Staaten von Amerika zu wählen. Vergessen Sie nicht, dass ich das hier vor Ihnen gesagt

> habe, auch wenn Sie alles andere vergessen, was ich sage. Seien Sie auf der Hut, wir werden eine internationale Krise erleben, eine künstlich geschaffene Krise, in der getestet wird, was in diesem Kerl steckt.«

Biden habe sich »fast verplappert«, als er hinzugefügt habe: »Ich kann Ihnen mindestens vier oder fünf Szenarien aufzählen, wie diese Krise ausgelöst werden könnte.« Er nannte den Mittleren Osten und Russland als potenzielle Auslöser. Diese Regionen stehen ganz oben auf der Agenda; die Georgien-Krise war da nur ein Vorgeplänkel – so eine Art Generalprobe: »Eine neue Morgendämmerung der amerikanischen Führungskraft ist da«, droht Obama. »Die Straße vor uns wird lang sein«, bereitete Obama seine Zuhörer auf kommende Mühsal vor:

> »Unser Anstieg wird steil sein. Wir werden nicht in einem Jahr oder selbst in einer Amtszeit dort ankommen. Aber, Amerika, ich war nie hoffnungsvoller als heute Abend, dass wir dort hinkommen werden. Ich verspreche Euch, wir als ein Volk werden dort hingelangen.«

Wohin genau? Egal: »Yes we can! Yes we can!«, tobte das Volk, was irgendwie verzweifelt klang – nach jemandem, der sich dringend Mut machen muss. Dies war keine sachliche Rede, die ein sachliches Programm enthielt, sondern die religiöse Verheißung eines Propheten, der die Führerschaft beansprucht. So haben amerikanische Präsidenten schon immer geredet, wenn sie dem Volk etwas zumuten wollten – ob nun Demokrat oder Republikaner. Dieser Absatz war nicht etwa eine Innovation des sagenhaften Obama, sondern ausgerechnet ein Aufguss aus einer Heilsrede eines seiner republikanischen Vorgänger – nämlich Präsident Reagans. Als dieser seinen Landsleuten den ewigen Frieden und die ewige Sicherheit durch seine Strategic Defense Initiative

(SDI) versprach, hatte er ebenfalls ein unschlagbares Angebot zu machen – nämlich »Hoffnung«. Und Erlösung. Genau wie Obama allerdings nicht heute oder morgen, sondern erst in einem fernen Reich, das nur unter Mühsal, Fehlschlägen und Irrtümern zu erreichen wäre – und unter enormen Ausgaben, versteht sich. »Es wird Jahre dauern«, sagte Obama-Vorgänger Ronald Reagan am 23. März 1983, »wahrscheinlich Jahrzehnte voller Anstrengungen an vielen Fronten. Es wird Irrtümer und Rückschläge ebenso geben wie Erfolge und Durchbrüche.« Für einen US-Präsidenten ist das ein Wechsel auf die Zukunft. Eines Tages kann er sagen: »Was wollt ihr denn? Ich habe ja gleich gesagt, dass es jahrzehntelange Anstrengungen, Irrtümer und Rückschläge geben wird. Also beschwert euch nicht.«
Obama formulierte das so:

> »Es wird Rückschläge und falsche Ansätze geben. Es gibt viele, die nicht mit jeder Entscheidung oder jeder Politik einverstanden sein werden, die ich als Präsident mache. Und wir wissen, dass die Regierung nicht jedes Problem lösen kann. (…) Es kann nicht ohne Euch geschehen, ohne einen neuen Geist des Dienstes, einen neuen Opfergeist.«

Bedenklich. Als Amerikaner würde ich mich schon mal warm anziehen – aber natürlich nicht nur als Amerikaner. Denn bedauerlicherweise wirkt sich die Politik der USA auf die ganze Welt aus. Mit diesem Absatz glitt die Siegesrede schon in eine vorbeugende Apologetik für die Opfer und Desaster ab, die Amerika und die Welt unter Obama wahrscheinlich zu erwarten haben.
Wie immer mied Obama konkrete Fakten wie der Teufel das Weihwasser: »Wandel« – aber wohin? »Die Art, wie die Dinge waren« – aber wie waren sie denn, und inwiefern will er das ändern? Da jeder darunter etwas anderes verstehen kann, kann sich jeder verstanden fühlen. Die prophetische Rhetorik entwickelte

sich zu einer Art Gospel oder Sprechgesang weiter, als Obama jeden Absatz mit dem Ausruf »Yes, we can!« beendete, worauf die Massen ebenso frenetisch mit »Yes, we can!« antworteten. In diesem Moment wandelte sich die Siegesfeier endgültig zum Gottesdienst, bei dem ein Vorsänger, dem die Gemeinde folgt, den Ton angibt.

Wie bereits früher in diesem Buch ausgeführt wurde, geht es bei solchen Massenveranstaltungen darum, sich für jeden sichtbar die Legitimation des Volkes zu verschaffen und es direkt zu beschuldigen (oder zu überführen), einen gewählt zu haben – damit es sich später nicht beschweren kann. Recht verstanden, klang es deshalb wie eine Drohung, als Obama an diesem Abend sagte:

> »… über allem werde ich nie vergessen, wem dieser Sieg in Wahrheit gehört. Er gehört euch. (…) Dies ist euer Sieg.«

Trends 2008

Anstrengende Themen waren das 2008! Wahlen und Finanzkrisen haben dieses Buch zwangsläufig mitgeprägt. Immer wieder überstürzten sich Ereignisse, immer wieder türmten sich auf einen Vorfall kurz darauf noch bedeutendere auf. Die bereits in der Einleitung angesprochene Nachrichteninflation begann zu galoppieren – ein klares Signal, dass etwas außer Kontrolle gerät. Die Sauen, die durch das mediale Dorf getrieben wurden, erreichten eine Größe, die man sich vorher nicht hätte vorstellen können, und ihr Zug wurde immer länger. Fiel es 2007 noch relativ leicht, am Ball zu bleiben, hechelte man gewissen Themen 2008 nur noch hinterher. Die Finanzkrise ist wohl das wichtigste Beispiel. Sie stellte andere Ereignisse häufig in den Schatten. Brach im Juli 2007 erstmals die Kreditblase für jeden sichtbar auf, wurde das Jahr 2008 voll und ganz von der Finanzkrise dominiert. War der Dax 2007 an einzelnen Tagen bis zu zwei oder drei Prozent abgerutscht, häuften sich 2008 tägliche Kursverluste von fünf bis sieben Prozent. Zwischen Januar und November 2008 hat sich der Dax glatt halbiert – von 8000 auf 4000 Punkte. Die Auflösungserscheinungen des westlichen Systems, ja, der ganzen westlich geprägten Weltwirtschaft, wurden unübersehbar: Aus Milliardenschäden bei der einen oder anderen Bank wurden Billionen, die den Banken diesseits und jenseits des Atlantiks in der einen oder anderen Form zur Verfügung gestellt oder für den Notfall zugesagt wurden.

Dabei blieb es aber nicht. Im Oktober 2008 setzte der Volkswagenkonzern gegenüber dem Vorjahr 5,1 Prozent weniger Fahrzeuge ab. In manchen Autohäusern wurde Ende 2008 kaum noch ein Kunde gesichtet. Das Geschäft sei schlicht »tot«, berichtete eine Opelhändlerin in einer Talkshow. Der sich bereits 2007 abzeichnende Zusammenbruch der US-Autoindustrie und der Käu-

ferstreik in den USA könnten »direkt oder indirekt auch den ›Exportweltmeister‹ Deutschland hart treffen«, hieß es im *Kritischen Jahresrückblick 2007*: »Einer unserer liebsten Kunden« schmiere ab, nämlich die Vereinigten Staaten. Tatsächlich sackten die Bestellungen ausländischer Kunden im Oktober 2008 um 24 Prozent ab, meldete der Verband der Automobilindustrie (VDA). Auf dem US-Markt brachen die Verkäufe in einigen Bereichen um bis zu 32 Prozent ein. »Die Industrieunternehmen beklagten im Oktober erneut einen Rückgang der Exportbestellungen«, meldete der Bundesverband Materialwirtschaft, Einkauf und Logistik am 14. November 2008. »Insbesondere die Nachfrage aus den USA, Großbritannien sowie den Schlüsselmärkten der Eurozone reduzierte sich deutlich.«
Mit diesen und anderen Meldungen trat die Krise 2008 in Phase zwei ein: Auf die Finanz- und Bankenkrise folgte die Wirtschaftskrise. Nach den Banken rief nun auch die Industrie nach staatlichen Bürgschaften, allen voran die Autoindustrie. Laut *FAZ* will der Opelkonzern mit einer Bürgschaft in Höhe von 1,8 Milliarden Euro und einer Produktionskürzung um zehn Prozent über die Runden kommen. Daimler will 2009 laut Medienberichten 150 000 Autos der Marke Mercedes weniger bauen. Damit kamen auch andere große Dominosteine der Industrie ins Wackeln. Aufgrund eines »massiven Nachfragerückgangs« vor allem aus der Autoindustrie wolle der weltgrößte Chemiekonzern BASF seine Produktion um 20 bis 25 Prozent drosseln, wurde am 19. November 2008 mitgeteilt. »Unternehmen aller Größen und Branchen drosselten ihre Produktion so stark wie noch nie« seit 1996, warnte der Bundesverband Materialwirtschaft. Der Grund: fehlende Aufträge. »Damit«, so der Verband, »war die Krise der Finanzwelt in der sogenannten Realwirtschaft angekommen, also da, wo mit ›anfassbaren‹ Gütern und konkreten Dienstleistungen« gehandelt werde. Die Medien meldeten die Entlassung von Tausenden von Zeitarbeitern in der Autobranche.

»Wir müssen damit rechnen, dass das kommende Jahr, zumindest in den ersten Monaten, ein Jahr schlechter Nachrichten wird« – wenn selbst notorische Schönredner wie Angela Merkel so etwas sagen, weist das auf eine katastrophale Lage hin. Die Wahrheit ist: Wenn die Wirtschaft und das Finanzsystem erst einmal einige Schritte auf dem Weg nach unten gegangen sind, setzen sich selbst beschleunigende Prozesse ein: Entlassungen führen zu sinkenden Einkommen, sinkende Einkommen führen zu sinkender Kaufkraft, sinkende Kaufkraft führt zu sinkender Nachfrage, und sinkende Nachfrage führt zu neuen Entlassungen. Werden mehrere solcher »Abwärtsspiralen« gestartet, ist der Zusammenbruch kaum noch zu stoppen.
»In Wahrheit stellt sich am Ende des Jahres 2007 möglicherweise die Frage, ob das westliche System mit einem Knall oder ›mit einem Winseln‹ untergeht, wie es der frühere US-Politiker Caspar Weinberger einst für die Sowjetunion prophezeite. In Wirklichkeit stecken wir 18 Jahre nach dem Zusammenbruch der Sowjetunion noch immer mitten drin im Untergang«, schrieb ich am Ende des *Kritischen Jahresrückblicks 2007*. Denn was Ihnen verschwiegen wurde: Das Ende der Sowjetunion war kein isoliertes Ereignis, sondern der Anfang vom Ende eines ganzen Weltsystems aus Ost- und Westblock. »Was wir zur Zeit beobachten«, so schrieb ich Ende 2007, »ist möglicherweise nur der zweite Teil: Der Untergang oder die Umgestaltung der USA und ihrer Vasallenstaaten.« Ende November 2008 prophezeiten selbst die US-Geheimdienste in ihrer Studie *Global Trends 2025* einen Niedergang der USA. In den kommenden 17 Jahren werde eine »in der modernen Geschichte beispiellose« Machtverschiebung zu einem gravierenden Machtverlust der Vereinigten Staaten führen. 2025 würden die USA nur noch »einer unter mehreren wichtigen Akteuren« sein. Internationale Allianzen, welche die Welt seit Ende des Zweiten Weltkriegs dominiert hätten, würden 2025 »fast nicht wiederzuerkennen« sein.

Und auch hier gilt: Wenn das die Mächtigen schon selbst sagen, könnte die tatsächliche Lage weitaus schlimmer sein. Die weniger Mächtigen sehen die Lage denn auch schlimmer. In vier Jahren würden die USA »eine unterentwickelte Nation« sein, sagt der bekannte amerikanische Trendforscher Gerald Celente. Der Gründer und Vorsitzende des Trends Research Institute im US-Staat New York genießt in den USA eine fast mythische Verehrung: »Wenn Nostradamus heute am Leben wäre, würde er es schwer haben, mit Gerald Celente mitzuhalten«, meinte die *New York Post*. In der Tat, denn Celente drückt sich wesentlich konkreter aus. Den Crash des Aktienmarkts 1987 sagte er genauso voraus wie die asiatische Währungskrise 1997 und das Platzen der Subprime-Blase. Im November 2007 sagte er der Nachrichtenagentur UPI, dass man im kommenden Jahr von der »Panik von 2008« sprechen werde, bei der Riesen »in ihren Tod taumeln würden«. Und so kam es denn auch. 2008 erlebte das Ende zahlreicher Finanzriesen, angefangen bei Freddie Mac und Fannie Mae über Bear Stearns bis hin zu Lehman Brothers.

Wo weltweit Millionen, wenn nicht Milliarden Menschen in der Wahl des lächelnden »Weltpräsidenten« Barack Obama *(Bild-Zeitung)* ein neues Hoffnungszeichen sahen, winkten Insider nur ab. Wo Barack Obama sagt: »Yes, we can«, sagt Celente: »No, we can't.« In Wirklichkeit ist Obama nach acht Jahren George W. Bush nur ein dringend notwendiges *facelifting* für das Imperium. Wenn man versucht, den fast schon verzweifelt klingenden Jubel um Obama auszublenden, hört man auch andere Töne. Obamas nächste Umgebung ergeht sich in düsteren Andeutungen über kommende Krisen (so Vizepräsident Joe Biden) und große Opfer – so Obamas Frau Michelle: »Der Wandel, von dem Barack spricht, ist schwierig und anstrengend; freuen Sie sich also nicht zu sehr, denn Obama verlangt, dass auch ihr euch ändern müsst.« »Wir alle« müssten etwas aufgeben: »Wir brauchen eine andere Führung, denn unsere Seelen sind gebrochen. Wir brauchen Inspi-

ration ..., um die Opfer zu bringen, die nötig sind, um uns an einen anderen Platz zu bringen.«
Das sind Äußerungen, auf die im Moment niemand achtet, auf die Obama aber garantiert bald zurückkommen wird. Schon in vier Jahren werde das Bereitstellen von Essen eine größere Sorge in den USA sein als der Kauf von Weihnachtsgeschenken, so Trendforscher Celente: »Wir werden das Ende des Einzelhandelsweihnachten sehen ... wir werden sehen, wie ein fundamentaler Wandel stattfindet ... Essen auf den Tisch zu bringen wird wichtiger sein als Geschenke unter den Weihnachtsbaum zu legen«:

- »Es wird sehr düster sein. Sehr traurig. Und es wird viele Obdachlose geben, wie wir es noch nie gesehen haben. Zeltstädte sprießen bereits überall im Land aus dem Boden, und wir werden viele mehr sehen.«
- »Wir werden große Gebiete mit leerstehenden Immobilien sehen und Leute, die illegal dort drin hausen. Es wird ein Bild sein, wie Amerikaner es nicht gewohnt sind. Es wird ein Schock sein, und viel Kriminalität wird damit einhergehen.« (zitiert nach: infokrieg.tv)

Damit ist klar, dass es weder bei einer Finanz- noch bei einer Wirtschaftskrise bleiben wird, sondern dass auf diese beiden Phasen Phase drei folgen wird: die politische Krise. Es ist kaum anzunehmen, dass die politischen Systeme angesichts des wirtschaftlichen Zusammenbruchs stabil bleiben, auch nicht das politische System des Globus. Celente sagt für Amerika Revolutionen voraus:

- »Das Erste wird die Organisation von Steuerrevolten sein. Das wird die große Sache sein, weil Leute es sich nicht leisten können, mehr Schulsteuern, Grundsteuern, irgendwelche Arten von Steuern zu zahlen. Man wird sehen, wie sich diese Protestformen zu entwickeln beginnen.«

Obama hin oder her – die Strukturen des Imperiums lösen sich auf: Erst die Finanz-, dann die Wirtschafts- und anschließend möglicherweise die politischen Strukturen. Nachdem sich mit Wohlstand und Wirtschaft die Grundvoraussetzungen für die Demokratie verabschiedet haben, könnte sich die Demokratie (beziehungsweise deren Reste) ebenfalls verabschieden. Autoritäre Entwicklungen in vielen Staaten könnten die Folge sein, auch in Deutschland. Auch im Ostblock hat es kurz vor dem Ende zunehmend autoritäre Regierungen gegeben, zum Beispiel das Regime von General Wojciech Jaruzelski in Polen, der von 1981 bis 1990 in wechselnden Rollen an der Spitze des polnischen Staates stand.

Obama könnte nur Teil jener Marketingstrategie sein, die Amerika wieder zu einer »Lovemark« machen soll, wie es der Chef der Werbeagentur Saatchi & Saatchi, Kevin Roberts, 2005 ausdrückte. Neben dem »Krieg gegen den Terror« empfahl Roberts einen konsensfähigeren »Kampf für eine bessere Welt«. Natürlich nur als Werbetrick. Denn gleichzeitig machte Roberts klar, »dass es ihm keineswegs um einen grundsätzlichen Politikwandel geht: ›Amerikanische Sicherheit braucht eine drohende, strafende, brutale und unilateral kämpfende Truppe voller junger, leicht angenervter Männer, die in der Lage sind, jedes Schlachtfeld der Welt zu betreten‹«, so die Journalisten Elke Groß und Ekkehard Sieker in einem Artikel über die Machenschaften der US-Propaganda. Im November 2008 ist der lächelnde »President elect« Obama jedenfalls dabei, eine Truppe von ewiggestrigen beinharten Machtpolitikern zu formen: »Die Berater Obamas sind ein Betrug am Wähler«, meinte ein anderer Roberts, nämlich Paul Craig Roberts, Wirtschaftswissenschaftler und stellvertretender US-Finanzminister unter Präsident Reagan:

- Stabschef Rahm Israel Emanuel habe die Invasion im Irak durch Präsident Bush unterstützt. Als Mitglied des Verwal-

tungsrats der Pleitebank Freddie Mac habe er 2001 230 000 Dollar Gehalt bezogen.
- Obamas führender Finanzguru Robert Rubin sei als Finanzminister unter Präsident Clinton für die Aufhebung der Glass-Steagall-Gesetze zur Stabilisierung des Bankensystems verantwortlich gewesen und habe die Finanzkrise so erst möglich gemacht. Rubin-Schüler besetzen die wichtigsten Posten in Obamas Wirtschaftsteam.

Den Verteidigungsminister übernahm Obama glatt von Bush: den berüchtigten früheren CIA-Chef Robert Gates. Die Wahrheit ist: Während das Volk über Obama jubelt, jubeln Amerikas Hardliner über Obamas Team. »Selbst Gegner sagen: Superb«, meldete die *Basler Zeitung* und bezeichnete Obamas Regierungstruppe als »Klassentreffen der amerikanischen Elite«. Anders als viele glauben, bedeutet der vielbejubelte Obama beinharte Supermacht- und Ausbeutungspolitik.

In vielen Themen des Jahres 2008 erkennen wir die politischen Kontinentalverschiebungen wieder. Der EU-Reformvertrag war der Versuch einer autoritären Überrumpelung der europäischen Bevölkerung. Die Georgien-Krise, der Kampf um Tibet und das Hickhack um die Olympischen Spiele waren weitere Symptome der Verhärtung und des globalen Machtkampfs zwischen den Systemen. Um die angeblich fröhlichen Spiele tobte ein wenig fröhlicher Propagandakrieg, der auf dem Rücken der Sportler, der Zuschauer und der Veranstalter ausgetragen wurde.

Neben diesen Entwicklungen erscheinen andere Ereignisse fast wie Randnotizen. In Deutschland wurde die Linke bei ihrem Versuch aufgerieben, in Hessen eine neue soziale oder gar sozialistische Mehrheit zu bilden. Die hessische SPD-Spitzenfrau Andrea Ypsilanti wurde in einem quälenden Prozess demontiert und endete als politisches Wrack; der Hessische Landtag wurde aufgelöst, für den 18. Januar 2009 sind Neuwahlen anberaumt.

Genau wie gegen die Linke ging auch 2008 der Kampf gegen die Geschlechter weiter, insbesondere aber gegen den Mann, der anscheinend ebenfalls eine entsetzliche gesellschaftliche Gefahr darstellt. »Weibliche« Verbrechen wurden durch »männliche« Verbrechen aus der öffentlichen Diskussion verdrängt; der Mann wurde zum regelrechten Monster aufgebaut. Das fünfzigjährige Jubiläum der Emanzipation führte zu Unterwürfigkeitsadressen von Männern an die Frauen und wurde genutzt, das Projekt des *Gender Mainstreaming* voranzubringen: der politischen Geschlechtsumwandlung, des Einschmelzens des Mannes und schließlich beider Geschlechter und der Familie in einem sexuellen und sozialen Einheitsbrei. Sprich: der totalen Zerstörung gesellschaftlicher und sozialpsychologischer Strukturen zugunsten einer leichter manipulierbaren Masse.
Auch unerwartete Todesfälle waren 2008 ein Thema – solche, die schon lange vorbei und deren nähere Umstände vergessen waren, wie etwa die des Ablebens von Franz Josef Strauß. Und solche, die plötzlich über uns hereinbrachen, wie das Sterben der Berufsschüler von Kauhajoki Ende September 2008 und der Tod des österreichischen Rechts-Politikers Jörg Haider am 11. Oktober 2008. Das Recht, einen solchen Todesfall zu untersuchen, wurde in Frage gestellt, wie immer mehr demokratische Rechte in Frage gestellt werden – ein weiterer wichtiger Trend des Jahres 2008. Ich habe diesen Todesfall trotzdem untersucht, wie ich auch weiter unbequeme Fragen stellen werde, solange das hierzulande möglich ist.

Nachwort

Ja, gibt es denn gar nichts Positives? Nun, hohle Zuversicht und Zerstreuung zu verbreiten sehe ich nicht unbedingt als Aufgabe dieses Buches an. Das Pfeifen im dunklen Walde überlasse ich anderen, all den bunten Jahresrückblicken im Fernsehen, die dieser Aufgabe mehr als gerecht werden. Dass wir in extrem schwierigen Zeiten leben, die existentielle Gefahren für jeden von uns bergen, ist wohl inzwischen eine unübersehbare Tatsache. Aber tatsächlich birgt diese Krise, wie jede andere, auch Chancen in sich. Und das ist nicht nur eine Phrase: Die Hauptfrage lautet, ob aus dem Zusammenbruch oder zumindest der Umgestaltung der westlichen Welt neue und bessere Strukturen entstehen werden, wie im Osten nach dem Ende der Sowjetunion. Oder ob die Instabilität der westlichen Welt zu Chaos und Krieg führen wird und dazu, dass die Sowjetunion auf dem Boden der EU und der Vereinigten Staaten sozusagen neu gegründet wird – diesmal als totalitäres westliches System. Das sehe ich als die »Schicksalsfrage« der kommenden Jahre an. Die Hauptaufgabe für 2009 wird lauten, sich und seine Familie gegen die sich verschärfende Krise zu schützen.
Dafür wünsche ich Ihnen recht viel Erfolg!

München, 27. November 2008

Gerhard Wisnewski

Bildnachweis

Fotos:
Picture Alliance/dpa S. 27
Picture Alliance/dpa S. 55
Polaris / laif S. 81
Picture Alliance/dpa S. 99
Action Press/Kommersant Publishing House S. 163
PhotoXPress/Visum S. 193
Action Press/Gert Eggenberger S. 231, 264 oben
Picture Alliance/ZB S. 264 unten
Action Press/Zuma Press Inc. S. 277

Register

11. 9. 2001, Anschläge vom 32 ff., 65, 202–208, 268, 279
68er Bewegung 82 ff.

Aaron-Diamond-Stiftung 170
Achmadow, Ilias 111
Afghanistan-Krieg 15, 30, 56, 111 ff., 166, 204 f., 279
Ahmadinedschad, Mahmud 169, 271
Airbus 139
AK Dialoge 275 f.
Akademie der Wissenschaften 139
Albert, Prinz 234
Alihodzic, Zlatan 270
Allianz 47
Amato, Giuliano 96
American International Group (AIG) 210 f., 215
Amoklauf in Kauhajoki/Finnland 193, 219–230
Appel, Reinhard 47
Arbeitsgemeinschaft Unabhängiger Betriebsangehöriger (AUB) 180
Arbeitslosigkeit 88
ARD 163, 184–192
Asahara, Shoko 61
Aulitzky, Roland 68

Baader, Andreas 82
Baden-Württembergische Landesbank 23
bandbreite 268, 270 ff., 275 f.
Bank of America 22, 210
Bank of Canada (BoC) 70, 209
Bank of China 23
Bank of England (BoE) 70, 209
Bank of Japan 209
Barton, Joe 217
Bartsch, Dietmar 51
Bayerische Hypotheken- und Wechselbank 241
Bayerische Landesbank (BayernLB) 23, 43, 78, 245
Bayerische Vereinsbank 241
Bear Stearns 243
Beatrix, Königin der Niederlande 104
Beauvoir, Simone de 141 ff.
Beck, Kurt 54, 91
Beckstein, Günther 78, 124 ff., 231 f.
BenQ 180
Bergmann, Marc 103
Berlusconi, Silvio 81
Bernanke, Ben Shalom 22, 216 f.
Bestattung Kärnten 260
Beust, Ole von 47 f.
Biden, Joe 179, 282 f.
Bierwirth, Petra 161
bin Laden, Osama 112
Birthler, Marianne 115 f.
Blair, Tony 104
Bloch, Andre 260
Boch-Galhau, Wendelin von 124
Bonde, Jens-Peter 92, 94 f.
Boron, Kathrin 165
Brady, Hugo 131
Brecht, Bertolt 215 f.
Bridge, Robert 207
Brzezinski, Ian 111
Brzezinski, Mark 110
Brzezinski, Matthew 111
Brzezinski, Mika 111
Brzezinski, Zbigniew 110 ff., 281
Buddhismus 57 ff.
Buffett, Warren 215
Buhrow, Tom 184, 189, 191
Bundesanstalt für Finanzdienstleistungsaufsicht (BaFin) 42
Bundesgerichtshof (BGH) 11, 183
Bundesnachrichtendienst (BND) 40
Bundesverfassungsgericht 27, 52, 91, 127, 132 f., 267
Bundeswehr, Einsatz im Inneren 27

Bush, George H. W. 30, 109, 169
Bush, George W. 22, 29 ff., 107, 112 f., 166, 175, 179, 184, 205, 208, 214 ff., 271, 278 f., 282
Butler, Judith 142

Carnegie Corporation 169
Carnegie Endowment for International Peace 169 f.
Center for Responsive Politics 281
Centre for European Reform 131
Centre for Research on Globalization 61
Chaos Computerclub (CCC) 24 f.
Chavez, Hugo 32, 62
Cheney, Dick 32, 112
Chevènement, Jean-Pierre 276
Chiesa, Giulietto 202, 207
China, Erdbeben 99
Chlothianidin 139
Christopher Street Day 123
CIA 61 f.
Citigroup 22
Clinton, Bill 28 ff., 104
Clinton, Hillary 28, 31, 34, 81, 99, 107 ff.
Clooney, George 278
Columbus, Christoph 67
Commerzbank 44, 47
Corach, Carlos 179
Council on Foreign Relations (CFR) 168 f.
Cullen, Michael 99
Cullman, Dorothy 170
Cullman, Lewis 170

Dalai Lama 56 ff., 61 ff.
DEPFA Bank plc 242
Desurow, Wladimir 207
Deutsche Bank 47, 193
Deutsche Bundesbank 72
Deutsche Lufthansa 39
Deutsche Pfandbriefbank AG (DEPFA) 211 f., 242, 244 ff.
Deutsche Post 39, 43–47
Deutsche Postbank 39, 43–47, 193
Deutsche Telekom 39, 99
Deutscher Bundesrat 91, 152
Deutscher Bundestag 81, 91 f., 97 f., 115 ff., 129, 133, 152, 161, 227
Deutscher Gewerkschaftsbund (DGB) 267, 271 f.
Deutscher Ring 149
Deutsches Institut für Urbanistik 89
Diebold-Konzern 31
Diem, Marianne 106
Dissens (Verein) 145 f.
Dodd, Christopher 217
Doherty, Dermot 10
Dschugaschwili, Josef Wissarionowitsch 171
Duales System Deutschland 161
Dutschke, Rudi 81 f.
DWS 43

eBay 139, 151, 154, 156 f., 159
Eberlein, Gerald 25
Echternach, Jürgen 49
Edwards, John 31, 34
Efler, Michael 95, 97
Ehe, gleichgeschlechtliche 123
Eichelburg, Walter K. 68, 73
Einbürgerungstest 193–202
Ellemann-Jensen, Uffe 130
Elsässer, Jürgen 268, 276
Emanzipation 85–90, 139–147
Energiesparlampe 135 ff.
Engdahl, F. William 110, 177, 179, 217, 282
Engling, Dirk 25
Enron 244
Ensslin, Gudrun 82
EU-Reformvertrag 81, 90–98, 104, 123, 129–133, 140 f.
Europäische Kommission 96
Europäische Zentralbank (EZB) 70, 93, 209
Europäischer Gerichtshof 93
Europäischer Rat 92, 94
Europäisches Parlament 94, 130 f.

EU-Russland-Partnerschaftsabkommen 173 f., 277
Evangelische Kirche Deutschland 272

Familie 144 ff.
Familienföderation e. V. 145
Fannie Mae 139, 209
Fanny and Leo Koerner Charitable Trust 170
FDJ 125, 196 f.
Federal Reserve 22, 70 f., 209, 211, 217
Felber, Christian 130 ff.
Feldmann, Reinhard 263 f.
Feldmayer, Johannes 180
Finanz-/Kreditkrise 11, 21 ff., 41 ff., 45 ff., 65–74, 78 f., 111, 193, 208–219, 231, 241–247, 279
Fischer, Joschka 56
Ford-Stiftung 170
Forsberg, Jukka 225
Foucault, Michel 142
Frau 12–17, 85–90, 139–147
Freddie Mac 139, 209
Free Tibet 64
Freytag, Michael 48
Fuchs, Jürgen 117
Full Service Packaging 158
Funke, Georg 243–247
Fußball-EM 123

G-8-Gegner, Razzia gegen 11
Gabriel, Sigmar 153
Gauweiler, Peter 98, 132 f.
Gender Mainstreaming 17, 139–147
Georgien-Krise 163, 170–177, 184 f., 283, 293
Gerzer, Rupert 38
Gewalt 12–17
Girls' Day 81, 85
Giscard d'Estaing, Valéry 95, 104
Gleichberechtigung 85–90, 139–147
Glühbirne 123, 134–138
Gold 55, 65–74, 212 ff.
Goldman Sachs 215, 217, 281
Goldner, Colin 58 ff., 63
Google 281
Gössner, Rolf 121
Groth, Ewald 272
Grundgesetz 52, 119 ff., 126, 132 f., 196, 201, 273
Gucht, Karel de 96
Gyatso, Tenzin *siehe* Dalai Lama
Gysi, Gregor 99, 114 ff., 118

Haass, Richard Nathan 169
Haider, Claudia 260
Haider, Jörg 231, 248–266
Hammerschmitt, Marcus 58 ff.
Hammerstein, Carl-Detlev Freiherr von 161
Harrer, Heinrich 61
Hasler, Otmar 42
Havemann, Robert 115
Henscheid, Eckhard 56
Hesse, Konrad 122
Hohlmeier, Monika 240
Holmlund, Anne 228
Homosexualität 99
Huber, Erwin 80, 232
Human Rights Watch (HRW) 167 ff.
Hyatt-Hotelkette 111
Hypo Real Estate (HRE) 211 f., 231, 241–247
Hypovereinsbank (HVB) 241 f.

IKB Deutsche Industriebank 42 f., 79, 212, 242 ff.
Illig, Heribert 105 f.
Industrie- und Handelskammer Berlin 158
Institut für Strategische Studien der Akademie für Diplomatie 206
Institut zur Qualitätsentwicklung im Bildungswesen (IQB) 194, 210
Internationaler Währungsfonds (IWF) 72 f.
Interseroh 161
Inzest 81
Irak-Krieg 30 ff., 34, 56, 112, 166, 169, 204 f., 279

Iran 32, 112, 123, 169, 270 f.
ISAF 166
Israel 123, 174, 177, 275

Jagusch, Ilke 121
Jelzin, Boris 114
JPMorgan Chase 281
Jugendkriminalität 11, 13 ff., 18
Juncker, Jean-Claude 130
Jung, Franz Josef 126

Kaczyński, Lech 133
Kahn, Oliver 193
Kaldemorgen, Klaus 43 f.
Kampeter, Steffen 161
Karadzic, Radovan 139
Karas, Othmar 131
Karl I., der Große 104 ff.
Karl, Dieter 25
Kasanow, Michail 207
Kauhajoki, Amoklauf von 193, 219–230
Kennedy, John F. 107 f., 282
KGB 206
Khomeini, Ajatollah 64
King, Martin Luther 107 ff.
Kinkel, Klaus 115
Kirilchenko, Jurij 208
Kissinger, Henry 104
Kleber, Claus 130
Kleinfeld, Klaus 180 f.
Klimmt, Reinhard 80
Koch, Roland 11, 18 ff., 53
Kohl, Helmut 83
Köhler, Horst 91
Kosovo 27
Kotinenko, Wladimir 207
Kouchner, Bernard 176
Kreditanstalt für Wiederaufbau (KfW) 42, 212 f.
Kretzschmar, Stefan 165
Kucinich, Dennis 31 f., 34
Kusch, Roger 139, 147 f., 150

Lafontaine, Oskar 123–129
Landbell AG 153, 159 ff.
Landesbetrieb Krankenhäuser (LBK) 50
Landtagswahlen 50–54
– Bayern 18, 193
– Hamburg 18, 21, 27, 47 ff.
– Hessen 11, 14, 18 ff., 24 f., 53 f.
– Niedersachsen 11, 18, 20 f.
Lawrow, Sergej 176
Lehman Brothers 209 f., 212, 215
Leontjew, Michail 206
Lewinsky, Monica 30
Lidl 55, 99 ff.
Liechtenstein Global Trust (LGT) 40
Liechtenstein, Steuerhinterziehung 40 ff.
Linksruck 27, 50–54
Litwinenko, Alexander 173
Louis-Philippe, König von Frankreich 219
Ludwig II., König von Bayern 241

Maischberger, Sandra 164 ff.
Maizière, Lothar de 125
Mann 11–17
Manz, Rolf 236
McCain, John 28, 32, 34, 55, 108, 111, 278, 281
Medwedjew, Dmitri 55, 203
Mehr Demokratie e. V. 95, 97
Menem, Carlos 179
Merkel, Angela 11, 85, 90 f., 93 f., 99, 104 f., 125, 163, 177, 196
Merrill Lynch 22, 111, 210, 215
Merz, Friedrich 161
Messner, Reinhold 58
Microsoft 281
Milchbauernstreik 99, 123
Ministerium für Staatssicherheit (MfS/Stasi) 99, 114–118, 125
Mittelmeerunion 139
Morgan Stanley 22
Morningstar, Richard 174
Murdoch, Rupert 31

Myanmar 99
my-hammer 157

NASA 35 f., 39
NATO 33, 170, 177, 270
Naumann, Michael 47
Northern Rock 245
Notstandsgesetze 93, 99, 118–122
NPD-Protest-Veranstaltung 231, 267–276
Nyhuis, Ingrid 137

Obama, Barack 28, 31, 34 f., 99, 107–114, 123, 139, 179, 277–285
Obermeier, Franz 161
Ohnesorg, Benno 82
Olympische Spiele in China 62, 163–170, 172 f.
– Fackellauf 55, 64, 81
Online-Durchsuchung 27
Ossetien-Konflikt 163, 170–177, 187 f.
Österreich, Nationalratswahlen in 231

Pahlavi, Mohammad Reza Schah 82
Patterson, Belknap, Webb and Tyler 172
Paul, Ron 32 f.
Paulson, Henry 69, 193, 214–218
PAX 260
paypal 154, 159
Peelo, Eric 131
Peter, Klaus 237
Petersburger Dialog 173
Pflüger, Friedbert 124
Pierer, Heinrich von 180 f.
Pitt, Brad 61, 278
Politkowskaja, Anna 173
Powell, Colin 169
Pritzker, Penny 110 f.
pro aurum 73, 214
Puschkow, Alexej 206
Putin, Wladimir 114, 163, 173 f., 177, 184–192, 202 f.

Raketen-Abwehrschild 163
Ramsauer, Peter 161
Rapp, Wilhelm 49
Ratzinger, Joseph 239
Raumfahrt 27, 35–39
Reagan, Ronald 283 f.
Reasybid 157
Reinert, Bernd 48 f.
Reiter, Thomas 37 f.
Retortenbaby 139
Revolutionäre Zellen 84
Riesenhuber, Heinz 161
Rockefeller-Stiftung 170
Röhl, Bettina 16 f., 143, 145
Roosevelt, Franklin D. 219
Rote Armee Fraktion (RAF) 84
Roth, Kenneth 168 f.
Roth, Thomas 185 ff., 189 ff., 202
Röttgen, Norbert 116
Rubanow, Wladimir 206
Ruer, Otto 272

Saakaschwili, Michail 170 ff., 174, 177
Saari, Matti Juhani 219, 224, 226
SachsenLB 43, 245
Samson, Erich 247
Sanio, Jochen 42
Sarkozy, Nicolas 105, 164
Sartre, Jean-Paul 142
Schachtschneider, Karl Albrecht 132
Scharawin, Alexander 207
Schardt, Bettina 147 f., 150
Schäuble, Wolfgang 126
Scheel, Christine 43
Schlegel, Hans 27, 36
Schmid, Georg 127
Schmidt, Helmut 236
Schneider, Christiane 64
Schneider, Peter 140
Schneider, Reinhard 106
Scholt, Ralf 164
Scholz, Rupert 239
Schulz, Jan Patrick 160
Schwabinger Krawalle 82
Schwarzer, Alice 142 f.
Schweizer Notenbank (SNB) 70
Schweizer UBS 22

Schweizerische Nationalbank 209
Seehofer, Horst 231 f., 240
Serrano, Miguel 61
Shanghai Cooperation Organization (SCO) 113, 172 f.
shopanbieter.de 153, 155 ff.
Siemens AG 139, 163, 179–184
Siemens, Werner von 77
Société Générale 11, 23
Springer 118
Stalin, Josef 171
Stasi-Unterlagenbehörde 115 ff.
Steinbrück, Peer 41 ff.
Steinhäuser, Robert 227
Sterbehilfe 139, 147–151
Stiftung Warentest 68, 136
Stoiber, Edmund 80, 232
Stolpe, Manfred 126
Strauß, Franz Georg 233 f.
Strauß, Franz Josef 78, 231, 232–241
Stübgen, Michael 129, 131
Suchoi, Wladimir 207
Supermärkte 100–104

Tamrasian, Aschot 207
Tapesh 2012 267 f.
Tarpley, Webster Griffin 109–114, 172
Testosteron 12, 15 ff., 142
Tibet 55–64
Tibet Initiative Deutschland 56, 62
Töpfer, Klaus 160 f.
Tour de France 139
Transrapid 55, 74–80
Treanor, Paul 169
Tretjakow, Witalij 206
Trippi, Joe 31

UBS 281
Ude, Christian 75, 80
UN-Weltfrauenkonferenz 143
US-Vorwahlen 11, 27–35, 99, 107–114, 123

Vanhanen, Matti 228
Varmola, Tapio 225
Verfassungsgericht Hamburg 49 f.
Verpackungsverordnung 139, 151–161
Vfw 161
Villeroy & Boch 124
Vorratsdatenspeicherung 11, 55

Wahlbeobachter in Hessen 11, 23 ff.
Wahlbeteiligung 18 ff.
Wahlcomputer 24 f.
Wahlrecht 48 ff.
Wallraff, Günter 99 f.
Walser, Martin 181
Walter, Ulrich 35
Wedinskij, Alexej 207
Wegner, Christel 126
Weining, Brigitte 213
Weißenborn, Tibor 165
WestLB 23, 43, 245
Wickert, Ulrich 58
Will, Anne 124 ff., 128
Willich, Martin 49 f.
Winfrey, Oprah 278
Wojnarowicz, Marcel 268, 270 ff., 275 f.
Wowereit, Klaus 128
Wulff, Christian 11, 21
Wulff, Otto 148

Yen, Kathrin 257 f.
Ypsilanti, Andrea 18, 20, 53 f., 277

Zapatero, José Luis Rodriguez 55
Zumwinkel, Klaus 27, 39–47

Wem nützt der Terror?

Gerhard Wisnewski

Verschlußsache Terror

Wer die Welt mit Angst regiert

Die Welt ist eine andere seit den Anschlägen vom 11. September – erst recht, seit weitere Anschläge und Attentatsversuche gezeigt haben: Das war erst der Anfang. Aber: Wenn es begründete Zweifel gibt, wie sich die Anschläge von London und Madrid und vom 11. September tatsächlich zugetragen haben – was ist dann wahr? Wer steckt wirklich hinter den Anschlägen?

Mit kriminalistischem Spürsinn setzt sich Gerhard Wisnewski auf die Spur der eigentlichen Terror-Verschwörung. Er bringt die Attentate des 11. 9. der Aufklärung ein gutes Stück näher und entwirft ein beklemmend realistisches Szenario, in dem die Terroristen nur Schachfiguren in einem größeren Plan sind.

Droht in Wahrheit die Gefahr von einer ganz anderen Seite?

KNAUR TASCHENBUCH VERLAG